研究叢書37

アジア史における社会と国家

中央大学人文科学研究所 編

中央大学出版部

目次

目　次

アジア史における社会と国家

先秦時代の居住形態をめぐる考古学的成果

池田雄一

一　先秦聚落史をめぐる旧稿

先秦時代の居住形態については、考古学的な成果が欠かせない。この点について、一九八〇年三月と一九八一年一一月とに、二つの小文を発表したことがある。この小文は、二〇〇二年に纏めた拙著『中国古代の聚落と地方行政』（汲古書院）に「石器時代の聚落」・「中国古代における聚落の展開」として収録したが、その大要は、

①　聚落の立地条件は、早期には河岸台地など水源に近い場所が主として選ばれていたが、新石器時代も末には鑿井等を伴い、水源を離れ人工潅漑が必要となる平野にも聚落が出現する。

②　聚落の構造は、仰韶期の聚落遺址には、聚落全体に周溝が設けられ（半坡・姜寨遺址）、家の門向に統一性があり（姜寨・北首嶺遺址は聚落の中心方向に家の入り口を設ける）、聚落の中心となる大型家屋が存在する（半坡、姜寨遺址）など、聚落に一定の規律が窺える。これが竜山期以降になると、階層の分化を意味するものか、分室家屋の出現がみられ、各家の自立性が高まり、仰韶期にみられたような聚落内の規律性は確認できなくなり、家屋の多くは小型の半地穴式で、個々の聚落は二、三〇戸にもみたない小集合体に変化している。このような変化は、各家屋が土や石による外壁を備え、獣害への防御体制を整え、家屋毎の自立性が高まってきて

いることとも関係があり、新開地への出村、散村化を容易にし、その進行が裏付けられることにもなっている。

③　竜山期の聚落遺址については、これが現在の聚落と多く一致していることが指摘されている。竜山期以降の聚落は、立地条件が拡大する中で、次第に永住化の方向が確認できることになる。このことは殷周以降の村落遺址が、新石器時代に比べて比較的確認できない原因にもなっている。竜山期以降の各時代の聚落遺址は、周溝・城墻、門向の統一などの事実は確認できず、散村化の傾向に変化はみられない。

④　家屋建築は、単室家屋の規模が仰韶期に比べ竜山期に入ると小型化し、仰韶期の後期には分室家屋が現われる。このことは家族制において母系制から父系制へ、さらには階層の分化などをも想定させることとなる。仰韶期から竜山期への移行時期には、これまで家屋や墓葬（副葬品や合葬形態）の変化から母系制社会から父系制社会への転化が推定されているが、竜山期以降の散村化して行く聚落にあっては、その具体的内部構成を実証することは困難である。しかし不断の自然流徙によって再編成がくりかえされる自然村にあって、聚落内の族的結合がどれほど純粋に保ちえたであろうか。一部の有力支配氏族は別として、多くの聚落における族的結合は、徐々にしても弛緩の方向をとらざるをえなかったと思われる。異姓が雑居する自立性もさほど強固ではない地方小聚落の点在。これが春秋戦国秦漢時代へと引き継がれる。かかる地域社会に対して国家権力は、敢えて族的結合の徹底した解体などを行う等の必要性はなかった。

⑤　聚落の大勢は、殷周以降、都城、時代は降るが県城などの政治的都市の点在を別とすれば自然村である。民国時代の聚落について、単位部落は三〇戸から五、六〇戸程度の小規模のものが普通であったと指摘されているが、聚落の形態でいえば、先秦時代においてすでにその方向が確認できる。

⑥　都市的聚落の実態は、殷代になると、この散村化と並行して鄭州故城、湖北省盤竜城など城墻で囲まれた

都市的形態を窺わせる聚落が確認され（河南省登封陽城の城壁を夏代の遺址とする意見もある）、陝西省岐山県では西周時代の大規模な宮殿址が発見されている。また春秋戦国時代に入ると、各地で城墻をもつ都市的聚落が四〇近くも調査されている。しかしこれらの都市的聚落は、多く都城として政治的、軍事的要請のもとで造築される政治都市であり、大規模建築（宮殿）が確認されてもいる。

⑦　城墻内部構造は、宮殿が確認されるほかに、春秋戦国時代の都城では、城内にかなりの空地が存在していた。いわれるような密集聚落ではない。城墻も多く不整形になっていた。このことは都城の建設が、既存の聚落や周辺の地理的条件を勘案し、条里区画を伴うなどの強権を行使することなく柔軟に進められていたことを窺わせる。城内に一般住民の居住地が認められるにしても、あるいは既存の聚落を囲い込むなどの措置が行われていたかも知れない。漢の長安城は、秦の離宮を再利用して造営されていた。城形も不整形で、条里区画などの計画性は認められない。春秋戦国時代の都城の系譜に連なるものである。もちろん城墻が造築された結果、政治上の建造物だけでなく、城内に人口が集中し、いわゆる都市としての経済活動も進み、周辺の村々から遊離していた都市的聚落の形態が整えられて行ったことも考えられうる。しかしこのように城墻が造築されるような大聚落は限定されていたに違いない。同時に先秦時代における都市的聚落は、官殿や城墻の築造への労役の発動は避けられないとしても、都市化に要する強権の発動にも自ずから限界があったはずで、一般住民の居住地域などにおいては、在来の秩序を勘案するなど自然発生的な事情が包含されていた可能性がある。

等である。ただこれら先秦時代の聚落に対する理解は、すでに四半世紀に近い以前のことである。この間、依拠すべき考古学的成果の進歩は著しい。

このため最近の考古学的調査、並びにこれに依拠する諸研究の一端を紹介し、先秦時代の居住形態の実態を確認してみることにする。

二　近年の考古学的研究

水経と山経　中国古代の人々が、喜びや悲しみを共にした生活の実態は、政治や社会の仕組み、経済活動の様態、あるいは歌や踊り、飲食や語らい等々、多様な環境によって構成されている。

衣食住の語もある。いずれも生活の基本的な要件である。中国古代、とくに先秦時代を中心とする人々の生活の場、住環境については、種々の文献史料もその一端を伝える。

ちなみに地理書である、三世紀頃の『水経』に注を施した（北魏）酈道元の『水経注』に見える地名は、清末の楊守敬によって清同治二（一八六三）年の胡林翼『大清一統輿図（大清輿地図）』上に比定されている。これら地名は、人々が実感を持って接することのできた自然環境の多くを包含し、この『水経』に沿って人々の居住地、生活圏が拓かれていた。

これに対して同じ地理書でも、戦国時代から漢代にかけて成立した『山海経』は、非中国を描く海経は別として、中国を対象とした山経の場合、中国古代の原始的な山岳思想が色濃く留められ、後世、荒唐無稽な妖怪・怏神を列挙する多様な山海経図を生み出して行く。

中国古代、人々は林までを日常の生活圏とし、林を越えて森、すなわち山との関わりを持つことは少なかった。(1) 同じ地理書である水経と山経とにおける描かれる世界の相違は、古代中国の生活感を、そのまま反映していたことになる。

山に対する恐怖心（あるいは畏敬の念）と、飲料・灌漑・水運等で日々親しみを深める水経の世界とでは、地理書に対する姿勢も大きく異なっていたことになる。

考古学上の成果に基づく先秦時代の聚落史研究　水経と山経との対比も一つの現実ではあるが、中国古代の住環境については、考古学調査の進展によって、多くの具体的事例が提供されている。

この結果、中国古代の聚落を専論する研究も近年増加してきた。一九八二年五月に発表した「出土文物による最近の先秦史研究（三　聚落遺跡と墓葬）」[2]や一九八九年七月に発表した「中国における最近の都市史研究」[3]において、中国における先秦時代の聚落研究を紹介したことがあるが、これらもかなり以前のことである。このためいま手元にある資料を中心に、最近の先秦時代の聚落史研究を中心に列挙してみることにする。

なお発掘調査報告書類は、以下に列挙する諸研究の前提として各著書論文中に引用・紹介されており、ここでは割愛する。

【聚落史関係文献目録】

葉驍軍『中国都城研究文献索引』蘭州大学出版社、一九八八。

中国社会科学院歴史研究所『一九八七―一九八九中国古代城市研究文献目録』中国社会科学院歴史研究所、一九九〇。

【考古学成果を比較的多く紹介する通史】

＊　先秦から元に至る通史。

李潔萍『中国古代都城概況』黒竜江人民出版社、一九八一。二七二頁。

同濟大学城市規劃教研室編『中国城市建築史―高等学校試用教材』中国建築工業出版社、一九八二。二一五頁。

＊董鑒泓氏が主編で、大学の教材として一九六一年から一九六四年にかけて編著。上篇古代部分は石器時代から明清にかけての都市史。下篇は近代部分。
于洪俊・寧越敏『城市地理概論』安徽科学技術出版社、一九八三。
＊「我国的城市化」の一節を立て先秦から現代に至る都市史について概論。
五井直弘『中国古代の城』研文出版、一九八三。二五三頁。
＊邯鄲・安陽・輝県・洛陽・鄭州・曲阜・臨淄・濟南の各都市遺址を紹介。
五井直弘『中国古代の城郭都市と地域支配』名著刊行会、二〇〇二。四六四頁。
＊前著以降の論著を収める。
杉本憲司『中国古代を掘る—城郭都市の発展』中公新書、一九八六。二一〇頁。
＊先秦都市史の通史。
杉本憲司『中国の古代都市文明』思文閣出版、二〇〇二。三〇三＋一八頁。
＊先秦都市史の総合的な研究。
賀業鉅『中国古代城市規劃史論叢』中国建築工業出版社、一九八六。二八五頁。
＊先秦から唐宋に至る都市規劃論。
賀業鉅『中国古代城市規劃史』中国建築工業出版社、一九九六。六七八頁。
＊「我国古代城市規劃分期問題」・「原始社会氏族公社聚落規劃」・「奴隷社会都邑規劃」・「前期封建社会城市規劃」。
潘谷西「中国古代城市建設」・「中国古代宮殿・壇廟・陵墓建築」『中国古建築学術講座文集』中国展望出版社、一九八六。

葉驍軍『中国都城歴史図録』一～四集、蘭州大学出版社、一九八六～七。
＊ 先秦から明清に至る通史。
葉驍軍『中国都城発展史』陝西人民出版社、一九八八。三三二頁。
＊ 先秦から現代に至る都市地図を中心とする通史。
岸俊男編『中国山東山西の都城遺跡』同朋舎、一九八八。一三五頁。
＊ 先秦から明清に至る通史。
丘菊賢・楊東晨『中華都城要覧』河南大学出版社、一九八九。三八二頁。
＊ 山東山西の都城遺址の考古学的調査の紹介。
田中淡『中国建築史の研究』弘文堂、一九八九。
＊ 先秦から現代に至る通史。
曲英桀『先秦都城復原研究』黒竜江人民出版社、一九九一。四六一頁。
＊ 先秦時代の建築構造・平面配置にふれる。
愛宕元『中国の城郭都市─殷周から明清まで』中公新書、一九九一。二二〇頁。
＊ 黄帝から戦国時代に至る各都城について文献と考古学成果を対比させる。
戴均良『中国城市発展史』黒竜江人民出版社、一九九二。四八四頁。
＊ 先秦から明清に至る通史。
楊寛『中国古代都城制度史研究』上海古籍出版社、一九九三。六一三頁。改訂版、上海出版社、二〇〇三。五七六頁。
＊ 先秦から明清に至る古典的通史。

趙岡『中国城市発展史論集』台北聯経出版事業、一九九五。二三一頁。
＊「先秦城市」から明清に至る都市史。
張之恒・周裕興『夏周考古』南京大学出版社、一九九五。四一七頁。
＊二里頭文化建築遺址・商代城址・西周建築遺存・春秋都城遺址。
馬正林『中国城市歴史地理』山東教育出版社、一九九九。四七八頁。

楊権喜『楚文化―二〇世紀中国文物考古発現与研究叢書』文物出版社、二〇〇〇。二五四頁。
＊楚の主要城址遺址を紹介。
陳旭『夏商考古―二〇世紀中国文物考古発現与研究叢書』文物出版社、二〇〇一。二四三頁。
＊夏商の城址遺址を広く紹介。
荘林徳・張京祥編著『中国城市発展与建築史―高等学校城市規劃専業系列教材』東南大学出版社、二〇〇二。二八一頁。
＊大学の教材。一〜五章は石器時代からアヘン戦争に至る都市史。六章は古代都市の発展、構造、形態。七・八章は近代都市史。挿図は同濟大学城市規劃教研室編『中国城市建築史―高等学校試用教材』より多数引用。各章末に「参考文献」を附す。
鞏啓明『仰韶文化―二〇世紀中国文物考古発現与研究叢書』文物出版社、二〇〇二。二三九頁。
＊仰韶時代の房屋や聚落形態を紹介。
謝端琚『甘青地区史前考古―二〇世紀中国文物考古発現与研究叢書』文物出版社、二〇〇二。二五八頁。
＊甘青地区の各遺跡の聚落を比較的網羅的に紹介。
曲英桀『古代城址―二〇世紀中国文物考古発現与研究叢書』文物出版社、二〇〇三。二四七頁。

＊史前城址から元に至る通史。

李友謀『裴李崗文化―二〇世紀中国文物考古発現与研究叢書』文物出版社、二〇〇三。二一一頁。

＊裴李崗文化時の房屋遺址を紹介。

趙叢蒼・郭妍利『両周考古―二〇世紀中国文物考古発現与研究叢書』文物出版社、二〇〇四。二七八頁。

＊両周時代の城址研究にふれる。

【中文研究】（発行年順、同一著者は一カ所に配列）

史念海「石器時代人們的居地及其聚落分布」『人文雑誌』一九五九年三期、『中国史地論稿―河山集』三聯書店、一九八三。

杜正勝「周秦城市的発展与特質」『中央研究院歴史語言研究所集刊』五一、一九八〇。

厳文明「従姜寨早期的村落布局探討其居住的社会組織結構（姜寨早期的村落分局）」『考古与文物』一九八一年一期、『仰韶文化研究』文物出版社、一九八九。

厳文明「内蒙古中南部原始文化的有関問題」『内蒙古中南部原始文化研究文集』海洋出版社、一九九一、『農業発生与文明起源』科学出版社、二〇〇〇。

＊内蒙古中南部の聚落遺址を分析。

厳文明「略論中国文明的起源」『文物』一九九二年一期、『農業発生与文明起源』科学出版社、二〇〇〇。

＊新石器時代の聚落遺址を分析。

厳文明「竜山時代考古新発現的思考」『記念城子崖遺址発掘六〇周年国際学術討論会文集』斉魯書社、一九九三、『農業発生与文明起源』科学出版社、二〇〇〇。

＊　竜山時代の城址を中心に分析。

厳文明「中国環濠聚落的演変」『北京大学国学研究』二、一九九四、『農業発生与文明起源』科学出版社、二〇〇〇。

厳文明「文明的曉光―長江流域最古的城市」（『日中文化研究』七、勉誠社、一九九五）『農業発生与文明起源』科学出版社、二〇〇〇。

厳文明「良渚文化与文明起源」（『日中文化研究』勉誠社、一九九六）『農業発生与文明起源』科学出版社、二〇〇〇。

＊　良渚文化の聚落遺址を分析。

厳文明「良渚随筆」『文物』一九九六年三期、『農業発生与文明起源』科学出版社、二〇〇〇。

＊　良渚文化の聚落遺址を紹介。

厳文明「黄河流域文明的発祥与発展」『華夏考古』一九九七年一期、『農業発生与文明起源』科学出版社、二〇〇〇。

厳文明「竜山時代城市的初歩研究」『中国考古学与歴史学之総合研究』中央研究院歴史語言研究所、一九九七、『農業発生与文明起源』科学出版社、二〇〇〇。

厳文明「近年聚落考古的進展」『考古与文物』一九九七年一二期、『農業発生与文明起源』科学出版社、二〇〇〇。

厳文明「仰韶房屋和聚落形態研究」『仰韶文化研究』文物出版社、一九八九。一九八七稿。

厳文明「中国新石器時代聚落形態的考察」『慶祝蘇秉琦考古五一五年論文集』文物出版社、一九八九。

厳文明「以考古学為基礎、全方位研究古代文明」『古代文明研究通訊』一期、一九九九、『農業発生与文明起源』科学出版社、二〇〇〇。

＊　中国城市の起源について言及。

厳文明「文明起源研究的回顧与思考」『文物』一九九九年一〇期、『農業発生与文明起源』科学出版社、二〇〇〇。

＊　新石器時代の聚落遺址を分析。

厳文明「長江流域在中国文明起源中的地位和作用」『農業発生与文明起源』科学出版社、二〇〇〇。

陳旭「二里頭遺址是商都還是夏都」『夏史論叢』斉魯書社、一九八五、『夏文化論集』文物出版社、二〇〇二。
＊偃師二里頭遺址は夏都で、古の鄩城。
李先登「登封告成王城崗遺址的初歩分析」『中国考古学会第四次年会論文集』文物出版社、一九八五。『夏文化論集』文物出版社、二〇〇二。
＊王城崗遺址は禹都陽城。
鄭州市地方志編纂委員会『鄭州商城初探』河南人民出版社、一九八五。一四三頁。
＊「鄭州商城的文物考古文献目録」・「鄭州商城考古記事」を附載。
張光直「関于中国初期城址這個概念」『文物』一九八五年二期。
＊中国初期の都市は政治的要素が強い。
馬世之「黄河流域新石器時代的村与城」『論仰韶文化』中原文物一九八六年特刊。
＊「仰韶文化的村落」・「竜山文化的城堡」・「原始村落与城堡的性格」で構成。
馬世之「中原史前城址与華夏文明」『華夏文明的形成与発展』大象出版社、二〇〇三。
＊西山・後岡・孟荘・平糧台・王城崗・古城寨・郝家台・陶寺の八遺址を分析し、①城址は山麓あるいは河岸台地上、②城垣は原始村落の上に建てられ、③城址は板築あるいは堆築による夯土城垣、④城外四周に濠塹、⑥城址面積は一万から二八〇万平方であるが、中原の城址はやや小規模で一般的には三万から五万平方、⑦城址の内外に居住区・作坊・墓葬区がある。陶寺は堯都平陽。平糧台は有虞氏部族の城邑。古城寨は祝融の墟。王城崗は鯀が築き夏禹の都。後岡は顓頊の城。西山は黄帝軒轅の国都。
楊鴻勳『建築考古学論文集』文物出版社、一九八七。三三一頁。

＊　仰韶文化居住建築・河姆渡遺址木構・二里頭宮室・盤竜城宮殿・西周岐邑建築・鳳翔秦宮銅構・戦国中山国兆域図・秦代以前の墓上建築・秦咸陽級・漢長安宮・漢長安明堂等の立体的復原。

陳紹棣「登封王城崗城堡遺址時代探索」『華夏文明』北京大学出版社、一九八七、『夏文化論集』文物出版社、二〇〇二。

＊　王城崗は夏代の都城。

陳紹棣「戦国都城城防体系芻議」『江漢考古』一九八八年九期。

＊　「都城的選址、形制、規模和市里」・「都城城墻的形制和構築材料」・「都城城墻的縦深配置」・「都城城墻上的作戦設置」・「城墻重点部位的加固」・「在都城郊区的交通要道上設前哨拠点」。

鄭桀祥「二里頭文化分析」『夏史初探』中州古籍出版社、一九八八、『夏文化論集』文物出版社、二〇〇二。

＊　二里頭文化類型遺址の分析。

王妙発「黄河流域的史前聚落」『歴史地理』六、一九八八。

＊　前仰韶期・仰韶期・竜山期聚落の立地、分布、形状等を類型化。

王妙発・郁越祖「関于都市（城市）概念的地理学定義考察」『歴史地理』一〇、一九九二。

＊　歴史上の都市の定義を検討。登封王城崗遺址は、規模が小さく住民も限られ、農業中心の聚落で都市ではない。禹都陽城は行政聚落、あるいは他の夏代帝王の都城。

王妙発「黄河流域史前聚落地理之再検討―以河南省為例」『歴史地理』一四、一九九八。

＊　王妙発「黄河流域的史前聚落」の補論。論文の構成は前稿と同様。

張鴻雁『春秋戦国城市経済発展史論』遼寧大学出版社、一九八八。四七六頁。

＊　「春秋以前城市的萌芽及理論探討」および春秋戦国時代城市の社会経済史研究。「春秋戦国城市一覧表」・

「春秋諸侯築城表」を附載。

史為楽「簡論洛陽古代都城城址的変遷」『歴史地理』九、一九九〇。

＊二里頭宮殿遺址から隋唐洛陽古城に至る。

厳耕望「夏代都居与二里頭文化」『厳耕望史学論文選集』台北聯経出版事業、一九九一、『夏文化論集』文物出版社、二〇〇二。

＊考古史料と文献史料の対比、分析。

陳振裕「東周楚城的類型初析」『江漢考古』一九九二年一期。

＊「東周楚城的考古発現概況表」で、五〇遺址の城形・面積・主要遺跡・城の略歴・出典を表示。五〇の楚城を「都城」・「別都」・「県邑」・「軍事城堡」の四類型に分類。

陳振裕「東周楚城初探」『奮発荊楚探索文明―湖北省文物考古研究論文集』湖北科学技術出版社、二〇〇〇。

＊「東周楚城的考古発現概況」・「東周各諸侯国都城考古発現概況」の一覧を表示。

田広金「内蒙古長城地帯石城聚落址及相関諸問題」『記念城子崖遺址発掘六〇周年国際学術討論会文集』斉魯書社、一九九三、『北方考古論文集』科学出版社、二〇〇四。

田広金「環岱海史前聚落形態研究」『文化的饋贈―漢学研究国際学術会議論文集―考古巻』北京大学出版社、二〇〇〇、『北方考古論文集』科学出版社、二〇〇四。

＊聚落遺址の詳細な紹介。岱海地区の史前聚落の発展は、原始聚落→父系氏族社会→宗族制社会→城堡林立の古文明社会。

張学海「城子崖与中国文明」『記念城子崖遺址発掘六〇周年国際学術討論会文集』斉魯書社、一九九三。

＊「城子崖是中国文明時代初期的一座重要都市」城址面積二〇万平方、推定人口五千人以上。城内居民は統

治者・農民・手工業者・巫医。周囲二〇余キロメートル以内に四〇カ所以上の竜山文化期の遺址があり、都・邑・聚の社会構成、城と郷の格差を形成。

張学海「東土古国探源」『華夏考古』一九九七年一期。

＊海岱地域での聚落、都城の形成。

張学海「豫西北地区国家起源初探」『華夏文明的形成与発展』大象出版社、二〇〇三。

＊「誕生国家的母体」新石器中期前五千年以前には、各大地区の聚落は散在し、特定の小地区に五つ以上の聚落が集まっている事例はない。前五千年以後の新石器晩期になって二三〇カ所以上の大中聚落群が出現する。この時期に海岱・甘青・下江・両湖でも聚落群が生まれる。各大地区の聚落群は、数量・規模共に急速に発展し、大中小の聚落に分かれる。聚落は小地域で発展するが、その中の大中型聚落は次第に中心聚落となり、若干の中級聚落や絶対多数の小聚落の頂点に立つようになる。部落の発展した新しい段階で酋邦ではない。大型ないし中大型聚落群の発展した段階で国家が成立する。これを偃師・鞏義嵩山北麓群（特大遺址一、大遺址三、中等遺址四、小遺址二〇）、伊川伊河中游群（特大遺址一、大遺址二、中等遺址四、小遺址二四）、孟津・新安・洛陽澗河中游群（特大遺址二、大遺址一、中等遺址三、小遺址二六）において確認する。附「豫西北地区史前聚落群一覧表」（一八遺址）。

鞏啓明・姜捷「試論竜山文化的社会性格」『記念城子崖遺址発掘六〇周年国際学術討論会文集』斉魯書社、一九九三。

＊「房屋建築与聚落、城堡反映的社会状況」半地穴式住居から地面建築、台基建築に至り、台基宮殿・宗廟建築への先鞭。城址建造過程で殉人の風あり。仰韶文化期の農業聚落は河岸台地上の他、平原地区にも拡大。房屋は単室あるいは複数室で、居住区には統一規格がある。部落は父系制大家族血縁集団であるが、

父系家族間の対立や自立性も生まれてきている。聚落の中には規模を拡大し城墻を持つような中核聚落が生まれ、その周囲には中小型聚落がある。

張之恒「黄河中游幾座竜山文化城址的性格」『記念城子崖遺址発掘六〇周年国際学術討論会文集』斉魯書社、一九九三。

＊王城崗・平糧台・郝家台・辺綫王・城子崖・田旺・陶寺遺址。これらの城堡の出現は竜山中晩期で、黄河流域では階級社会が生じている。黄河流域雛形城市の特徴は、城市の規模が比較的小さい。早期城堡は宗廟的性格を有す。商品交換の市的性格を持たず政治的防御的性格を有す。

李先登「関于竜山文化的若干問題」『記念城子崖遺址発掘六〇周年国際学術討論会文集』斉魯書社、一九九三。

＊竜山文化城址遺址の年代測定に言及。

王錫平「典型竜山文化社会形態芻議」『記念城子崖遺址発掘六〇周年国際学術討論会文集』斉魯書社、一九九三。

＊「典型遺址的分析」で、城址、井戸、家屋建築等に言及。

羅勳章「章丘竜山鎮附近的水道、古城及相関問題」『記念城子崖遺址発掘六〇周年国際学術討論会文集』斉魯書社、一九九三。

趙樹文・燕宇『趙都考古探索』当代中国出版社、一九九三。一八〇頁。

＊邯鄲の考古学的研究。

河南省文物研究所『鄭州商城考古新発現与研究一九八五―一九九二』中州古籍出版社、一九九三。二七八頁。

＊論文集。「鄭州商城考古学文献目録索引」を附載。

方酉生「論二里頭遺址的文化性質―兼論夏代国家的形成」『華夏考古』一九九四年一期。

方酉生「鄭州商城再検討」『華夏考古』一九九六年三期。

孫広清・楊育彬「従竜山文化城址談義―試論中国古代文明的起源」『華夏考古』一九九四年二期。

＊ 中国文明の起源は多元的である。

王蘊智「史前陶器符号的発現与漢字起源的探求」『華夏考古』一九九四年三期。

＊ 史前の陶器符号について諸例・諸説を紹介し、早期古文字の存在について学術界で一致する意見は未だない。史前符号は史前社会の理解に重要。

朱乃誠「人口数量的分析与社会組織結構的復原―以龍崗寺、元君廟和姜寨三処墓地為分析対象」『華夏考古』一九九四年四期。

＊ 龍崗寺遺跡の死亡平均年齢は三三・〇三歳、元君廟遺址の死亡平均年齢は二七・九歳、姜寨遺址の死亡平均年齢は三六・八歳。龍崗寺と元君廟とは二級制社会組織、姜寨は三級制社会組織。

楊権喜「試論江漢古城的興衰」『江漢考古』一九九四年四期。

＊ 屈家嶺文化時＝天門石家河・荊門馬家垸・江陵陰湘城・石首走馬嶺・和澧城頭山、殷代黄陂盤竜城、戦国時＝江陵紀南城・当陽季家湖楚城・宜城楚皇城・襄陽鄧城・雲夢楚王城・大冶鄂王城・黄岡禹王城・大悟呂王城・大冶草王嘴城・孝感草店坊城・黄陂作京城・湘陰古羅城・桃源楚王城・石門古城提・慈利白公城・臨澧古城提・常徳索県故城、淅川竜城・西峡析邑・荊門岳飛城・随州城・潜江竜湾・当陽馬盤山・楊木崗・随州安居・秭帰柳林渓、等の城址に言及。夏殷周時の楚城の来源は中原の早期都城。江陵紀南城は、城郭内に製陶・漆器加工・冶鋳・紡織の作坊、市場、村宅・民居、農田、漁撈場があり、城郭外に墓地等を指摘。

杜荘忠「辺綫王竜山文化城堡試析」『中原文物』一九九五年二期。『夏文化論集』文物出版社、二〇〇二。

劉軍社「水系・古文化・古族・古国論―渭水流域商代考古学文化遺存分析」『華夏考古』一九九六年一期。

裴明相「論王城崗城堡和平糧台古城」『華夏考古』一九九六年二期。
李自智「秦都雍城的城郭形態及有関問題」『考古与文物』一九九六年二期。
＊漢代都城の城郭形態は、秦都雍城の城郭形態の後続・発展。
李自智「東周列国都城的城郭形態」『考古与文物』一九九七年三期。
李自智「秦都咸陽在中国古代都城史上的地位」『考古与文物』二〇〇三年二期。
馬正林「論中国的城墻与城市」『歴史地理』一三、一九九六。
＊「春秋戦国時代的城墻与城市」春秋戦国時代は県級城邑が多い。城から城市への飛躍的発展の時期で、単純な防御の役割だけではなく経済的効用も大きくなり、政治・経済・文化の中心となる。城の数も増え、一〇万平方キロを超える城市（斉臨淄・魯曲阜・趙邯鄲・燕下都・楚郢・秦雍城・鄭韓新鄭・魏安邑等）も多く、規模は拡大の方向。城の形状は多様化する。城市と農村との相互依存関係が生じる。「秦漢時代的城墻与城市」・「秦漢以後的城墻与城市」。
陳雍「姜寨聚落再検討」『華夏考古』一九九六年四期。
楊肇清「試論鄭州西山仰韶文化晩期古城址的性格」『華夏考古』一九九七年一期。
趙春青「也談姜寨一期村落中的房屋与人口」『考古与文物』一九九八年五期。
＊大型家屋＝日常生活の場ではない。男女の集会、他氏族の来訪者用等。一五ないし三〇人の広さ。中小型家屋＝生産用具があって日常的生活の場。一〇人前後の広さ。特に小さい家屋＝竈の跡がなく日常生活の場ではない。貯蔵室、若い男女の語らいの場等。
Ⅰ類＝宮城が郭城の中部に位置する（魯故城・魏安邑城・楚紀南城）。春秋時に形成。Ⅱ類＝宮城と郭城が分離〈毗連〉隣接している（斉故城・鄭韓故城・燕下都・中山霊寿故城）。戦国時に建造。Ⅲ類＝宮城と郭城が

分離し寄り添っている（邯鄲故城）。戦国時に建造。Ⅳ類＝宮城だけで郭城なし（侯馬晋都）。春秋時に形成。Ⅴ類＝複数の宮殿で宮殿区を形成（秦都雍城・秦咸陽も単一の宮殿や城墻なく咸陽原一帯に宮殿区）。春秋時に形成。春秋型城郭と戦国型城郭の中間型＝宮城が郭城の一隅に位置する（春秋姜斉の宮殿は郭城の中部にあるが戦国田斉の宮城は郭城の西南隅・秦雍城の姚家崗や馬家荘の宮殿は春秋時で鳳尾村一帯の宮殿は戦国時）。春秋時の宮城が郭城の中部にある形態は、殷周以来の王権思想を反映。

＊　靳桂雲「竜山時代古城址」『華夏考古』一九九八年一期。

「竜山時代的古城与墓葬」内蒙古中南部地区老虎山文化石城聚落（涼城岱海石城址群＝老虎山の城墻は板築の上に石墻で環濠、城内に家屋数百址あり多く窰洞式。板城石城は城内に家屋が並び、祭祀遺址あり。園子溝遺址は窰洞式の家屋と半地穴式の家屋あり、窰洞家屋の中には装飾が施された寝室を備える二間のものあり、大型家屋の中には白壁に壁画が刻されている寝室には装飾が施され、城址の規模や家屋の情況は老虎山遺址と同じ。包頭大青山南麓石城址群＝威俊遺址は面積二〇～二五平方メートルで、城内に祭壇や石積みの家屋あり。阿善遺址は台地上に二カ所、城形不整形、城内に祭壇あり。莎木佳遺址は城内に大型家屋一つ、奥行き一一・二、広さ二六メートル、西北角と北墻内に一〇平方メートルの小部屋あり。準格爾旗と清水河間の石城群＝各石城は黄河河岸の絶壁に位置した砦で、寨子塔石城聚落址は石墻に門址あり）。黄河中下游竜山時代城址（王城崗古城は残存面積約一万平方メートル、城内に祭祀坑あり。平糧台古城は三～五メートルの土丘上で、一辺一五八メートルの方形、城内面積三・四万平方メートル、南城門両側に衛所、南門の道路下に三列の配水管、城内東北に家屋が並び、一部の家屋は分室式で外壁は土壁である。郝家台古城は一四七×一三〇メートルで、面積二万平方メートル、城壁は突き固められた土壁で外濠を備え、城内に並んだ家屋や水井・灰坑がある。城子崖遺址は河岸台地上に位置し、東西四三〇×南北の長い部分で三五〇メートル、面積二〇万平方メートルで黄河流域最大、西北部に家屋址・水井・墳墓・灰坑がある。丁公古城址は長方形で面積一二万平方メートル、城壁は突き固められた土壁で、家屋・陶窯・墓地、窖穴がある。田旺古城は面積一五万平方メートル、城壁は突き固められた土壁である。辺綫王遺址は丘阜上に位置し方形、面積五万平方メートル、東南部に面積一万平方メートルの小城、城墻は累層築土され、城基に人・豚・犬・陶器を埋める。薛城古城址は方形、東西約一七〇×南北約一五〇メートルで、面積二・五万平方メートル）。長江中游竜山時代城址（石家河古城は城址方形、一辺約一キロメートル、城内面積一〇〇万平方メートル、西垣・南垣に護城河跡、城墻は一〇～二〇センチの層で突き固められ、城内中心部に居住区と思われる多数の家屋址がある。走馬嶺古城は不規則な楕円形、城墻に複数の門址、周長約一＋二〇〇メートル、外周に護城河、城内東北に家屋址、古城の近くに湖がある。馬家垸古城は台地上に位置し、東・西六〇〇メートル、南四〇〇メートル余、北は南垣より短く、南北西垣の中間と東垣南端に城門、南垣の幅三二メートル、城周に護城河あり、面積二〇万平方メートル、城内の北側に建築台基がある。陰湘城古城は円角長方形で東西約五〇〇×南北約二四〇メートル、面積一二万平方メートル、四面に城門あり、北門は水門、南・西垣に幅二〇メートルの護城河。城頭山古城は円形で、直径三二五メートル、面積六万平方メートル、城墻は突き固められた土壁、城外に三五×五〇メートルの護城河、四面に城門、城内に家屋址がある）。墓葬は省略。

劉莉「竜山文化的酋邦与聚落形態」『華夏考古』一九九八年一期。

＊　三種の竜山聚落形態、①中心が単一＝晋西陶寺・魯東日照・魯南臨沂地区の首長組織、②中心が複数＝魯北・魯西・河南地区の首長組織、③中心がない＝陝西中部の発達した首長組織がない。「酋邦」はchiefdom.

張剣「洛湯新石器時代考古綜述」『華夏考古』一九九九年二期。

＊　「三、洛陽新石器時代住居遺址」仰韶文化期の孫旗屯・矬李（二座）・湯泉溝（七座）・王湾（地面建築方形式七座）・孟津寨根・孟津妯娌（円形半地穴式一五座）、竜山文化期の西呂廟・孟津小潘溝（三座）・偃師灰嘴

（二座）・偃師吉利の家屋形態を紹介。

曹兵武「長城地帯史前石城聚落址概説」『華夏考古』一九九八年三期。

楊建華「試論文明在黄河与両河流域的興起」『華夏考古』一九九九年四期。

＊両河はメソポタミア地方。農業の起源や普及、社会分化を比較。

安徳黒爾「中国北方地区竜山時代聚落的変遷」『華夏考古』二〇〇〇年一期。

＊一九九四年発表論文の翻訳転載。黄河流域の聚落遺址の分析。

劉慶柱『古代都城与帝陵考古学研究』科学出版社、二〇〇〇。三六七頁。

＊一九七〇年代に秦咸陽城、一九八〇年代に漢長安城の調査に関係し、一九九〇年代後半以降古代都城・宮城・宮殿遺址の理論問題を研究。先秦から漢代に至る論文集。

劉慶柱「中国古代都城史的考古学研究―関于都城・宮城・宮殿与宮苑問題」『陝西歴史博物館館刊』一〇、二〇〇三。

＊「中国古代都城的考古発現」・「関于中国古代都城的宮城、内城与郭城考古学研究」早期国家の都城は宮城で、城郭外の手工業の作坊や居住民が城内の統治者に服属。政治・軍事・経済管理の中心になっていた。「関于古代都城中的大朝正殿考古学研究」・「古代都城的苑囿建築」。

朱彦民『殷墟都城探論』南開大学出版社、一九九九。二七七頁。

＊殷墟研究史の紹介。「殷墟発掘大事年表」を附載。

郭徳維『楚都紀南城復原研究』文物出版社、一九九九。三〇二頁。

＊紀南城内の建築物の復原図も多く、紀南城の総合的研究。

王毅・蔣成「成都平原早期城址的発現与初歩研究」『稲作陶器和都市的起源』文物出版社、二〇〇〇。

＊　宝墩・魚凫村・古城村・芒城村・双河村・紫竹村遺址の紹介。各遺址は中心聚落。城墻は中心聚落の標識。遺址のカラー写真を収録。

趙緒球「長江中游史前城址和石家河聚落群」『稲作陶器和都市的起源』文物出版社、二〇〇〇。

＊　石家河城・走馬嶺城・陰湘城・鶏鳴城・馬家垸城・城頭山城の紹介。石家河文化早期聚落群は、手工業が発展し産品の交換が行われ、人口の集中も中程度で、原始都市の要素を具備する。石家河文化晩期の石家河聚落群は古国の段階。

趙輝「中国文明起源研究中的一個基本問題」『稲作陶器和都市的起源』文物出版社、二〇〇〇。

＊　竜山文化の上限を紅山・良渚・石家河等の文化期に遡らせる。

陳賢一「盤竜城的考古発掘及其文化概貌」『奮発荊楚探索文明―湖北省文物考古研究論文集』湖北科学技術出版社、二〇〇〇。

＊　盤竜城は、商王朝南方の封国で軍事的色彩が濃厚。

許宏『先秦城市考古学』北京燕山出版社、二〇〇〇。一八六頁。

＊　「中国城市的起源及其初期形態」黄河中下流（西山・王城崗・平糧台・郝家台・孟荘・後岡・城子崖・辺綫王・丁公・田旺・丹土・薛城・景陽崗）＝仰韶晩期（西山）から竜山文化時。河岸台地上で形状は長方形に近いが多様。内蒙古中南部（老虎山・西白玉・板城・園子溝・大廟坡・威俊・阿善・西園・莎木佳・黒麻板・寨子塔・寨子上・馬路塔）＝竜山早期。河岸台地上で形状不整形が多い。険要の地では城垣がない。長江中流（石家河・馬家垸・陰湘城・走馬嶺・城頭山）＝屈家嶺文化から石家河文化早期。河岸台地上で形状不整形。城垣外に多く環濠がある。長江上流（宝墩・芒城・魚凫城・古城・双河）＝竜山文化時。河岸台地上で形状不整形。中原竜山文化と山東竜山文化の夯土城址は典型的な初期城址聚落。初期国家の権力の中核となる。前堂・後室を

有する大地湾中心聚落は、夏殷周宗廟・宮室配置の祖形。ただ黄河中下流の聚落では、仰韶・大汶口文化地層上に竜山文化期の城邑が確認できない。竜山文化期の城邑の堆積物は主として竜山文化時のもの。竜山文化期の城邑は古くからの中心聚落の上に建造されたものではない。部族が長期に居住してきた中心聚落は、別の地に新たに城垣を建て新邑を造成する中で瓦解し一般聚落に凋落する。大地湾中心聚落の殿堂や広場は、公共性が強く血縁集団による宗教的色彩が強かったが、社会が分化する中で、竜山文化期の城邑は、権力者の壟断が進み、国家の出現も伴い、征服や略奪が頻発する原始社会末期に、統治者の権力を誇示する城濠・夯土建築台基・祭壇等を備えた全く新たな聚落形態が生まれる。これら城垣を有する城邑の使用期間はさほど長期に亘らない。城垣内外の居民は身分や地位において差別があった。「夏商西周時期城市的特質」・「春秋戦国時期城市的転型与発展」・「余論先秦与秦漢城市的継承和発展」・「曲阜魯国古城之再検討」。

＊銭耀鵬『中国史前城址与文明起源研究』西北大学出版社、二〇〇一。三一九頁。

史前城址の発現と研究・環境的視点での史前城址・史前城址の布局・史前城址の建造技術・城址の建造の人員や工期・城内の構造（第一類＝平糧台・古城寨・城子崖・丁公・藤花落・石家河・莫角山等城址の城内は、貴族や手工業者の居所が中心で、都市と農村が分化。第二類＝王城崗・郝家台・孟荘・辺綫王・田旺・景陽崗・丹土等城址の城内外の居民構成は不明確。第三類＝西山・阿善・西園・莎木佳・威俊・黒麻板・西白玉・老虎山・板城・大廟坡・白草塔・寨子上・寨子塔・小沙湾等城址は、一般の聚落と大差なく、軍事的城堡。第四類＝尤楼・城頭山・陰湘城・馬家院・鶏叫城・門板湾・成都平原諸城址・後城嘴・馬路塔等城址の城内事情は不明。第五類＝滕州西康留・皇姑冢・王家荘・教場鋪・尚荘・楽平鋪・大尉・王集・荊門荊家城・莫角山台城周辺の壟状城垣・昆山趙陵山・武進寺墩等城址は城址であるかも不明）・城址発生の社会的背景・史前城址と文明の起源・史前城址と国家の起源・環濠聚落等。

王吉懐「尉遅寺聚落遺址的初歩探討」『考古与文物』二〇〇一年四期。

＊新石器晩期大汶口文化時期の円形環濠聚落。二～五部屋の分室家屋あり。

張玉石「史前城址与中原地区中国古代文明中心地位的形成」『華夏考古』二〇〇一年一期。

趙芝荃「偃師商城建築概論」『華夏考古』二〇〇一年二期。

趙青春『鄭洛地区新石器時代聚落的演変』北京大学出版社、二〇〇一。二八二頁。

＊鄭洛地区の自然環境、裴李崗文化時期の聚落の形成、仰韶時期の聚落の発展・分化、竜山時期の聚落を分析し、巻末に鄭洛地区の新石器時代聚落遺址一覧の詳細な表を附す。鄭洛地区の竜山時代の聚落遺址五一六カ所。仰韶後期の聚落遺址は三五七カ所。

楊亜長「略論鄭洛文化区」『華夏考古』二〇〇二年一期。

＊①裴李崗文化＝裴李崗類型（新鄭裴李崗・沙窩李・密県莪溝北崗）の家屋（多く円形半地穴式、方形半地穴式、直径二・二～三・八メートル、門道は階段または傾斜式で〇・七メートル）と墓地（氏族墓地で秩序があり、墓向はほぼ一致）。賈湖類型（漯河翟荘・舞陽賈湖・郭荘・阿崗寺・許昌丁荘・崔荘・葉県文集・鄢陵故城・南関・蝎子崗・劉荘等）の家屋（円形・楕円形半地穴式で一室ないし分室家屋。分室家屋は、単室家屋を二、三、四室に拡張している）と墓地（墓には多数の二次葬や合葬墓あり）。磁山類型（武安県磁山遺址）の家屋（楕円形ないし不規則円形半地穴式、門道は傾斜階段式。灰坑は円形、楕円形、不規則型、長方形。坑内に日用品や工具）。②大河村文化＝大河村類型（鄭州大河村・西山・洛陽王湾・長葛石固・滎陽青台・点軍台・禹県谷水河）の古城（鄭州西山、城内面積三万平方メートル）と家屋（二室以上の繋がった分室家屋。建築技術が進歩）。下王崗類型（淅川下王崗・鄭州八里崗）の家屋（早期は円形単体建築、半地穴式と地面式。中晩期は地面建築、繋がった分室家屋、一戸の分室家屋は連続する一大一小

室ないし一大二、三小室で各室に外部への門道あり）、村落（村落内に複数の家屋）と墓地（早期の成人の墓地は氏族公共墓地で秩序あり、単人仰身直肢葬）。後崗類型（早期は安陽後崗下層・濮陽西水坡仰韶村時代遺存・磁県界段営・武安趙窯・西万年、晩期は安陽大司空仰韶時代遺存・安陽大寒南崗・大正集老磨崗・鮑家堂・磁県下潘汪）。③河南竜山文化＝王湾類型（洛陽王湾・群李・孟津小潘溝・臨汝煤山・登封王城崗・郾城郝家台・鄭州站馬屯・旭旮王・二里崗・垣曲古城東関・輝県市孟荘遺址）の城垣（登封王城崗・郾城郝家台・輝県市孟荘、一万平方メートル超の面積あり）の家屋（鄭洛地域は方形地面式と円形半地穴式、多くは単室、床に火を燃やした跡か白灰面。汝河潁河流域は多く方形地面式、繋がった分室家屋、床に火を燃やした跡か白灰面）と墓地（鄭洛地域は竪穴土坑、単人仰身直肢葬。汝河潁河流域は土坑の他に甕棺多し）。三里橋類型（陝県三里橋・平陸盤南村・夏県東下馮・芮城西王村）の家屋（方形・長方形半地穴式と地面式、皆単室）、聚落形態は不明。後崗類型（安陽後崗・大寒南崗・八里荘・湯陰白営・河北磁県下潘汪・永年台口・邯鄲澗溝・亀台）の家屋（円形単体地面式、外壁は土壁・木骨壁・日干煉瓦壁の三種、床に火を燃やした跡か白灰面、木板を床に敷くものあり、白営遺址等に水井）と聚落（各集落内の家屋の分布に一定の規律）、墓地（甕棺多し）。王油坊類型（河南永城王油坊・黒堌堆・夏邑三里堌堆・商丘鄔墻・鹿邑欒台・柘城孟荘・睢県周竜崗・淮陽平糧台・山東曹県莘冢集・荷沢安邱堌堆）の家屋（方形・円形の地面式多し、早期は少数が半地穴式、単室が主で繋がった分室家屋もあり、外壁は日干し煉瓦壁、床は白灰面・草泥面・焼土面の三種、遺址によっては水井や小型の窯炉あり）と墓地（建物内に児童葬多数）。下王崗類型（淅川下王崗竜山時代遺址）の家屋と聚落（不明）、墓地（成人は土坑墓で屈肢葬多く、仰身直肢葬これに次ぐ、子供は多く甕棺）。

彭曦「西周都城無城郭?―西周考古中的一個未解之謎」『考古与文物増刊―先秦考古』二〇〇二。

＊　周原岐邑・豊鎬遺址・成周（洛邑）の西周都城は、山水を利用した河溝台地上の塹壕城で四周の城壁はない。秦の雍城・櫟陽城・咸陽城も、西周都城を継承し自然の山水を利用した塹壕城。塹壕城は、新石器時

代先住民の居住環境に対する審美感を継承し、黄河上流の広大な台地上で眺望を遮る周壁なく天人合一の開放性・「諧美感」をもたらす発展した形態。

張国碩『夏商時代都城制度研究』河南人民出版社、二〇〇一。二五五頁。

＊　夏商の設都制度・離宮別館制度・都城選址制度・都城軍事防御制度・都城規劃布局制度・都城の周辺方国や後世への影響・

宋豫秦等『中原文明起源的人地関係簡論』科学出版社、二〇〇二。二二七頁。

＊「環岱海地区」仰韶後期＝王墓山坡上遺址は環濠聚落。小型房屋の中央に大型房屋。身分の分化を意味するか。竜山時代＝園子溝・老虎山・西白玉・板城・面坡遺址。大きい家屋で四～五人が住居。聚落内の身分の分化には限度がある。園子溝の家屋は、窑洞式で主室の外に里屋か院落がある。「海岱地区」大汶口文化期＝大汶口（八〇余万平方）・野店（五〇万平方）・西夏侯（一〇万平方）遺址は、古国出現の必要条件を備える。竜山文化期＝陽谷景陽崗・教場鋪（四〇万平方）・章丘城子崖（二〇万平方）・滕州薛城・鄒平丁公（一一万平方）・臨淄田旺（一五～二〇万平方）・寿光辺綫王（五万五千平方）・史家遺址等。城址の規模は比較的大。魯北史家は環濠聚落で、城墻や壕は軍事的役割。田旺遺址は都市に相当。「四川盆地」成都平原＝広漢三星堆・新津宝墩・都江堰芒城・郫県古城・温江魚鳧村・崇州双河。盆周西北山地＝広元張家坡・広元家坪・綿陽辺堆山。盆周東北山地＝巴中月亮岩・通江擂鼓寨。盆周東平行嶺谷山地＝忠県哨棚嘴一期・中垻早期・奉節老関廟下層。自然に形成された城堡聚落。宝墩遺址は竜山文化時の六〇万平方の古城で、泥墻の小屋集合（房屋二基）の聚落。郫県古城は、城内に大型房屋（五五〇平方）あり、酋邦制国家。成都近郊金沙遺址は、大量の房屋建築があり、古蜀国の中心。近接する黄忠遺址は、古蜀都邑の宮殿区。「江漢地区」城

居式聚落＝天門石家河・荊州馬家垸・江陵陰湘城・公安鶏鳴城・石首走馬嶺・澧県城頭山等。屈家嶺文化時期に広く環濠城池聚落が江漢平原西部縁辺に出現。城墻は環濠の内側。城墻や城池は水管理とも関連。城池を持つ中心聚落の周囲に小集落が存在。堰居式聚落＝京山屈家嶺・京山三王城。山地の十年九旱の地で、聚落は囲堰を創造し人工的小規模水庫に生活用水や灌漑用水を備蓄。水患がある江漢地区下流では城居聚落。《以下は屈家嶺から石家河酋邦の政治体制・社会構成における聚落の等級》第一級聚落＝石家河古城で、集合式古城。環濠・城垣四キロ、城内一二〇万平方、城垣外の環城聚落を含めると一八〇万平方。城内中北部譚家嶺は貴族の居住地、鄭家湾や三房湾は祭祀区で、二〇カ所近い城外の環濠聚落は、農民や手工業者が居住する普通の聚落。貴族と平民の居住区が分化。第二級聚落＝地方級中心聚落で、江陵陰湘古城・荊門馬家垸古城・京山屈家嶺堰居式聚落・石首走馬嶺古城・公安鶏鳴古城・澧県城頭山古城・鶏叫城古城は、単一の聚落。周囲小集落の労働力を集め環濠や城垣・人工堰・大型宗教建築等を建造し、政治的文化的地位が高い。陰湘古城の城内中部は居住区、西部は製陶手工業区。第三級聚落＝家族を単位とする自給自足の「普通聚落」（Community）。面積は二万～五万平方で、生産活動に従事し宗教的色彩がない。第四級聚落＝聚点（Hamlet）。江漢平原に普遍的に存在。第三級聚落から派生し、整った Community を形成せず、自給自足することもできず他の聚落に依附。面積一万平方以下。索范台五千平方・徐家台三千平方・高家土地二千四百平方。大型建築なく、物質文化も貧困。使用期間は比較的短い。《宮室の制度化》石家河城外南郊肖家屋脊遺址住居には、大小両宗族。東北部の囲繞中庭構成の曲尺型建築群は、南向の正室（F15）、東向の西室（F13）、中庭広場、中庭院墻があり祭祀建築。「環太湖地区」良渚文化期中期＝中心的聚落の形成。莫角山遺址は、面積三〇余万平方で、六七〇×四五〇メートルの高台礼制建築址がある。近隣に反山・瑶山・滙観山・桑樹頭（双池頭）・鐘家村・馬金口等の貴族墓地や祭壇址。莫角山聚落も支配的中心聚落で、この聚落の周囲にはまた莫角山聚落に次ぐ寺墩・草鞋山・福泉山・荷葉地等、玉礼器を副葬し権勢を有する聚落がある。一帯の幾十もの経済的に貧しい下層構成員（平民。家屋は小さく、随葬品は少量で日常生活品）の普通聚落がこれらに服属する。太湖以東の福泉山、太湖以北の寺墩遺址も重要な中心聚落で、周囲の普通聚落と格差がある。「中原地区」仰韶文化期＝遺址は多く河岸台地上。鄭州西山遺址は、板築の城墻。黄帝の都邑とも。鄭州八里崗遺址は、房屋が連なる長屋式村落。一戸の房屋は二間あるいは三間で炉が個別に設けられている。河南竜山文化期＝王城崗遺址は、面積一〇〇万平方。儀礼建築や祭祀坑がある。禹都陽城か。襄汾陶寺遺址は、城内面積二〇〇万平方以上。南墻と東墻を確認。建築における「夾版石砸夯土」方式は長江中流の「堆築法」より進歩。部落間の戦争の増加で城堡が大量に出現。仰韶・竜山早期の城址は、九遺址（西山・陶寺・王城崗・平糧台・郝家台・孟荘・後岡・古城寨・景陽崗）。教場鋪・南石遺址は城墻は確認されていないが宮殿建築の雛形となる高台建築遺址がある。禹県閻寨・瓦店遺址は、各面積四〇平方の中心聚落。瓦店では夯基や奠基坑、閻寨では排房を確認。やや大きい聚落の周囲に比較的小さい同時期の遺址がある。王城崗や閻寨・瓦店遺址は統治上の拠点に相当。河南竜山文化期は礼制の形成、王権の出現を反映。二里頭文化期＝二里頭遺址の内部には、礼制用の大型宮殿建築。王権政治が確立。遺址内の房址には、宮殿建築、地面建築の比較的大型建築と小さい半地穴式建築の三別あり。階級分化を反映。宮殿建築基址の祭祀坑・手工業作坊周囲の殉人・陶片上の竜紋は、夏代の宗教儀式を反映。

陳淑卿「趙宝溝聚落結構的微観考察」『考古与文物』二〇〇三年四期。
＊ 遼西地区新石器晩期の聚落遺址。半地穴家屋の残存八九。

何周徳「姜寨遺址牲畜夜宿場遺址辨析」『考古与文物』二〇〇三年二期。
＊ 姜寨遺址の牲畜場とされる広場西部と西北部の灰色土部には、糞便や柵欄の跡がなく祭祀に使用か。

周長山「漢代的城郭」『考古与文物』二〇〇三年二期。

＊「考古所見漢代城址一覧表」で、一二九個の故城址について、城郭の規模・城基の幅・板築の厚み・出典を整理。

朱永剛「中国東北先秦史環濠聚落的演変与伝播」『華夏考古』二〇〇三年一期。

李之竜「従良渚文化社会組織形態分析其文化個性与文明進程」『華夏考古』二〇〇三年二期。

張弛『長江中下游地区史前聚落研究―北京大学震旦古代文明研究中心学術叢書之五』文物出版社、二〇〇三。二四八頁。

＊新石器時代早中期聚落の特徴、新石器晩期における漢水中游・両湖・峡江・贛鄱・蘇皖・江浙地区の聚落の発展・分化を分析し、最後に「参考文献」を附す。

杜金鵬『偃師商城初探』中国社会科学出版社、二〇〇三。二六八頁。

＊偃師商城の総合的研究。

王軍『古都建設与自然的変遷』西安地図出版社、二〇〇三。二六三頁。

＊長安・洛陽城と自然環境との関連に焦点を当てるが、先秦にも言及。

韓建業『中国北方地区新石器時代文化研究』文物出版社、二〇〇三。二七三頁。

＊個別聚落の形態と内部構造、聚落の分布と聚落間の関係、聚落の変遷の三方向において分析。九五頁に及ぶ詳細な各遺址の研究で、聚落遺址・房屋の図版を多数収録。

【日文研究】（配列は中文研究と同じ）

江村治樹『春秋・戦国・秦漢時代の都市の構造と住民の性格』平成元年度科学研究費補助金一般研究（C）研究

成果報告、一九九〇。八九頁。

＊「西周・春秋都市遺跡表」・「秦・漢都市遺跡表」を附載。

岡村秀典「仰韶文化の集落構造」『史淵』一二八、一九九一。

＊「住居の構造」・「集落の基礎単位」・「姜寨遺跡の集落構成」・「仰韶文化の集落構成とその背景」大型住居の性格・環溝集落の特徴。

岡村秀典「中原竜山文化の居住形態」『日本中国考古』四、一九九四。

＊「分散型聚落」山西石楼岔溝遺址・陝西武功趙家来遺址・陝西長安客省荘遺址。「密集型聚落」河南安陽後岡遺址・河南湯陰白営遺址。「聚落の動態」陝西臨潼康家遺址—分散型聚落から密集型聚落へ＝規模四二〇×四六〇メートル、一万九千平方メートル。住居の炉は床の中央。前期の住居は門向一定せず散在し面積小。中後期の住居は門向南向し配置も規則的な列状で面積が前期に比べ大型化、板築壁面を共有する五基の家屋もある。中原竜山文化前期は城郭はないが中後期の密集聚落に城郭（後岡遺址に城壁）を建設。中原竜山文化中後期の登封王城崗・淮陽平糧台・郾城郝家台・輝県孟荘各遺址には城壁。「おわりに」中原竜山期文化の聚落は散村化。集団間の抗争により共同体成員が集住する密集聚落も出現。

岡村秀典「長江中流域における城郭聚落の形成」『日本中国考古学会会報』七、一九九七。

＊「屈家嶺・石家河文化の城郭遺址の発見」新石器時代の石家河・陰湘河・鶏叫城・城頭山・走馬嶺の五遺址は、これまでに発見されている黄河流域の新石器時代の城郭遺址をしのぐ規模。屈家嶺文化の城郭遺址の特徴」①城郭遺址の立地＝多く低丘陵の端で小川を護城河として取り込む。②城郭の形態＝丘陵や河川のため不整形。③城壁・壕の形態と構築方法＝城壁の外に環濠。城基は陰湘城四〇（西周時は六五）・城頭山二五〜三七・石家河五〇メートル以上。環濠幅は陰湘城四五（西周時）・城頭山三五〜五〇・石家河六〇〜

八〇メートル。城壁は板築ではなく黄色と灰色の土を交互に堆積。④城郭の内部構造＝城内の窪地は放置。城郭内全面に住居址はない。陰湘城は城内高地に住居区・城頭山は中央に住居区・走馬嶺は城内一部に墓地。⑤城郭聚落の年代（大渓文化以降）＝石家河は屈家嶺・石家河文化中期に聚落が発展し後期に衰退・陰湘城は石家河文化後期に衰退し西周時代に再興・城頭山の城壁は屈家嶺中期から後期の間で石家河文化後期に衰退・走馬嶺の城壁は屈家嶺文化後期で石家河文化後期に衰退・鶏叫城の城壁は屈家嶺文化時に城壁が作られ石家河文化時期に修築され石家河文化後期に衰退。「石家河遺址群の位相」屈家嶺文化時に多数の族集が城内外に分住する巨大な複合聚落が完成し、石家河文化後期に城内の聚落遺址が減少し城外に分散し、城郭の機能が喪失、聚落も衰退。城内に日常的な土器・石斧・石鏃・紡錘車が出土するごく普通の農耕民の住居（石河遺址群F一）、城外に大型建物（石家河羅家柏嶺）の事例もある。城内外は階層的差異はなく基本的に農民を主とする聚落。城郭は防御的機能と聖域を画する象徴的な意味（鄧家湾と三房湾は城内に大規模祭祀遺址）がある。「屈家嶺・石家河文化の集落間関係」城頭山城址（城内面積七ヘクタール）の周囲には環濠聚落が分布（城址東北五キロに楕円形環濠一八〇×一五〇メートルの星星遺址・東北八キロに楕円形環濠で居住址二棟の宋家台遺址・西南七キロに無城郭一〇ヘクタールの邱橋遺址）し、城郭聚落である城頭山に従属。社会的契機で計画的に形成された城郭聚落石家河（城内外に四〇カ所の居住区を有し城内面積は七九ヘクタール、）を頂点に農業に基盤を置く農業共同体が在地的に発展した城郭聚落や無城郭あるいは環濠だけの一般聚落が階層的秩序を形成。萌芽的な国家。「酋邦社会と初期国家」重層的な聚落間構造は大邑（殷王室）→族邑→属邑と外見的に似ているが、屈家嶺・石家河文化は首長社会の段階で集落間が親族的紐帯によって秩序づけられ下位聚落の自律性が高く階層的な格差は小さい。

岡村秀典「屈家嶺・石家河文化属都市文明」『稲作陶器和都市的起源』文物出版社、二〇〇〇。

岡村秀典「農業社会与文明的形成」『華夏考古』二〇〇二年一期。

＊「地区和文化的劃分」東北系統文化・華北系統文化・東南系統文化。「農業的開始」黄河流域的早期雑穀農業・長江流域的早期水稲農業・遼河流域的早期新石器文化。「農業社会的成立」早期稲作農業・仰韶文化的社会、「社会的複雑化和地域統一化」地域間交流的拡大・黄河流域的社会・長江中游的社会状況・長江下游的社会状況・公元前三〇〇〇年的社会変動。「初期国家的形成」城市的社会結構（安陽殷墟・鄭州商城址・垣曲商城址・夏県東下馮城址・焦作府城址・黄陂盤竜城址、多数の小邑を従属させた族邑が単位となる自然形成の邑制国家）・地域統治結構（中原の初期国家は氏族を基礎、荊州南寺遺址などは中原系の集団移民の聚落で文化的伝統は同一でない、盤竜城は鄭州政権の南方経営のための植民都市）・祭儀国家・国家的形成過程（前五〇〇〇年頃数百人規模の血縁集団→家族単位の小経営農業等により集団組織が弛緩し小聚落化→前三〇〇〇年頃生産力の発展と地域間の交流拡大により階層分化→首長社会・混合性聚落・多数の氏族集団による都市社会の萌芽→前二〇〇〇年頃首長社会の解体→中原で文化伝統の異なる地域への政治性を持つ移民の進出、並びに文化や物資の中原への集中→中原文化の形成と氏族制集団の再編成→中原の早期国家、祭祀が体制の中心）。

宮本一夫「新石器時代の城址遺跡と中国の都市国家」『日本中国考古会会報』三、一九九三。

＊「城址遺跡の事例」黄河中流＝王城崗・平糧台・郝家台・殷墟後岡、山東＝寿光辺綫王・章丘城子崖・鄒平丁公・臨淄田旺村、長江中流域＝天門石家河・澧県城頭山、内蒙古中南部岱海＝大廟坡・西白玉・老虎山・板城、同包頭＝阿善・西園・莎木佳・黒麻板・威俊、同準格爾＝寨子上・寨子塔、同清水河＝後城嘴・馬路塔、内蒙古東部＝英金河・陰河流域・敖漢大甸子、遼西＝凌源三官甸子城子山・阜新平頂山・阜新南梁城子山・建平水泉、等。「城址の年代と地域的特色」黄河中流域は長江中流や内蒙古中南部に比べて城址遺跡が遅れて出現、「城壁の意味」、「城址遺址と都市国家」竜山期の城址遺址は都市国家の範疇。ただ

竜山期における城址の城壁は一時的に築城。西周以降は、国人・邑人組織＝官僚機構の整備、都市住民の管理等の必要から城郭が長期間持続される。

宋鎮豪「商代の邑の区画形態についての考察」『中国古代の都市』汲古書院、一九九五。
＊殷代に普遍的に存在する邑は、経済的発展に伴い規模に差異が生じ、形態も多様化する。

谷口満「楚国の都城」『日中文化研究』一〇、勉誠社、一九九六。
＊江陵紀南城・寿県寿春故城・蘇州呉城の城郭構造。

劉慶柱「中国古代都城史の考古学的研究—都城・宮城・宮殿そして宮苑問題について—」『東アジアの古代都城』吉川弘文館、二〇〇三。
＊これは中文で『陝西歴史博物館館刊』一〇、二〇〇三、に図版等を削除しほぼ同内容が掲載されている。

王小慶『仰韶文化の研究—黄河中流域の関中地区を中心に』雄山閣、二〇〇三。一三五頁。
＊「仰韶文化集落構成が発生した文化基層—中国新石器時代の集落構成の研究」で姜寨遺址を中心に分析。

三　残された課題

旧稿を発表してから二〇年を超える。この間、前節で紹介したように発掘された聚落遺跡の数も多数に上り、その分析も、旧稿を纏めた時点に比べると格段の差がある。

もちろん前節で収録した研究文献は、必ずしも網羅的ではない。対象とした文献は旧稿以降を中心とし、代表的古代都市研究の逐次刊行物である中国古都学会『中国古都研究』一～一七、一九八五～二〇〇三年に収録される関係論文は、一括参照が容易であることもあり割愛した。文物出版社が、過去の重要な研究を収録する、鄭桀祥『夏文化論集』二〇〇二年や李伯謙編『商文化論集』二〇〇三年を刊行しているが、後者に収録される殷墟関係の論文は割愛した。同じく割愛した聚落遺址の発掘報告書も、聚落史上に占める各遺址の位置づけについての言及がある。さらには歴史地理関係の研究にも、対象を広げる必要があるが、今回は対象としていない。

前節で収録した研究の内容紹介も、比較的最近のもので、総合的内容を取り上げたが、恣意的ではある。改めて網羅的な文献目録の作成を試みたいと考えるが、例え研究文献の更なる網羅を試み、研究視点の多様さを求めるにしても、文献史料が多く欠落する先秦聚落史研究においては、結局は聚落遺址の考古学的成果、遺址の実態如何が大きな制約となっている。ここに先秦聚落史研究の限界がある。

このためここでは、旧稿以降の先秦聚落史の動向を確認する上での必要な研究を目につく範囲で掲載したが、聚落遺址が物語る仰韶・竜山期の事情は、やはり多くを物語ってはくれない。

古代国家形成を論じるにしても、酋邦論で一致しているわけでもない。個別の城址遺址にしても、城内の住民構成一つを取り上げてみても、これを支配社会層を中心に考えるか、農業労働者の存在をどのように位置づけるか等で、なお検討の余地が残されている。地域社会の中心的役割を果たすと考えられる城址住民の構成が明らかにならないと、地域社会の発展の構図（含、国家形成論）や城址と小規模聚落との有機的関係についても議論が進展し難い。

城址の景観、建築学上の平面的構成や建築物の復原は、空間に立体感を与えてくれるが、これだけでは生活実感が伝わってこない。だからといって、城内や房屋の周辺から収集される土器や石器等の用具において、これを住民の生産活動とどのように結びつけ、中心聚落内の経済活動を見極めるには、なお課題が少なくない。

聚落遺跡の数は、かつて考古学成果に依拠した旧稿に比べ格段に飛躍した。しかし出土文物の量的拡大が全てを解決する方向には行っていない。遺跡からの出土文物の一つ一つの持つ意味を、個別に吟味するためには、理論や先入観が先行することなく、出土品そのものの語りかけをなお謙虚に聴く必要がある。

（1）拙稿「張家山二年律令に見える妻の地位」『呴沫集』一一、二〇〇四。
（2）拙稿「出土文物による最近の先秦史研究」『中国歴史学界の新動向』刀水書房、一九八二。
（3）拙稿「中国における最近の都市研究」『東方』一〇〇、一九八九。

侯馬喬村墓地の変遷について

大島誠二

山西省侯馬市一帯は、晋が景公一五年（紀元前五八五年）に都を置いた新田にあたり[1]、戦国時代には、魏の勢力下にあったとされている。この一帯には、著名な侯馬盟書遺跡や鋳銅遺跡などのほか、春秋後期から漢代にいたる都城遺跡や墓地群が、濃密に分布している。最近出版された『侯馬喬村墓地一九五九〜一九九六』[2]は、戦国時代を中心とする墓地で、侯馬社会の変化を示す好資料である。この報告書に基づき、喬村墓地を紹介し、併せて戦国後期に起きた秦の征服の影響について述べてみたい。文中にあげる資料の年代は、特に断らない限り、報告書に従うものとする。

一　侯馬喬村墓地の概要

一　立地状況

喬村墓地は、侯馬市街から東に約一〇キロメートルの喬村の西北側に位置し、喬村の南側を西に向かって流れる澮河の第二河岸段丘上に形成されている。墓地のある一帯は、北側が二、三メートル高く、澮河に向かって緩やかな傾斜地を呈する。春秋時代の晋の都城遺址は、喬村墓地の西側約一二キロメートルにあり、戦国時代から漢代にかけて使用された鳳城古城遺址は喬村墓地の東側二・五キロメートルにある（図1）。

二　墓地範囲

墓地は、東西二、二〇〇メートル、南北一、〇〇〇メートルの範囲に分布し、その総面積は二二〇万平方メートルに達する。発掘報告では、墓地全体をⅠ区からⅧ区まで、八地区に分けている。墓葬は密集し、一般には二〜三メートル間隔、密集度の高いところでは一〜二メートル間隔で配置されている。墓葬の配列は、墓地内でも場所によって異なり、一部では墓葬同士の切りあい関係が頻繁に見られる地区もあるが、規則性を持って配列がなされ、切りあい関係が少ない地区もある。発掘総面積は八八、八七〇平方メートル、調査された墓葬は一、〇三八基に及ぶが、墓地全体では一〇、〇〇〇基ほどの墓葬が存在していると思われ、調査されたのはその一割ほどに過ぎない。後述するように、この墓地は発掘区によって墓葬の性格が大きく異なっており、報告された資料が墓地全体の一割程度であるということは、墓地の傾向を分析する上で留意する必要があろう。

三　発掘経過

報告書に取り上げられた喬村墓地の発掘は、一九五九年から一九九六年まで全一八回である。以下に主な発掘経過を記す。

一九五九　侯馬電廠基本建設の際に墓地を発見。東周〜両漢二〇〇基余りを調査するが発掘資料の詳細は現在不明とされる。

一九六一　墓地の南側を発掘調査。鳳城古城と出土物が一致し、戦国両漢時期の墓地と判断。周溝を回らす墓葬（圍墓溝墓）が調査され、多くの殉葬者を伴っていたことから、注目を浴びる。(3)

一九六九　侯馬電廠が移転、その跡地に再び工場建設するため調査。周溝を回らす墓葬群を発見し、二〇組余りの周溝墓葬と一〇基余りの竪穴墓を発掘。

一九七七　兪偉超氏が視察「秦文化の影響が見られる。圍墓溝墓中に随葬者が多い状況は、関東地域の同時代の墓地の中では珍しい現象」と指摘。
一九八七　西側に工場を建設するため二六一基を発掘。
一九九〇　喬村墓地を八区に分割（Ⅰ～Ⅷ区）。Ⅲ区一号墓はM三一と表記を統一。

上記以外にも、発掘は断続的に続けられており、報告書では一九九六年までに調査された資料を掲載している（図2）。発掘された墓葬は一、〇三八基とされる。ただしこの中には、周溝を回らす墓葬（報告書では圍墓溝墓）が四〇組存在し、この形態の墓葬には、周溝内に二基～四基の主墓を持つものが含まれているため、墓葬総数は一、〇六四基となる。墓葬からの出土物は八、五二〇件、鑑定された人骨は九二七体に上る。

四　墓葬の状況

報告書では、各墓葬の状況について、墓葬構造、頭位方向、埋葬形態、副葬品分類、性別の点から分類が行われている。報告書にしたがって、分類を示す。なお各分類の％は、四捨五入のため、合計しても一〇〇％にはならないことがある。

① 墓葬構造

墓葬構造が明らかな墓葬は、九九八基である。大きくは、竪穴の底部に遺体を埋葬する竪穴墓と、竪穴の墓道の壁面に穴を穿ち、空間の墓室を設けて遺体を埋葬する洞室墓に分かれ、洞室墓はさらに竪穴墓道の長軸と墓室の長軸が一直線上に並ぶ直線式洞室墓（報告書では正洞室墓）と竪穴墓道の側面壁に平行に墓室を設ける平行式洞室墓（報告書では偏洞室墓）に分かれる。報告書ではこれをさらに細分化している。

竪穴墓六三八基（六三・九％）

A型　墓壁が垂直　五九基（図3）

B型　墓壁が傾斜　墓口大墓底小　五三五基（図4）
C型　墓壁が傾斜　墓口小墓底大　四基
D型　深さ一メートル　造りが粗雑　葬具なし　三九基
直線式洞室墓（正洞室墓）三〇一基（三〇・二%）
甲　墓道が洞室部より幅が広い　二七三基（図5）
乙　墓道と洞室部が同じ幅　二三基
丙　墓道より洞室部が幅広　五基
平行式洞室墓（偏洞室墓）五九基（六・〇%）
A型　墓道が垂直　一一基
B型　墓道が傾斜　四八基

② 頭位方向

埋葬者の頭位方向が判明しているのは九四六基である。洞室墓では、埋葬者が墓室の奥を向くか、入り口を向くかによって頭位方向が変化するが、以下にあげる数字は埋葬者自体の頭位方向を示す。

竪穴墓　六五一基
北向三八二基（五八・七%　竪穴墓の中での割合）
南向　二二基（三・四%）
東向二〇八基（三二・〇%）
西向　三九基（六・〇%）
洞室墓　二九五基

北向一三八基（四六・八％　洞室墓の中での割合）
南向　一三基（四・四％）
東向一二九基（四三・七％）
西向　一五基（五・一％）
竪穴墓と洞室墓の合計　九四六基
北向五二〇基（五五・〇％）
南向　三五基（三・七％）
東向三三七基（三五・六％）
西向　五四基（五・七％）

③　埋葬形態

埋葬の形態が判明しているのは九六七基である。報告書は、脚部の大腿骨と脛骨の角度、および脚部と上半身との距離によって五段階に分類している。

伸展葬六五三基（一八〇度前後　六七・五％）（図6）
微屈肢一〇四基（一二〇度前後　一〇・八％）（図3）
跪屈肢　三六基（九〇度前後　三・七％）
坐屈肢一〇三基（三〇度～〇度　一〇・九％）（図4・図5）
蹲屈肢　六〇基（〇度前後　六・二％）（図7）

④　副葬品による分類

副葬品は、副葬される土器（報告書では陶器）の種類と性格によって三種類に分類し、それぞれに編年を行っている。一類陶器墓は青銅礼器を模倣した土器を副葬する墓で、後述する陶製礼器墓にあたる。二類陶器墓は日常生活に密着した土器を副葬する墓で、後述する日常陶器墓にあたる。三類陶器墓は、漢代に発展する加彩灰陶や彩釉明器などを副葬する墓である。

一類陶器墓　有蓋鼎・有蓋豆・壺を主体とし、舟・盤・匜・鬲などが加わる　三期に分類（図3）

二類陶器墓　釜・盆・甑・罐・大型半両銭など　三期四段に分類（図4・図5）

三類陶器墓　有蓋鼎・有蓋盒・壺・罐・彩釉明器・漢半両銭など　六期に分類（図6）

青銅製の容器は墓地全体で四件、M四二三八で鍪と鋗が、M四二四五で鍪が、M四二六四で盆が出土しているのみである。そのほか青銅製品として鈴、削、鏃、剣、鏡、帯鉤、貨幣などが伴う場合がある。

⑤　性別および年齢

喬村墓地では、詳細な人骨鑑定を行い、性別、年齢などを推定している。鑑定された人骨は九二七体、そのうち性別が判明しているものは、七六七体である。(4)

男性　四一三体（五三・八％）

女性　三五四体（四六・二％）

報告書の中で、鑑定を担当した潘其風氏は、女性は男性よりも、二〇歳から三五歳近辺の死亡者の割合が多く、このため男性の平均寿命が三九・五六歳なのに対し、女性は三六・五四歳とやや低くなることを指摘し、これは出産に伴う事故のためではないかと推測している。なお、墓地内で発見される嬰児、児童の墓葬は、全体の数％に過ぎず、墓地で埋葬された嬰児、児童はむしろ特殊な事例である可能性が高いと思われる。嬰児、児童の死亡率については、知ることは不可能であるが、この死亡率を含めると、平均寿命は格段に下がることが予想される。

五　周溝墓（圍墓溝墓）

周溝墓とは、主墓を中心として、周辺に方形状の溝を回らしている墓葬のことで、四〇組調査されている（図7）。主墓は、単独の場合もあれば複数の主墓が組となっているものもある。主墓が複数の場合は、総じて男女が組となっており、夫婦合葬墓の可能性が高い。

主墓が単独　二〇組
主墓が二基　一七組
主墓が3基　　一組
主墓が4基　　二組

周囲を回る溝は、四周を回って連結しているもののほか、一辺の一部が欠けているもの、一辺または二辺が存在しないもの、隣の周溝墓と溝を共有するものなど、さまざまな形態がある。溝内からは、附葬者を伴う事例が一五組確認されており、その附葬者も複数である場合が多い。M四二一では、計一八体もの附葬者が確認されている（図8）。この周溝墓は、発掘区のⅢ区、Ⅳ区、Ⅴ区、Ⅵ区、Ⅶ区で確認されているが、附葬者を伴う周溝墓は、Ⅳ区とⅥ区に集中している。

周溝墓は、侯馬喬村墓地のほか、河南省陝県大営郷の三門峡市火電廠墓地(5)や、山西省曲沃県および翼城県一帯の天馬・曲村墓地(6)でも発見されている。兪偉超氏は、この周溝墓を秦の伝統に由来するものと考えた上で、日本の方形周溝墓の類似性を指摘している(7)。

六　墓地の分期と墓葬推移

上記が喬村墓地の全体像であるが、喬村墓地は、時期によって、墓葬のあり方が大きく変化している。そこで時期ごとに墓葬の状況を整理したのが表1である。これを見ると、墓葬の構造は、竪穴墓から洞室墓へと徐々に

表-1　侯馬喬村墓地の編年ごとの推移

編　年	第1期（戦国前期）	第2期（戦国中期？）	第3期 （戦国後期～秦統一期）	第4期（前漢前期）
墓　数	33基	655基	260基	54基
墓葬構造	竪穴墓（100%）	竪穴墓（67%） 洞室墓（33%）	竪穴墓（53%） 洞室墓（47%）	竪穴墓（2%） 洞室墓（98%）
埋葬形態	仰身伸展葬（100%）	伸展葬・緩やかな屈肢葬（98%） 極端な屈肢葬（2%）	伸展葬・緩やかな屈肢葬（25%） 極端な屈肢葬（75%）	伸展葬・緩やかな屈肢葬（92%） 極端な屈肢葬（8%）
頭位方向	北　向（100%）	北向（71%）・東向（21%） 南向（4%）・西向（4%）	北向（11%）・東向（71%） 南向（8%）・西向（10%）	北向（16%）・東向（50%） 南向（18%）・西向（16%）
副葬品	一類陶器墓1期	一類陶器墓2期（Ⅳ区3基のみ） 帯鉤以外ほとんど副葬品無し（大多数）	一類陶器墓3期 二類陶器墓1期	二類陶器墓2期 三類陶器墓1期
性　別	不　明	男性279（54.5%） 女性233（45.5%）	男性114（54.0%） 女性　97（46.0%）	男性20（45.5%） 女性24（54.5%）
分布範囲	発掘区南部（Ⅳ・Ⅵ区）	発掘区北西部（Ⅲ・Ⅴ・Ⅶ区）	発掘区東部（Ⅲ区東南部・Ⅳ区）	発掘区東部（Ⅲ区東南部・Ⅳ区）
その他		（Ⅴ・Ⅶ区）副葬品を伴わない墓が大半　周溝墓が出現	周溝墓が継続	頭位が中心部を向く 周溝墓が消滅

変化していく様子が読み取れるが、他の項目では、埋葬形態では伸展葬から極端な屈肢葬へ、頭位方向では北向き中心から東向き中心へ、副葬品では新たに二類陶器墓の出現など、第二期と第三期の間で大きく変化していることが読み取れる。また、第二期の墓葬は、墓地の北西部（Ⅲ・Ⅴ・Ⅶ）に集中しており、第三期の墓葬は、墓地の東部（Ⅲ区東南部・Ⅳ区）に集中するなど、墓地形成の上でも大きな違いが見られる。報告書では、これを秦の進出による結果と理解している。(8) この点について検討するために、侯馬一帯の他の墓地資料と比較をおこなうこととする。

二　侯馬一帯の春秋戦国時代墓地資料

一　上馬墓地

侯馬における春秋戦国時代のまとまった墓葬資料としては、まず上馬墓地が挙げられる。(9) 報告された調査墓葬数は一、三七三基で、年代は西周後期～春秋戦国之際（紀元前九世紀半ば～紀元前五世紀半ば）とされている。牛村古城南西約三キロメートルに位置し、分布範囲は東西二六〇メートル、南北四一〇メートル、発掘面積は一〇万平方メートルに及ぶ。墓葬構造はすべて竪穴墓で、埋葬形態は仰身伸展葬が九九九基（八一・二％）、仰身屈肢葬が二三一基（一八・八％）である。屈肢葬もその大半が緩やかな屈肢葬である。頭位方向は、判明した一、三七三例中、北向五八一基（四二・三％）、東向七一三基（五一・九％）、西向七〇基（五・一％）、南向九基（〇・七％）であった。副葬品分類は

・鼎・豆・盤・匜・舟などを主体とする青銅礼器墓　一二三基
・鼎・豆・壺・舟・鬲・罐などを主体とする陶製礼器墓　三基

・鬲・豆・壷を主体とする日常陶器墓　九〇〇余基
・骨器・玉器・石器・貝殻・青銅製の小品など小件器物墓　二二〇基
・無副葬品墓　二二四基

である。性別鑑定は、判明した一、〇三四例中、男性五四八例（五三％）、女性四八六例（四七％）である。

喬村墓地との比較では、墓葬構造や埋葬形態では、喬村墓地の一期、二期につながる傾向といえる。男女比も喬村墓地と同じような割合を示している。頭位方向は北向、東向が多数であり、この地域に北向きと並んで東向き頭位の伝統が存在していたことを示している。副葬品では、土器で作られた礼器（陶製礼器墓、喬村墓地第一類）がまだ極めて少ないことが目を引く。これは副葬品による身分秩序の区別が、厳格に守られていたためであろう。

二　下平望墓地

上馬墓地より時代の下る資料として、下平望墓地、牛村古城南墓地の資料報告がある。これらの墓地は、春秋中期後半から戦国中期（紀元前六世紀前半～紀元前四世紀）にかけての資料で、その内容は、大変似た傾向を示している。下平望墓地は、平望古城城外北西郊に位置し、その分布範囲は、東西五〇〇メートル、南北八〇〇メートルに及んでいる。(10)調査されているのはその一部で、四二基である。墓葬構造はすべて竪穴墓で、埋葬形態は、判明した三五例のなかでは仰身伸展葬三〇基、屈肢葬五基である。この屈肢葬も緩やかな屈肢葬である。頭位方向は、三八例が判明しており、北向二三例（六〇％）、西北向一例（三％）、東向一四例（三七％）となっている。副葬品分類は、

・鼎を中心に豆・壺などを含む陶製礼器墓　二八基
・鬲・罐を中心とする日常陶器墓　一一基
・骨器など小件器物墓　一基

・無副葬品墓　二基

となっており、上馬墓地に比べ陶製礼器墓が各段に増加している。性別は判明した六例のうち　男性三例、女性三例となっている。

三　牛村古城南墓地

牛村古城南墓地は、牛村古城城外南郊、白店古城城外東郊に位置する。[11] 分布範囲は、東西一、二〇〇メートル、南北八〇〇メートルで、発掘調査された春秋戦国墓は一三二基である。年代は、下平望墓地と同時代で、春秋中期後半から戦国中期とされる。墓葬構造は、竪穴墓一三〇基、洞室墓二基で、末期に平行式洞室墓が出現している。埋葬形態は、判明している八五例中、仰身伸展葬八三基、屈肢葬二基で、伸展葬が圧倒的に多い。頭位方向は、判明した一〇五例のうち、北向七一例（六七％）、東向二六例（二五％）、西向五例（五％）、南向三例（三％）で、下平望墓地と同じように、北向が多数であるが、東向も共存している。副葬品分類は、

・鼎・豆・舟を主体とする青銅礼器墓　四基
・鼎を中心に豆・壺なども含む陶製礼器墓　五三基
・鬲・罐を中心とする日常陶器墓　四八基
・骨器、石圭、帯鉤など小件器物墓　五基
・無副葬品墓一五基

となっている。副葬品の状況も、下平望墓地と同じように陶製礼器墓が多数を占めている。

報告者は、侯馬鋳銅遺跡と牛村古城南墓地が同一地域にあり、その盛衰の時期が鋳銅遺跡と動向を一致させていることから、墓地の埋葬者が鋳銅遺跡と深いかかわりを持っていたと推測している。

侯馬一帯では、上記の墓地のほかに、戦国前期に当たる墓地として、秦村排葬墓地が報告されている。[12] しかし

この墓地は、副葬品がほとんど無く、しかも銅矛、銅鏃が人骨を傷つけ、残留している例が四基確認されている。性別鑑定は、七二例中男性六七例（九三%）・女性五例（七%）で男性が圧倒的に多い。これらのことから、報告者は被葬者を戦闘での犠牲者と判断している。墓葬は、全て長さ二メートル前後、幅五〇センチ〜八〇センチで、深さも一メートル前後と浅く粗雑な造りである。こうした構造から見ても、この墓地は短期間に造成されたものと判断され、他の墓地とは性格をことにしており、今回の議論からははずすべき墓地である。

下平望墓地、牛村古城南墓地の両墓地は、副葬品や墓葬構造の点で、基本的に喬村墓地の第一期と傾向が同じである。喬村墓地第一期には、頭位方向の東向が見られないが、第二期では二割ほどが東向きであり、全体的傾向として喬村墓地の第二期までは、春秋時代の晋の伝統を受け継いでいる墓地と考えるべきであろう。

三　関中地域の戦国墓葬資料

喬村墓地については、兪偉超氏が早くから秦文化の影響を指摘されていたが、これを確認するために、喬村墓地と同時期の関中地域の秦の戦国墓地資料を検討してみたい。

一　隴県店子墓地

秦の春秋戦国時期の墓地資料として、隴県店子墓地があげられる。(13) この墓地は、陝西省西部の隴県に位置している。隴県は、甘粛方面と関中盆地を結ぶ交通の要衝であり、秦が天水方面から関中に進出する際に、拠点を置いた場所である。

墓地の分布範囲は南北一、〇〇〇メートル、東西五〇〇メートルで、一九九一年から一九九三年にかけて、二八七基の墓葬を発掘し、その内二二四基が春秋戦国時代の墓葬であった。墓地の年代は、春秋中期から秦統一期に至るとされている。

墓葬構造は、竪穴墓が二一〇基、洞室墓が一四基で、洞室墓は、戦国後期に初めて出現し、秦統一期に増加する。埋葬形態は、判明している二〇六例中、仰身伸展葬が一二例（六％）、屈肢葬が一九四例（九四％）と屈肢葬が圧倒的に多い。屈肢の状況は、喬村墓地で言う跪屈肢、坐屈肢、蹲屈肢といった極端な姿勢での屈肢葬が大半を占めている。頭位方向は、判明している二二四例中、北向が一〇例（四％）、東向が一六例（七％）、西向一九四例（八七％）、南向四例（二％）で、西向きが圧倒的に多数を占めている。性別は、鑑定された一七五例中、男性が一二九例（七四％）、女性が四六例（二六％）とされ、男性が四分の三を占めている。男性が、圧倒的多数であるのは、後述する咸陽の塔兒坡墓地と共通している。

副葬品分類は、

・鼎・簋・豆・壺・盤・匜などを中心とする陶製礼器墓　一二三基
・鬲・釜・盆・罐を中心とする日常陶器墓　六四基
・骨器・石圭・帯鉤など小件器物のみを副葬する墓葬　五基
・副葬品の見られない墓葬　二五基

となっている。この内、陶製礼器は、西周時代以来の青銅礼器の器形を模倣したものである（図9）。しかし、春秋期から戦国中期まで、時代が下るに従って作りが粗雑化し、小型化する傾向が見られ、戦国後期には姿を消してしまう[14]。日常陶器は、戦国中期を境として煮沸器である鬲が釜に取って代わられる。鬲が、釜へと変化していく現象は、関中地域では戦国中期後半から後期にかけ普遍的に見られる現象である。

二　咸陽塔兒坡墓地

塔兒坡墓地は、陝西省咸陽市塔兒坡村東北に位置し、秦の咸陽宮遺跡からは、東側に一〇キロメートルほどのところにある。[15] 咸陽宮と塔児坡墓地の間には、任家嘴墓地や黄家溝墓地など、同時代に形成されたと思われる墓地が点在している。塔児坡墓地では、一九九五年に大規模な調査が行われ、三九九基を発掘した。その内三八一基が、戦国後期から秦統一期の墓葬とされている。この墓地に関しては、すでに滕銘予氏が詳細な分析を行っている。[16] この内容を参考にしつつ、墓地を紹介したい。

墓葬構造は、竪穴墓が一〇〇基（二六%）、洞室墓二八一基（七四%）で、洞室墓の割合が高い。これは、墓地が形成された時期が戦国後期からと、隴県店子墓地に比べ遅い時期から始まっていることによるもので、隴県店子墓地の戦国後期から秦統一期までの傾向とは矛盾しない。埋葬形態は、判明した三一二例中、仰身伸展葬が四五例（一四%）、屈肢葬が二六七例（八六%）と、圧倒的に屈肢葬が多数を占める。この屈肢葬は、隴県店子墓地と同じく極端な姿勢での屈肢葬である。頭位方向は、判明した三七二例のなかで、北向が六六例（一八%）、東向が二一例（六%）、西向が二七一例（七三%）、南向が一四例（三%）と西向きの傾向を示す。性別鑑定は判明した二三六例のなかで、男性一六〇例（六八%）、女性七六例（三二%）と男性が三分の二を占め、明らかに不自然である。男性が圧倒的に多数な状況は、隴県店子墓地と共通する点である。副葬品の分類では、

・有蓋鼎・壺を中心とする青銅礼器墓　一基
・有蓋鼎・有蓋盒・蒜頭壺・罐などを中心とする陶製礼器墓　三九基
・鬲・釜・無蓋盒・罐・盆を中心とする日常陶器墓　一五四基
・骨器・石圭・帯鉤・青銅鏡など小件器物墓　一二〇基
・副葬品の見られない墓葬　五七基

となっている。ここで見られる陶製礼器は、隴県店子墓地に見られるような西周時代以来の伝統を引き継いだ礼器の器形ではなく、有蓋鼎や有蓋盒、錘と呼ばれる壺を中心とする礼器類である[17]（図10）。日常陶器墓では、鬲は

わずか六件で、釜の九〇件に比べ圧倒的に少ない。こうした副葬品の現象は、この墓地の形成が、早くとも戦国中期後半、おそらくは戦国後期から始まっていることを示すものである。

三　侯馬喬村墓地との比較検討

秦の墓葬の傾向として、頭位西向と極端な屈肢葬が上げられることは明らかである。男女比において、男性が圧倒的に多数を占めている点は、背景にある秦の社会を考える上で極めて興味深い現象であるが、これは、隴県や咸陽が秦の重要拠点であったために、外地からの男性労働力の動員という要素によっておきた現象ではないか、つまり秦の墓葬習俗というよりは、政治的な要因によって起きている可能性もある。それぞれの墓地の被葬者の生前における社会的状況ともかかわる問題であり、時代別、地域別のデータの増加を待って、さらに検討すべきと考えている。

侯馬喬村墓地では、二期（戦国中期）から三期（戦国後期）にかけて、埋葬形態が伸展葬から極端な屈肢葬へ、被葬者の埋葬頭位が北向き中心から東向き中心へ変化している。さらに副葬品では、従来の有蓋鼎・有蓋豆・壺を軸とする陶製礼器墓（一類陶器墓）に加え、釜・盆・甑・罐を軸とする日常陶器墓（二類陶器墓）が大量に出現している。これらの変化の結果登場する墓葬内容は、報告書でも考察されている通り、概ね関中地域の同時期の秦墓の特徴と合致する傾向を示している。

頭位方向については秦墓が西向き中心なのに対し、喬村墓地は東向き中心という違いがあるが、少なくとも春秋時代以来、伝統的に南北方向を主流としていたものが、東西方向を軸とする状況に変化している点は、秦墓の形態に近づいたと認識してよいであろう。なぜ、喬村墓地が西向きではなく東向きに変化したのかについては、明確な答を示せるわけではないが、侯馬一帯では春秋時代より頭位北向が過半を占めてはいるが、頭位東向も二割から三割存在し続けていた点と関連があるかもしれない。

筆者は以前、河南省三門峡市一帯の墓葬変化を分析し、秦の侵出時期にこの一帯の墓葬が大きく変化したことを指摘したことがある[18]。喬村墓地の二期から三期への変化は、三門峡市一帯で見られた墓葬変化と同類の変化であり、また時期的にも一致しており、秦の侵出によって引き起こされたと考えるべきである。

三門峡市の郊外からは、三門峡市火電廠秦人墓のなかに、喬村墓地に見られたのと同様の周溝墓も発見されている[19]。ただし関中地域の秦にかかわる遺跡の中では、君主クラスの大型墓に溝をめぐらす例があるものの、三門峡市火電廠秦人墓や喬村墓地に見られるような一般的墓葬の類例は確認されていない。秦の中で、周溝墓をどう位置付けるかについては、もう少し資料の増加を待つ必要があり、ここでは、三門峡、侯馬、曲村と秦の本来の領域に隣接する三晋地域で、秦の侵出に合わせるように周溝墓が出現しているという現象を、指摘するに留めておきたい。

おわりに

以上述べてきたように、侯馬喬村墓地は、戦国後期の秦の侵出と時期を合わせて秦的な要素が見られるようになり、墓地の様相を大きく変えた。これは、戦国時代に見られた各国の地域性が、秦の侵出と占領という統一事業の中で崩されていく過程を示す一例といえる。軍事占領という直接的な働きかけであったが故に、侯馬社会の変動も大きかったと考えられる。もちろん、文化的受容は双方向的におきており、占領した側の秦の人々も、統一事業が進展する中で、周辺地域から多くのものを受け入れたはずである[20]。秦の占領によって、具体的に侯馬の社会に、そして住民の生活にどのような変化が訪れたのか、また占領した秦側の人々が、どのような取捨選択によって、周辺地域のものを受容していったのか、これは、秦の統一事業を具体的に描き出すことであるが、そのために今後さらに墓地の分析を進めたいと考えている。

付記　本稿は、二〇〇四年一一月二〇日に、国立歴史民俗博物館で開催された日本中国考古学会二〇〇四年大会において発表した内容の一部を、修正しまとめたものです。発表の席上、宮本一夫氏、大貫静夫氏、陳洪氏ほか多くの方々から、ご教示、ご助言を賜りました。厚く御礼申し上げます。

（1）『春秋左氏伝』成公六年に「晋遷于新田」とある。
（2）山西省考古研究所『侯馬喬村墓地一九五九～一九九六』科学出版社　二〇〇四。
（3）山西省文物管理委員会・山西省考古研究所「侯馬東周殉人墓」『文物』一九六〇―八・九合併号。
（4）男女の性別データについては、宮本一夫氏より、男性が常に多くなる傾向があり、鑑定誤差を考慮し、慎重に対応すべきとのご示教を受けた。御礼申し上げる。
（5）三門峡市文物工作隊「三門峡市火電廠秦人墓発掘簡報」『華夏考古』一九九三―四。
（6）北京大学考古学系商周組・山西省考古研究所編著（鄒衡主編）『天馬―曲村一九八〇～一九八九』科学出版社二〇〇〇　第三冊、および楊哲峰「曲村秦漢墓葬分期」『考古学研究（四）』科学出版社　二〇〇〇。
（7）兪偉超著　信立祥・茂木雅博訳「方形周溝墓と秦文化の関係について」『博古研究』八号　一九九四。
（8）報告書が戦国中期と理解している第二期の資料については、やや問題が存在している。年代決定に用いられた副葬品を伴った墓葬は、第二期と分類された六五五基の墓葬のなかでわずかに三基のみであり、他の六五〇基余りの墓葬は、実は帯鉤など小品の他、ほとんど副葬品を伴っていない。報告書では、墓葬構造から、この六五〇基余りを第二期に分類したようであるが、その根拠は心もとないといえよう。この第二期の墓葬の問題については、また別途考えてみたい。

（9）山西省考古研究所『上馬墓地』文物出版社　一九九四。
（10）山西省考古研究所侯馬工作站「侯馬下平望墓地発掘報告」『三晋考古　第一輯』山西人民出版社　一九九四。
（11）山西省考古研究所侯馬工作站編「侯馬牛村古城南墓葬発掘報告」『晋都新田』山西人民出版社　一九九六。
（12）山西省考古研究所侯馬工作站編「侯馬排葬墓発掘報告」『晋都新田』山西人民出版社　一九九六。
（13）陝西省考古研究所『隴県店子秦墓』三秦出版社　一九九八。
（14）岡村秀典氏は、「秦文化の編年」（『古史春秋』第二号　一九八五）のなかで、この変化を指摘し、礼制の形骸化を示す現象ととらえている。
（15）咸陽市文物考古研究所『塔兒坡秦墓』三秦出版社　一九九八。
（16）滕銘予『秦文化　従封国到帝国的考古学観察』（学苑出版社　二〇〇二）第六章。
（17）近年、秦墓研究について再検討を加えられた陳洪氏は、主に中原地域、一部に四川地域など、外来の器物が関中地域に流入した結果、こうした新たな青銅礼器が出現したと考え、これらの青銅礼器を「外来系青銅器様式群」と名づけている。陳洪「関中地域における秦墓出土青銅器・土器編年の再検討」『東アジアと日本―交流と変容』創刊号　二〇〇四。
（18）拙稿「秦の東進と陝県社会」『アジア史における制度と社会』刀水書房　一九九六。
（19）前掲注5　三門峡市文物工作隊　報告。（再校の段階で、三門峡市文物考古研究所「三門峡大嶺粮庫圍墓溝墓発掘簡報」『中原文物』二〇〇四―六に、三門峡市内で発見された周溝墓の報告が掲載されていることを知った。ここに附記する）
（20）前掲注17の陳洪氏の指摘は、その一例である。外来的要素の秦墓への流入の指摘は、前傾注16の滕銘予氏の論文の中にも見える。

図-1　侯馬一帯の遺跡分布図（『侯馬喬村墓地』より改変）

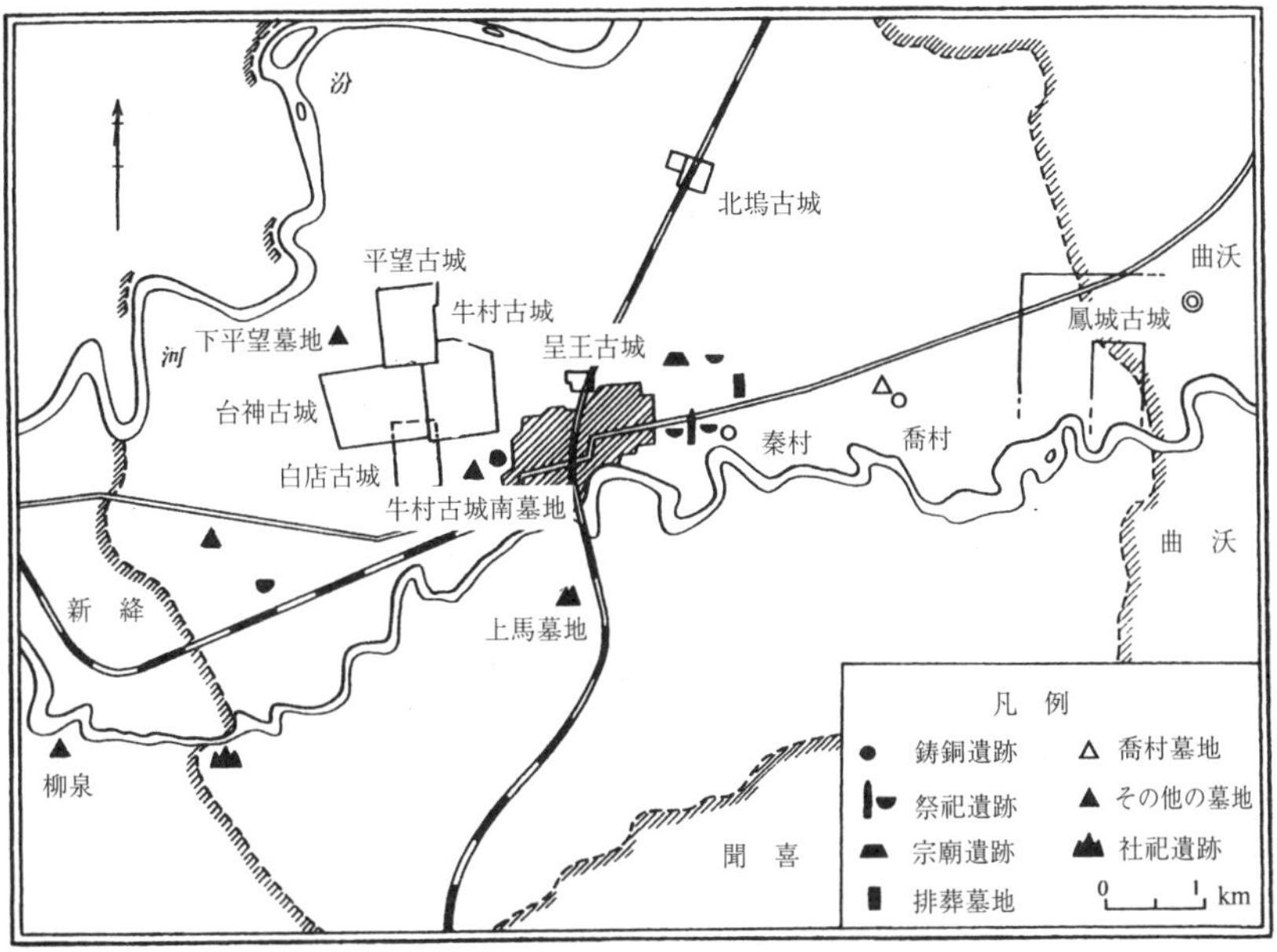

図-2　喬村墓地分布図（『侯馬喬村墓地』より転載）

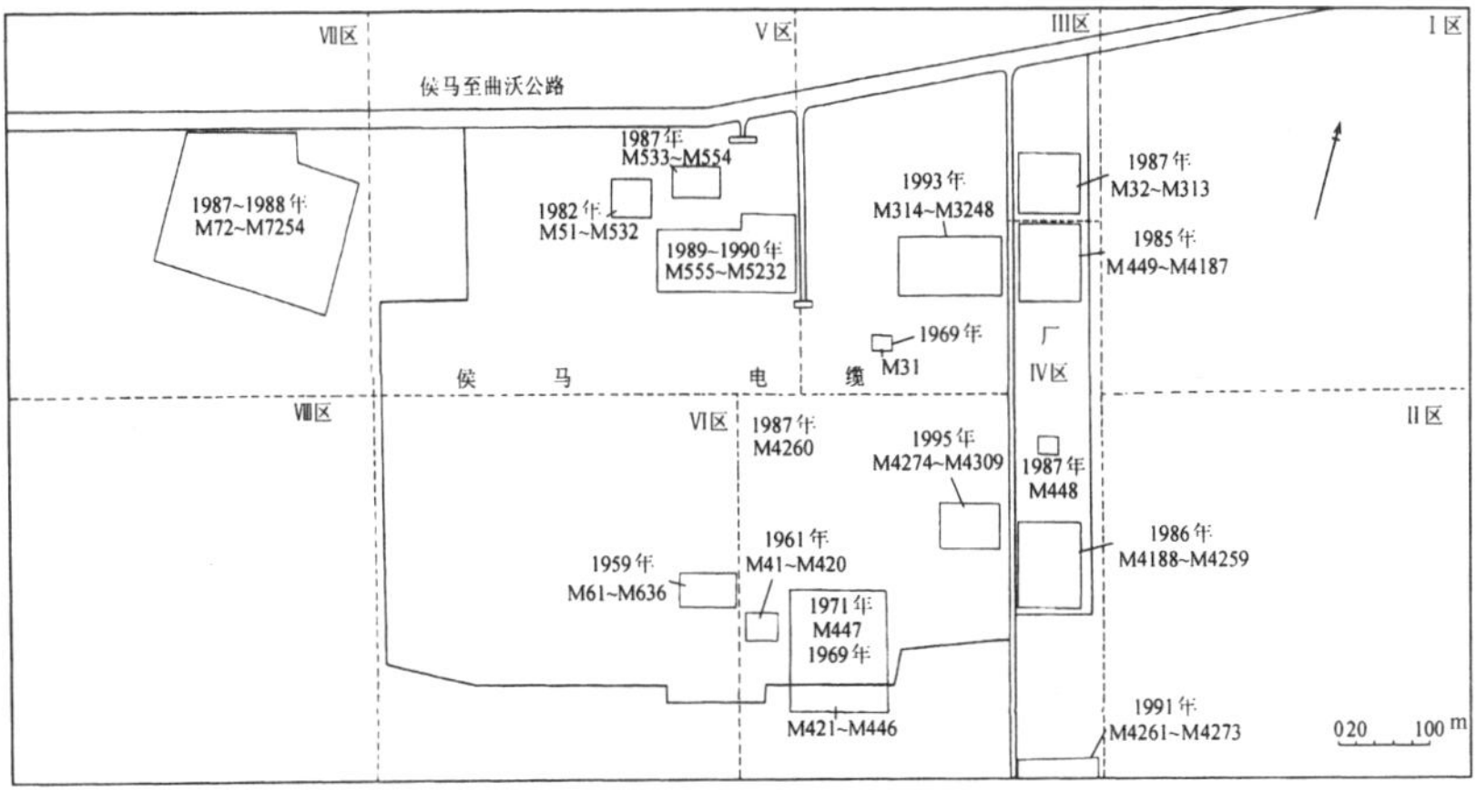

図-3　侯馬喬村墓地　M622

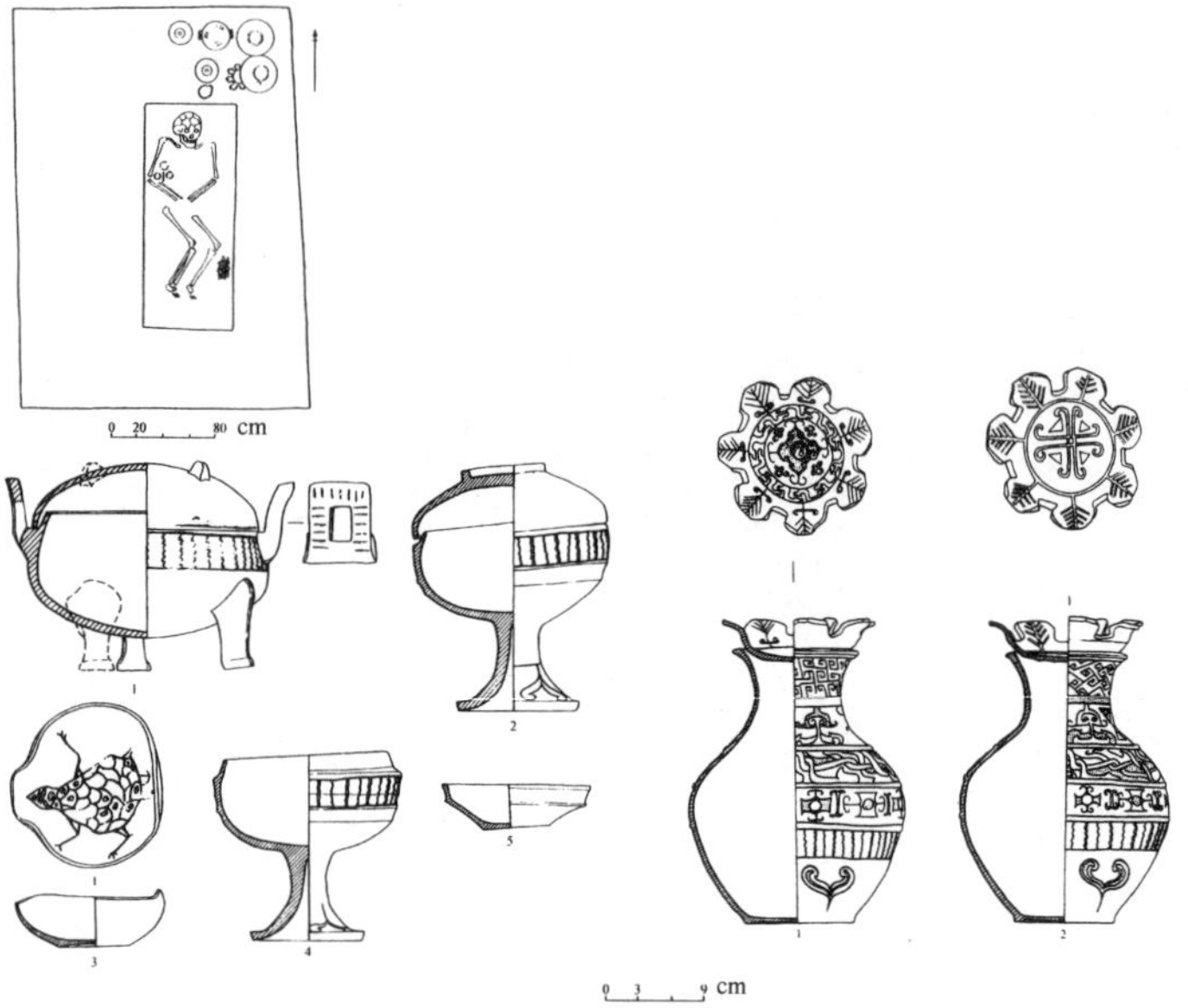

図-4　侯馬喬村墓地　M4285

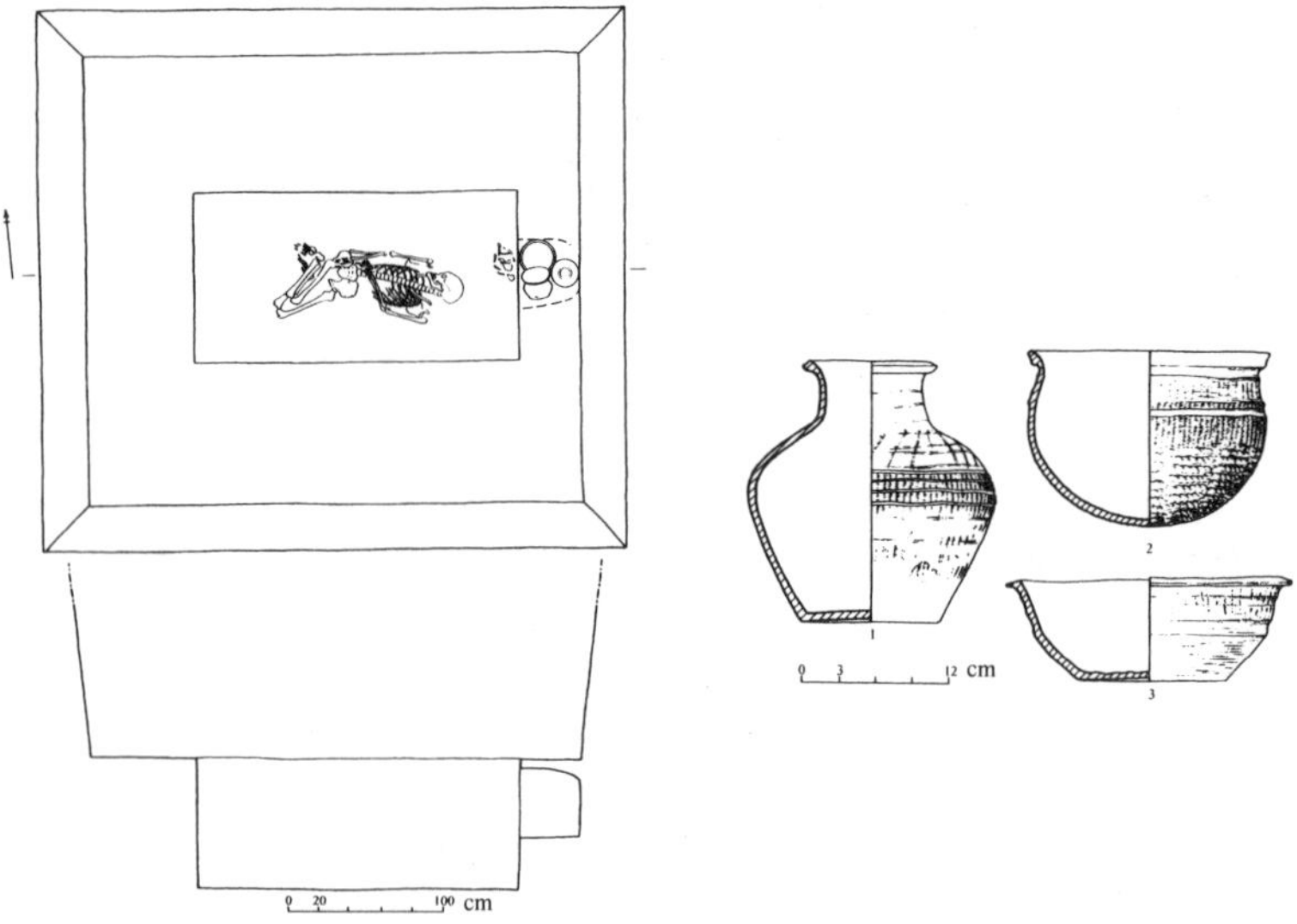

図-5　侯馬喬村墓地　M4272

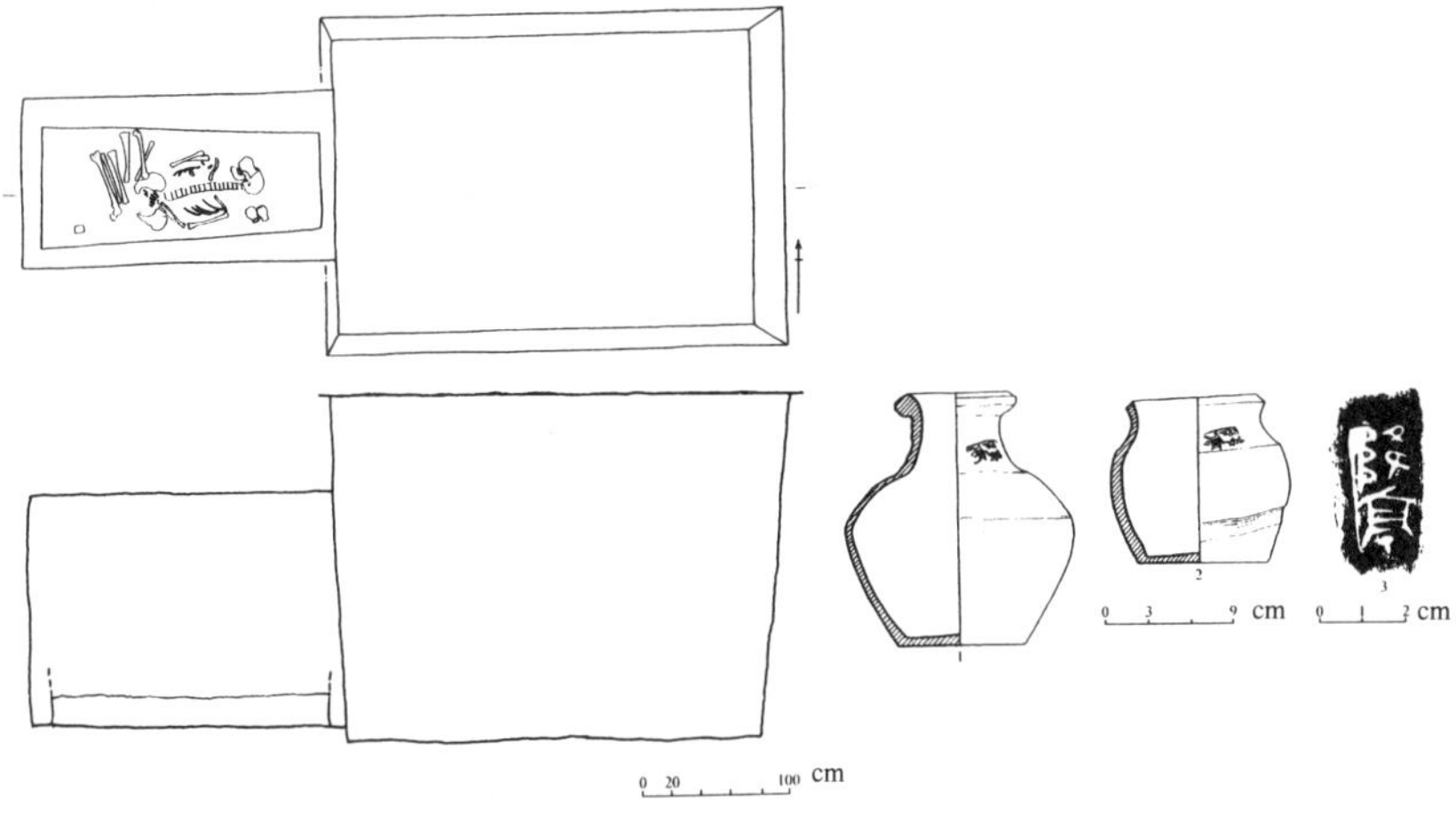

図-6　侯馬喬村墓地　M310

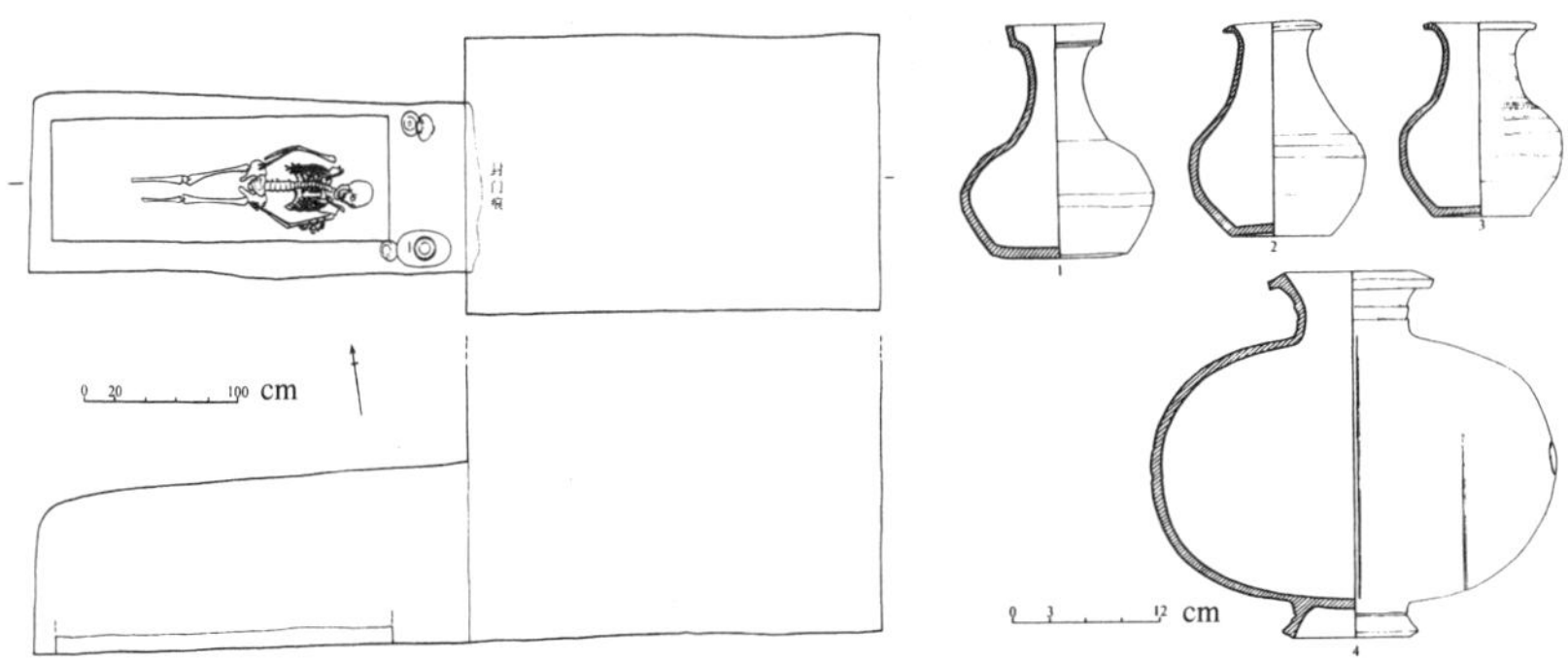

図-7　侯馬喬村墓地　M435（右：全体平面図　左：墓主部分）

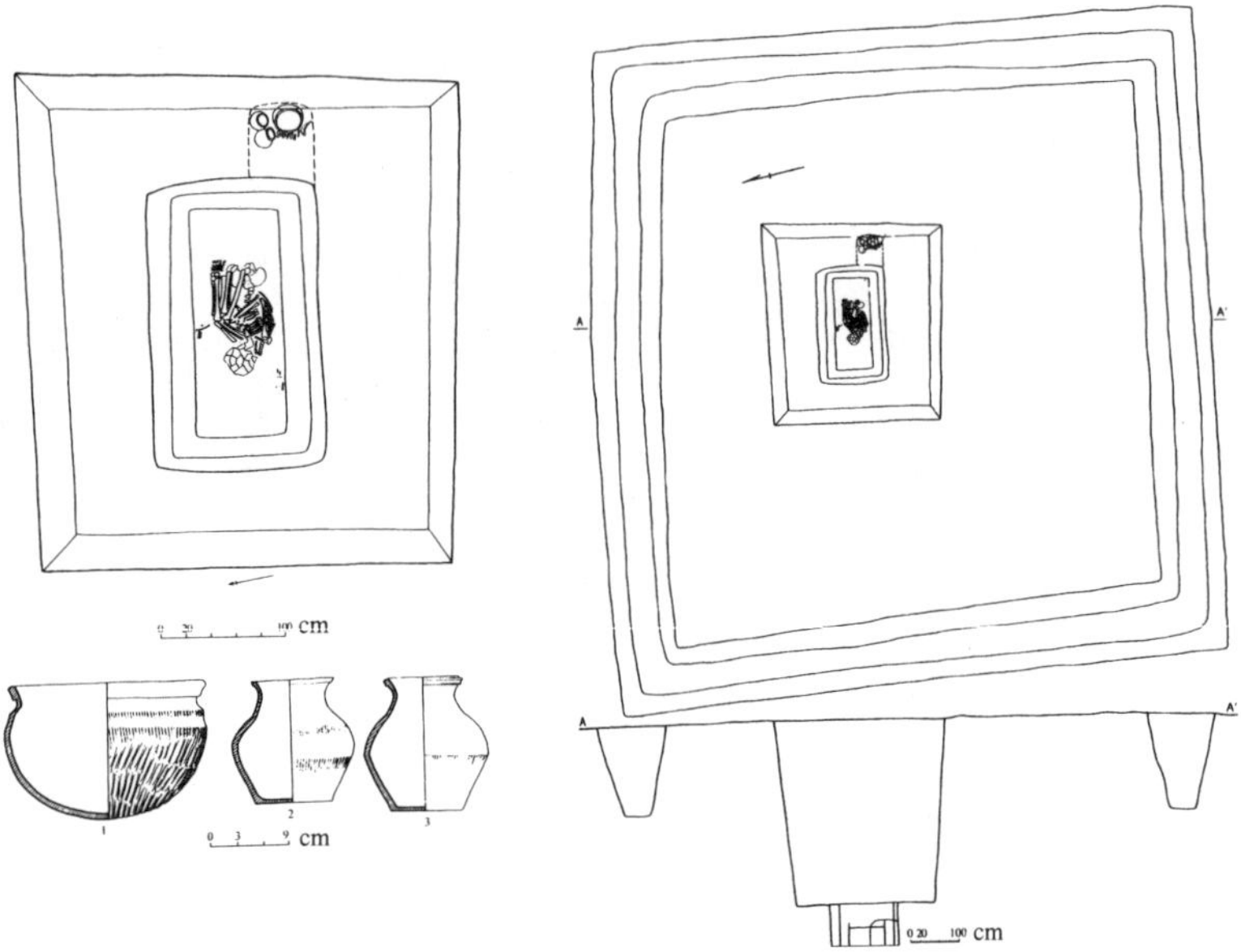

図-8　侯馬喬村墓地　M421

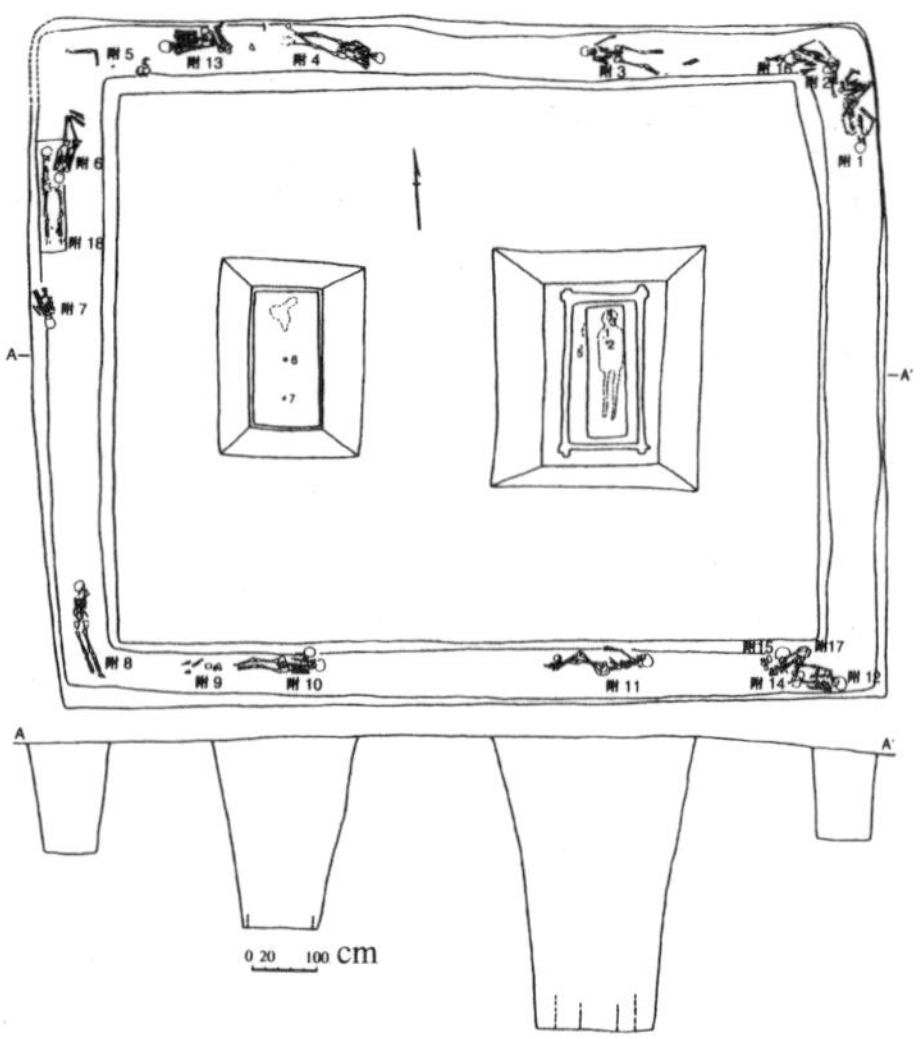

図−9　隴県店子墓地　M252

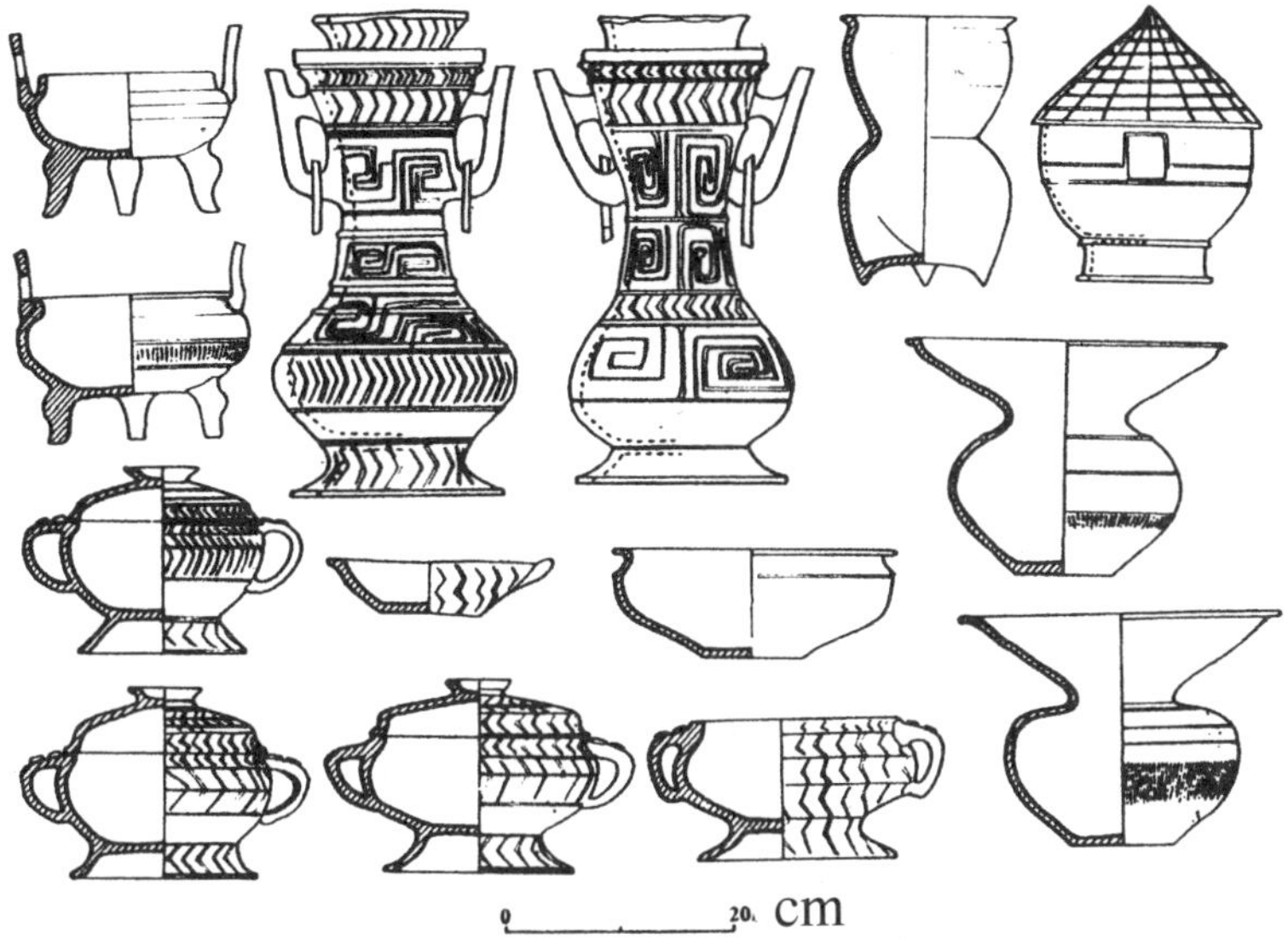

図−10　塔児坡墓地　2組28057墓

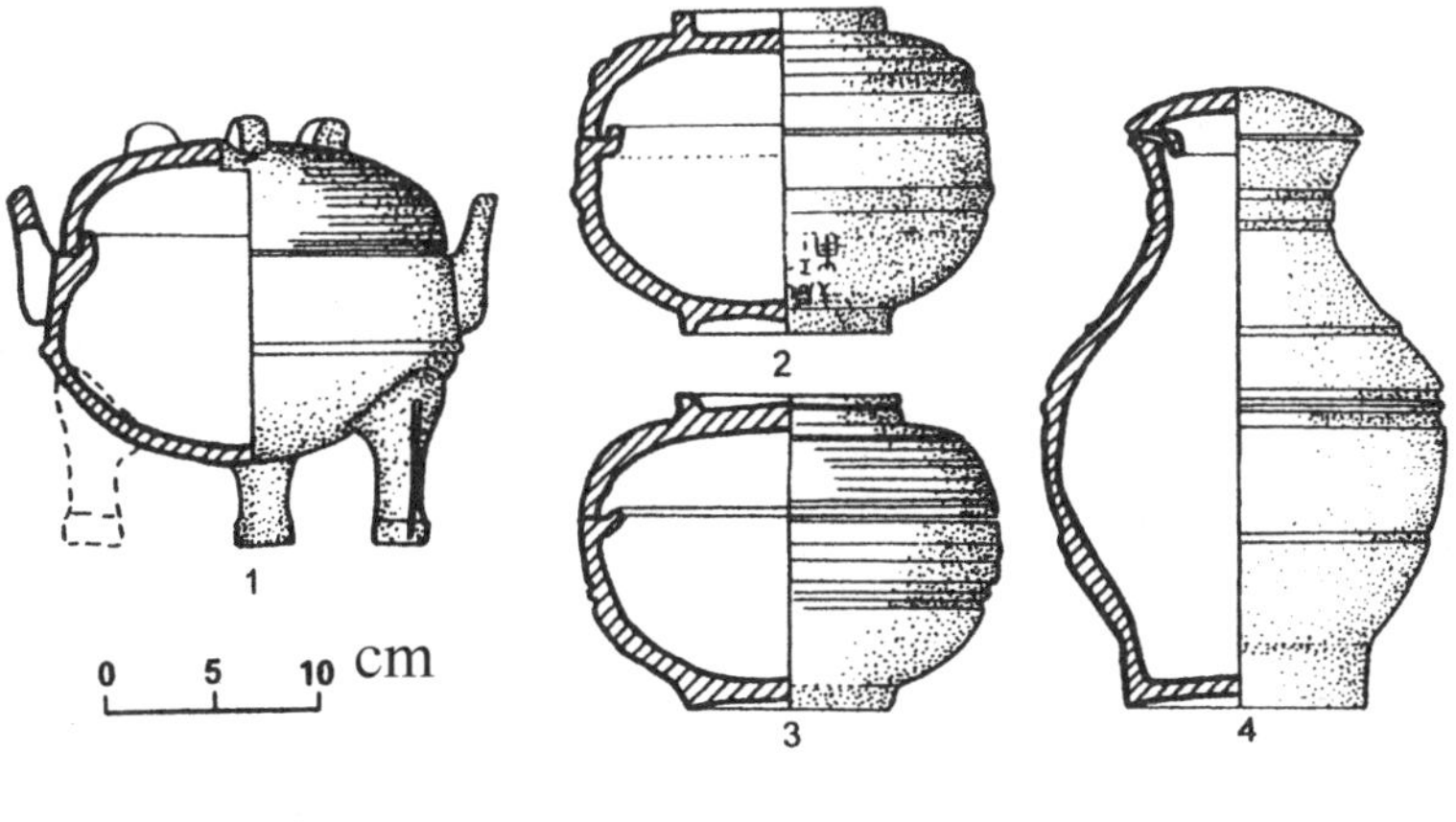

《鞫…審》の構圖（奏讞書研究）
――『封診式』、『奏讞書』による再構築――

飯島和俊

はじめに

睡虎地秦墓竹簡の公刊からすでに三〇年にもなろう。出土文獻はその後も陸續として發見公刊され、中國古代史研究はこうした出土史料を研究の軸にシフトし、大變な樣變わりをしたように思える。二〇年ほど前に公表された張家山漢簡、一昨年には里耶秦簡、その間、居延、敦煌懸泉置、甘泉、馬圏灣など西北地區での簡牘史料の發見、江蘇省尹灣漢簡の發見など枚擧にいとまがない。また、文字が若干特徴的な楚簡の研究も盛んとなり、郭店楚墓關連の楚簡は中國ではかなり重點的な扱いを受けているように見受けられる。

睡虎地秦簡にしろ張家山漢簡にしろ、暦や日書、算數書、醫學關係の書などもいっしょに出土しているが、兩者とも古律令を集成した秦律、呂后二年律令を含んでいるため、特に注目される。居延、敦煌など西北地區出土漢簡でも類型の行政、法律關係の文書も多く出土しているが、秦律が『秦律十八種』『效律』『封診式』『法律答問』などと表題を付けられているように、一定の機能グループに構成され、それぞれ一つ一つ完結した文書となっていることが重要である。張家山漢簡も、『奏讞書』『二年律令』など律令關係の完結した文書構成を持っている。そのため多くの研究者が注目しその解讀と法體系、秦漢時代の法社會の解明に力を注いでいる。

この一〇年、中央大學の東洋史は、このような簡牘史料を軸にした研究を多くの院生たちとともに推進展開してきた。論者もかつて、睡虎地秦簡の解讀に取り組んだ院生の一人で、ここ數年は張家山漢簡『奏讞書』、最近は『二年律令』の解讀に從事してきた。以前、縣の疑罪で奏讞される文書『奏讞書』の講造に注目し、「解」字の位置とその文書中に果たす意味を整理して前論に展開した。その際、『奏讞書』では論結に至る直前に《鞫…審》という決まり文句が置かれているのを漠然と眺めていた。[1] 池田雄一はかつて、『奏讞書』におさめられる各種案例には、記載にかなりの繁簡が見られるが、これは『奏讞書』の編者が治獄、あるいは讞作製の手引きとして、參考になると思われる公文書をもとに編集を加えたものであり、もとになった讞に、さほど多様な書式、體裁があったとは考えられない、として、公文書としての讞の書式を、『奏讞書』におさめられる案例の範圍において解析例示をこころみた。[2] 而來、張家山漢簡『奏讞書』の講讀を通して、秦漢期の訴訟を考究してきたが、いつも次のことが強く印象に殘った。

訴訟は告發彈劾を縣が受理してはじまり、審問(訊、詰、問)は對面訊問の形で「解辭」を求めて審理が展開する。そして審理の最終段階の、論結直前に《鞫…審》という型式で、犯罪の全貌が描き出され、その『鞫辭』が「審」と判定され、それをもとに量刑が議論されて論罪案吏當が確定する。しかし、吏議で疑罪とされたり、對案が出て吏議をまとめることのできなかった場合は「奏讞」され上級審の判斷を仰ぐことになる。こうして概略的には「鞫」で「審」となって審問は終了し、吏議で吏當が附加されて、「疑罪……送讞之」の常套句で終わったり、「謁報」「吏當……」など追加項目を挿入する。中でも、案例二二ではその終末部は、「六年八月丙子朔壬辰、咸陽丞殼禮敢言之。……擧闞毋害謙(廉)絜敦愨守吏也。平端謁以補卒史勤它吏、敢言之。」という文言が添付され推薦文型式になっているのが注目される。しかしながら、この「鞫」での「審」はどのような判定なのか、「審」の判定基準とは何なのか、また「審」と判定されてどの場合に擔當吏が故縱、不直、故不直という罪を負うのか。吏の不正に對してどのように扱うのか、整理してみる必要を感じた。その解明の方法として、簡牘記載の條文を意味連關に應じて解析分類する方法をこころみた。

一 「鞫審」の用例——『奏讞書』《鞫…審》をめぐって——

張家山漢簡『奏讞書』(3)は、全二二件案例よりなり、その大部分は、始皇帝末年から高祖一一年の紀年を持ち、製作年月日が想定できる。また、「爰書」用例は一件のみで、裁判文書の講造に強い關心を持たざるを得ない。その槪略を紹介すると、案例一から案例五は、内容的には漢民の逃亡や亡徭、結婚にまつわる戸籍の不正登記、律令規定の解釋をめぐる誤解、そして解釋の齟齬を正す案例となっていて、審理の重要な部分に《鞫…審》が位置づけられている。案例六以後は案例一三まで、簡潔な小文構成で、郡守の「讞」ではじまるかなり要點を絞りこんだ案例群で、發生地域も周邊諸郡に擴大していて、有爵者や吏に關係する犯罪が多く取り上げられている。しかし、この間には《鞫…審》の標示はまったくない。「疑罪」と稱する直前を大雜把に事件の主要槪述部と考え、《鞫…審》の内容に相當する部分と考えた。案例一四以降、再び《鞫…審》の構文を持つようになり、吏の「舍匿」、縣官米横領にかかわる「吏盜」を取り扱っている。案例一六は「復【覆】(再審理)」の實例で、縣長吏を主犯とする集團謀殺事件、案例一七は「乞鞫」による再審理を扱い、吏の「失」が問われる。案例一八では「蒼梧反亂」とその事後處理をめぐる縣長吏の律適用の不正で「縱囚」が焦點になった事件である。案例一九以後には《鞫…審》をまったく含まない。案例一九は春秋衛の大夫史猷の登場する「異時獄□」、案例二〇も同じく春秋魯の柳下季(柳下惠)の登場する「異時魯法」、案例二一は、不孝罪の法適用をめぐる論議で中心となり、後半「廷史申」の論駁によって吏當が一轉して確定する事件。案例二二では、咸陽で起こった强盜傷害事件の解明を扱った事件報告と、その功績者の顯章、郡卒史への推薦を末文に供えている。この案例は當時の事件調査の様相を知るのにたいへん貴重な資料である。(4) しかし、内容から見て案例一九以後は奏讞を扱った文書ではないのに、どうして一書にまとめられたのか疑問を殘す案例群である。

案例一から案例五が奏讞としては類型的な文章講造を持っているようで、この五つの案例を一つの典型と見ることにしよう。そこで、具体的に案例二を取り上げて、構造を解析してみる。

十一年八月甲申朔丙戌、江陵丞驁敢讞之。三月己巳大夫禄辭曰、六年二月中買婢媚士五點所。賈錢萬六千。迺三月丁巳亡。求得媚。媚曰、不當爲婢。●媚曰、故點婢。楚時去亡、降爲漢、不書名數。點得媚、占數、復婢媚、賣祿所。自當不當復受婢。卽去亡。它如祿。●點曰、媚故點婢、楚時亡。六年二月中得媚、媚未有名數。卽占數、賣祿所。它如祿、媚。●詰媚、媚故點婢。雖楚時去亡、降爲漢、不書名數。點得、占數媚、媚復爲婢。賣媚當也。去亡、何解。●媚曰、楚時亡。點乃以爲漢。復婢、賣媚。自當不當復爲婢、卽去亡。毋它解。●問媚、年卌歳、它如辭。●鞫之、媚故點婢。楚時亡、降爲漢、不書名數。點得、占數復婢、賣祿所。媚去亡。年卌歳、得。皆審。●疑媚罪。它縣論。敢讞之。謁報、署如廥發。●吏當、黥媚顏頯、畀祿、或曰當爲庶人。

案例二の講造は次のようである。

案例二　十一年八月甲申朔丙戌、江陵丞驁、敢讞之、

（爰書）　初期陳述　訊問の主要部答辨　審理の整理　讞主文

大夫祿辭曰→婢媢曰→詰→「何解」→媢曰→「毋它解」→問→鞫→審→疑罪→

士伍點曰／←　　←

嫌疑事項の質疑　付帯事項の確認

確定

謁報→吏當→《以下無し》

前論では「辭曰」以下を、奏讞で引用される文書として「爰書」とするに相應しいと考えた。しかし、實際には爰書と明記されているわけではなく、爰書名を持つ引用文書を持つのは案例一七、一件だけである。『奏讞書』案例二は、江陵丞鶩が「敢讞之」して二千石官、廷尉に上申する文書で、大夫祿の告訴を受けてその告辭の展開からはじまる。訴訟を受けて、その「辭曰」からはじまる審理の流れは、初期訊問から被告女子媢と被告のもとの主人で大夫祿に轉賣した士伍點に「訊」を繰り返し辯論を重ね、被告被疑者の「毋它解」あるいは「毋解」を受けて個別に「解辭」を引出す。本件では、さらに被告女子媢に對して確認のための「問」が行われ「鞫」へと展開する。「鞫」では、媢がもと點の婢であったこと。楚時に逃亡したこと。降って漢と爲ったこと。名數（戸籍登記をしなかったこと。もとの主人點の「得」（この場合は拉致）となったこと。占數（戸籍登記）によって再び婢とされたこと。新主の大夫祿の所に轉賣されたこと。媢が去亡したこと。年は四〇歳であること。逮捕となったこと。これらが皆「審」と判定された、ということであって、その「審」と判定された「鞫辭」の内容に従って犯罪を確定し、吏當を基礎に處斷を下すことになる。しかし一旦庶人となった者がもとの主人によって不當に婢とされ轉賣されたことを勘案すると、「或曰當爲庶人」と言う別解釋も出てくる。そして、奏讞書では案例一八までは疑罪として奏讞されて「謁報」する形をとるが、同時に縣の見解として「吏當黥媚顔頯、畀祿」と「或曰當爲庶人」などと吏當を併記し、上部の判断を待つ形で終わっている。「廷報」は記載されず、結果は不明のままである。

張家山漢簡『奏讞書』に見る構造上、《鞫…審》の位置する所は次のようである。

案例一	夷道汵丞嘉の敢讞之、發弩九詣男子毋憂告「爲……去亡」 ●鞫之、毋憂、變〈蠻〉夷大男子。歲出賨錢、以當繇（傜）賦。窯、遣爲屯。去亡、得。皆審。 疑毋憂罪――敢讞之。《史當曰要斬、或曰不當論》《廷報、要斬》
案例二	江陵丞鷔の敢讞之、大夫祿辭曰 ●鞫之、媚故點婢。楚時亡、降爲漢、不書名數。點得、占數復婢、賣祿所。媚去亡。年卌歲、得。皆審。 疑媚罪――敢讞之。《史當黥媚顔畀頯主、或當爲庶人》《廷報、……》
案例三	胡狀丞憙の敢讞之、刻曰臨菑獄史闌 ●鞫闌送南、取（娶）以爲妻、與偕歸臨菑。未出關、得。審。 疑闌罪――敢讞之。《吏議、當爲從諸侯來誘、或曰當以奸及匿黥城旦舂罪。》《廷以聞、當黥爲城旦。》
案例四	胡狀丞憙の敢讞之、大夫莳詣女子符告 ●鞫、符亡。詐自占書名數。解取（娶）爲妻、不智其亡。審。 疑解罪――敢讞之。《吏議、不當論。或當以取亡人爲妻。》《廷報、以取亡人爲妻。》
案例五	江陵餘丞鷔の敢讞之、校長池曰士伍軍告池曰

	●鞫之、武不當復爲軍奴、□□□弩告池。池以告與視捕武。武格鬬、以劍擊傷視。視亦以劍刺傷捕武。審。 疑視武罪――敢讞之。《吏當黥武城旦、除視。》《廷以聞、武當黥爲城旦、除視。》
案例一四	安陸丞忠、劾獄史平舍匿 鞫、平智（知）種無名數、舍匿之。審。 《當耐爲隸臣錮毋得以爵當賞免。》南郡守（舍治）――敢言之。謁以聞。
案例一五	江陵丞言醴陽令恢盜縣官米 鞫恢、吏盜過六百六十錢。審。 《當黥爲城旦舂毋得爵減免贖。》　南郡守（舍治）――
案例一六	新郪信爰書　淮陽守劾曰　疑有奸詐 ●鞫之、蒼、賊殺人。信、與謀。丙、贅捕蒼。而縱之。審。敢言之。 《皆棄市》　新郪甲丞乙…治――敢言之。
案例一七	黥城旦講乞鞫曰 其鞫曰、講與毛謀盜牛、審。 ●鞫之、講不與毛謀盜牛。吏笞諒毛、毛不能支疾痛而誣講。昭銚敢賜論失之。皆審。
案例一八	南郡卒史蓋廬摯田叚卒史鵙攸庫等獄簿庫御史書以廿七年二月壬辰到南郡守府卽下甲午到蓋廬等治所 ●鞫之。義等將吏卒新黔首毄反盜。反盜殺義等。吏、新黔首皆弗救援去北。當遝䟫傳詣脩。須來以別黔首當捕者。 當捕者多別離相去遠、其事難。未有以捕章捕論。庫上書言獨財新黔首罪、欲縱勿論。得、審。 律擔乏不鬬、斬篡遂。縱囚死罪囚、黥爲城旦。上造以上、耐爲鬼薪。以此當庫。●當之當耐爲鬼薪。

右の表にはない案例六～一三、一九～二二は、前述のように《鞫…審》部を持たない。一覧表の各案例の大略は、案例一は、蠻夷男子毋憂が、「歳出賨錢以當繇賦」という税賦的負擔を納付して從軍を免責されていたはずと思っていたが、尉によって屯卒に指名された。毋憂は不當として、屯所への出頭中に去亡し、「得」(逮捕)された。これら一連の行動が「審」と判定された。このような《鞫…審》となった逃亡事件の主犯をどう裁くか。縣廷では、要(腰)斬とするか、「不當論」とするか吏議が一致せず疑罪として上申することとなった。「廷報」では、要斬となる。

案例三は、鞫辭は、齊の獄史闌が名族田氏の女南を護送の途中、娶って妻とし、齊の臨淄に歸ろうとして關所をでないうちに得となった。これら一連の違法行爲が「審」と判定された。この一件では、獄史闌の罪は「從諸侯來誘罪」か、「奸及匿黥城旦舂罪」であるか疑罪となって奏讞され、「廷報」はどちらとも明言しないが、黥爲城旦の罪とする。

案例四では、訴えられたのは女子符だが、判決を受けるのは夫の隱官解である。事件は、女子符が逃亡中、戸籍を僞造して別人に成り濟まし、隱官解に嫁いだ。隱官解は妻が亡人であることを知らなかったことも含め「審」と判定されたが、この一件、隱官解の罪を吏當は「不當論」とするか「娶亡人爲妻罪」とするかで割れた。縣は「疑罪」として、兩案を併記して上申し、「廷報」は、「娶亡人爲妻(黥城旦罪)」、隱官解には嚴しい結果であった。

案例五は、男子武が、楚漢抗爭時に漢に亡命し、名籍を登録し漢民となっていた。もとの主人士伍軍が校長池に自分の逃亡奴だと訴えたので、校長池は部下の求盜視とともに男子武を追捕した。武と視は挌鬬となり、雙方負傷しながら武は視に逮捕された。以上が「審」と判定された。挌鬬となって雙方負傷したので、武には鬬傷で黥城旦としても、捕盜の職責を負う求盜吏を同等に挌鬬で裁けるのか。求盜視には「除」を吏當とし「疑罪」として上申した。この事件の上申は、吏當がはっきりしているのに奏讞していることが特徴である。この時男子武はすでに庶人となっており士伍軍の告は結果として不正であったが、告された以上追捕にあたる校長求盜は逮捕しなければならない、そこで挌鬪となったが、求盜視としては、職務上抵抗されれば對抗しなければならず、やむをえない過失、職務執行上の傷害と論ぜられたのであろうか。「廷報」は吏當を採用し、おとがめなし。この案例五の記載で、たとえ告は不正であっても、告された以上、廷はそうした追捕を指示すること、また、追捕吏も極力逮捕拘束をはかることが知られる。この事件が奏讞されたのは、案例一四以後の吏の犯罪と同類の案件なのかも知れない。

案例一四以後は、吏の犯罪が中心を占める。案例一四では、安陸丞が下僚の吏に對する彈劾で、獄史平が無名數であることを知りながら大男子種、舍匿したことが「審」となった。縣論はこの吏の犯行を「當耐爲隷臣錮毋得以爵賞免」と、爵免特權も封じてしまう。この吏の舍匿の一件、南郡守が上申して「謁以聞」している。

案例一五は、これも安陸丞による「言（「敢言之」の略かも知れない）」によって審理される。醴陽令恢の縣官米横流しは、「吏盜過六百六十錢」として「審」と判定される。吏盜の罪は「當黥城旦毋得爵減免贖」と、爵減免贖特權も認めない。そして、この條、醴陽縣令の犯罪を南郡守が処理したと記して終わり、謁以聞は記載されない。

案例一六は、かなり長尺な文書で、縣令を中心とする故吏グループの集團犯罪である。爰書名を持つ文書が登場する唯一の案例でもあり、新郪（縣令）信の爰書では、獄史武が職務中失踪したという。縣令の公私に渡る生活が垣間見られる興味深い事件だが、「鞫」では部下の髦長蒼が直接手を下した賊殺人。縣令信は與謀罪。校長丙、發弩贅は下手人蒼を捕らえながら縱してしまった。以上が「審」と判定され、「審」となった鞫辭にもとづいて主犯髦長蒼には「賊殺人罪」で棄市、縣令信は「謀賊殺人」で與賊同法を適用してこれも棄市、そして校長丙、發弩贅も縱囚與同罪を適用して、棄市となった。この事件は淮陽守の彈劾で新郪の新縣令甲新丞乙新獄史丙が治め、その結果縣の吏當の採用を上謁請謁報する形で「敢言之」された。(5)

案例一七は、盗牛事件だが、吏の鞫獄不直、誤審で、受刑者の「乞鞫」によって再審判がはじまる。上告した受刑者講は「乞鞫曰、故樂人、不與士五毛謀盜牛。雍以講爲與毛謀論、黥講爲城旦。」と訴える。一審にあたる故獄の《鞫…審》は「講與毛謀盜牛」を「審」としたことが確認され、それが覆獄中に拷問による吏の過誤、失刑罪であることが判明する。覆獄の「鞫」では改めて「講不與毛謀盜牛。吏笞諒毛、毛不能支疾痛而誣講。昭銚敢賜論失之。」を「審」と判定して、「其除講以爲隱官、令自常、畀其于於妻子。已賣者、縣官爲贖。它收已賣以賈畀之、及除坐者貲……」という新しい裁定を下す。しかし、裁きを誤った吏についての記載がない。この事件は審理中の拷問や、「診」といった検査措置が興味深い。

案例一八は「南郡卒史蓋廬摯田叚卒史瞗攸庫等獄簿」という表題の付いた案例である。冒頭「御史書以廿七年二月壬辰到南郡守府卽下甲午到蓋廬等治所」とあり、御史書による攸縣令庫の吏罪審判である。蒼梧での反亂鎮定失敗事件を扱っていて、大量の被疑者をどう扱うか、それに失敗した官吏攸縣令庫の辯論中に見える吏の法意識などで見るべきものも多い。事件も複雜なため、鞫辭も長い。「審」と判定したことは、「令史義等吏卒、新黔首を將して反盜を毄(繫)す。反盜、義等を殺す。吏、新黔首、皆救援することなく去北す。當に令史䟫を逐して脩縣に傳詣せしむべし。來るを須て以て黔首の當捕者を別たむ。當捕者、多く別離して相ひ去ること遠く、其の事、難し。未だ以て捕章捕論すこと有らず。庫上書して新黔首の罪を獨財(裁)すと言ふも、縱して論ずこと勿からむと欲すなり。得となる。」ということ。庫は恐らく有爵者で上造以上であったのだろう、耐爲鬼薪とされた。(6)

以上のように、『奏讞書』に登場する《鞫…審》の用例は被疑者の犯行當該罪名もしくは犯罪行爲に若干の狀況說明を加えた簡單な表記で爲され、最後に「審」で結ぶ。狀況の複雜な場合でも、極力簡便に表記される。案例六から案例一三に至るは、「疑罪」以前の部分が大体《鞫…審》部にあたると思われるが、この間は奏讞書内でも簡略な案例表記となっていて、「疑罪」以前を以て「奏讞」するに必要な罪名、犯罪行爲や縣での吏議やその他の處置に言及している。

案例六から一三では《鞫…審》が明示されず、【疑罪】直前の犯罪名が、《廷報》に應じる。	
案例六	漢中守讞 公大夫昌笞奴相如、以辜死。先自告。相如故民、當免作少府。昌與相如約、弗免。已獄治、不當爲昌錯告不孝。【疑罪】 《廷報、錯告不孝。》
案例七	北地守讞 女子甑、奴順等亡。自處□陽、甑告丞相、自行書、順等自贖。甑所臧（贓）過六百六十。不發告書、順等以其故不論。【疑罪】 《廷報、受行賕枉法。》
案例八	北地守讞 奴宜亡。越塞道。戍卒官大夫有署出、弗得。【疑罪】 《廷報、有當贖耐。》
案例九	蜀守讞 佐啓、主徒。令史冰、私使城旦環爲家作、告啓。啓詐薄（簿）曰、治官府。【疑罪】 《廷報、爲僞書。》※「廷●報」と作る
案例一〇	蜀守讞

	采鐵長山私使城旦田春女爲亶、令内作。解書廷、佐□等詐薄（簿）爲徒養。【疑罪】 《廷報、爲僞書。》
案例一一	蜀守讞 大夫犬乘私馬一匹、毋傳、謀令大夫武窬舍上造熊馬傳、箸（著）其馬職（識）物、弗身更。【疑罪】 《廷報、共爲僞書。》
案例一二	河南守讞 郵人官大夫内留書八日、詐更其徼書辟（避）留。【疑罪】 《廷報、當以爲僞書。》
案例一三	河東守讞 士吏賢主大夫䎜、䎜盜書毄（繫）隧亡。獄史令賢求、弗得。毄（繫）母媼亭中。受豚酒、臧（贓）九十、出媼。【疑罪】 《廷報、當罰金四兩。》

案例六から一三は、すべて郡守の讞で、對象は有爵者や吏の犯罪がある。取り上げられる犯罪も「錯告不孝」「受行賕枉法」「僞書」。その他「贖耐」という贖刑の一例、「罰金四兩」という罰金の刑規定などが見え、有爵者や吏は、法規定に特別配慮されていたことがわかる。

案例六では、公大夫昌が奴相如との誓約があるにもかかわらず、鞭打って「辜死」させ先自告した事件。「已獄治」ともあることから、再審理（覆審）である可能性もある。案例七では、難讀な一件で、女子甂が自分の逃亡した奴順たちに對して、丞相に行書して訴えると恐喝し、結果奴順たちは自贖して贖に相當する金額を支払い、女子甂は不當に價六百六十錢以上を得た疑い、告書も發しなかったので奴順らの罪はさばかれなかった、という事件。この女史甂の行爲は逃亡人を訴えなかったばかりか、彼らから不當な收益を得て逃し、法の無視したことになる。「受行賕枉法」罪は本來吏に關わるものであろうが、民間でもその犯罪が成立することがあるのだろうか。

案例八は、官大夫有が配下の奴宜を逃して逮捕できなかった事件。案例九と一〇は、それぞれ吏が奴を内作や家作に私用したのに簿に僞って「治官作」とか「爲徒庸」として僞書した事件。案例一一は大夫犬が人の馬傳を盜んで私用した事件。案例一二は郪人官大夫内の留書八日の事件。そして案例一三は士吏賢が「盜書遂亡」した大夫犻を取り逃がし、その母嬐を亭中に拘留したのに、豚酒の御馳走その價値九〇錢相當のもてなしを受けて釋放してしまった事件である。[7]

以上、郡太守の「讞」から「疑罪」、「廷報」に至る流れを簡略化すると次のようになる。

	郡太守讞	主犯	犯罪	獄	疑罪	廷報	
六	漢中守	公大夫昌	辜死先自告	已獄治	疑罪	廷報	錯告不孝
七	北地守	女子甂奴順	自行書自贖	其故不論	疑罪	廷報	受行賕枉法
八	北地守	戍卒官大夫	所出弗匿	——	疑罪	廷報	贖耐
九	蜀守	佐啓	詐簿	——	疑罪	廷報	僞書
一〇	蜀守	采鐵長山	詐簿	——	疑罪	廷報	僞書
一一	蜀守	大夫犬	謀令竊馬傳	——	疑罪	廷報	僞書

一二	河南守	鄖人官大夫内	留書八日	——	疑罪	廷報	僞書
一三	河東守	士吏賢	殻母受贓出	——	疑罪	廷報	罰金四兩

ところで、上述の案例一七は、再審請求「乞鞫」がどのように行われるか知る良い史料であるが、再審請求者の咸陽人故樂人講は一審の後、拘束されている雍縣で乞鞫を行う。一審の拷問を交えた强引な審判により、自分から寃罪を自白して黥城旦罪を甘受したが、乞鞫によって、寃罪を覆し、無罪を確定した。この「乞鞫」再審（覆審）請求は、『二年律令』具律にも、

罪人獄已決、自以罪不當、欲气（乞）鞫者許之。气（乞）鞫不審、駕罪一等。其欲復气（乞）鞫、當刑者刑、乃聽之。死罪不得自气（乞）鞫、其父母兄姊弟夫妻子欲爲气（乞）鞫許之。其不審黥爲城旦舂。年未盈十歳爲气（乞）鞫勿聽。獄已決、盈一歳不得气（乞）鞫。气（乞）鞫者各辭在所縣道。縣道官令長丞謹聽書其气（乞）鞫、上獄屬所二千石官。二千石官令都吏覆之。都吏所覆治廷及郡、各移旁近郡、御史丞相所覆治、移廷。114～117

と規定している。また、乞鞫は『法律答問』にも、「四八五　以乞鞫及爲人乞鞫者獄已斷乃且未斷猶聽殹獄斷乃聽之」とある。概略をまとめると、獄鞫が結審して後、自ら「罪不當」で「乞鞫（再審請求）」しようとすればできる。具律では、もしその乞鞫が「不審」であったなら、罪一等を加える。また、乞鞫しようとするなら、乞鞫者が當刑とされていれば刑を執行して後に申請を聽す。死罪だったら自分で乞鞫はできないので親族の誰かが乞鞫しようとするならばそれを聽す。しかし、その乞鞫が「不審」であったら、乞鞫した縁者は黥爲城旦舂である。

一〇歳未満のものの乞鞫は取り上げない。一年經過したら乞鞫はできない。乞鞫者は在所の縣道官に「辭」す（これは『法律答問』の辭者辭廷に該當する）。令長丞は謹聽してその乞鞫を書きとり、獄を所屬の二千石官に上申する。二千石官は都吏を使わして取り調べさせる云々とあり、『法律答問』では乞鞫は獄が斷（刑執行）となれば聽く、と言う。

以上のように《鞫…審》は、秦漢時代の審判において重要な位置を占めることがわかるが、その「鞫」に至る間に官吏の勘違いや手違い誤解によって不當に「鞫辭」が歪められ、その結果として誤った犯罪に定められ、刑を執行されることがある。その不當な判決と刑執行からの回復に「乞鞫」が許されていて「覆獄」再審問は上級審判所にあたる郡、廷尉が執行する。

『奏讞書』中では案例一から案例一八まで、すべての「鞫」は「審」であり、再審となった案例一七でも、前半故獄の「鞫」も「審」と判定されているし、覆獄後の「鞫」も「審」と判定され、「吏論失之」まで含んで「審」となっている。逆に、『二年律令』具律に見たような「乞鞫不審」の「不審」であるならば、どのように展開するのか。「乞鞫不審」となれば、本人は「駕罪一等」、代理の者も「乞鞫不審」と判定されれば「黥爲城旦舂」であると規定する。それだけ「乞鞫」にはリスクがあるにもかかわらず、再審請求者の求める正しい裁き《鞫…審》を求めて「乞鞫」は行われる。

二　不審の理由——律文に登場する「不審」について——

さて、睡虎地秦墓竹簡『法律答問』(8)には「鞫審」と熟して記される例がいくつかある。實例を擧げると、寫真版簡番號四二三—四に次のようにある。

423　有投書勿發見輒燔之能捕者購臣妾二人毄投書者鞫審讞之所謂者見書、而投者不得燔書弗發投者得
424　書不燔鞫審讞之之謂殹

「投書」の審判において、投書者を捕縛すれば臣妾二人を購い出すことができる、という規定を前提に、投書者を毄（繫）留して「鞫審」となれば奏讞するという。後半は、匿名の投書を發見してもその投書者を確保できなかったら、その書は開かないで焼きすてること。投書者を確保できたならその書は焼かず、證據として審理を行い、「鞫審」して奏讞するという。ここでいう「鞫審」とは、審判の呼稱として用いられるだけではない。「鞫審讞之」が一連の審判の流れを示し、その「鞫審」は「鞫」と「審」の間に、判明した犯罪名を「鞫辭」として夾んで表記される《鞫…審》を簡略化した表現と見ることもできる。ここでは、具體的にさまざまな訊問によってその犯行事實、罪狀を確證して総括したもので、奏讞に至る主要部分を指すものである。つまり、投書の容疑者確保と證據の投書をもとに審理を行い、「審」と判定したことを（量刑を付して）、上層部に奏讞（上申）する、という具合にも解釋できる。

　ところで、告された犯罪事實や罪狀が診査事實と一致せず、不適切な告であるとわかった場合は「不審」とされる。その用例は「告不審」として睡虎地秦簡『法律答問』中に散見する。《鞫…審》の過程で、何がどのように「審」であるのか、「不審」であるのか。改めて整理してみたい。罪名に列なる「不審」は、人を告劾してその告が不審であったと審問の結果判定されるものである。まず、張家山漢簡『二年律令』盜律、僞書を取り扱ったグループのなかに「誤不審」と言う判定があるので、これから検討して行こう。

諸上書及有言也而謾完爲城旦舂其誤不審罰金四兩[9]　12

上書、有言（供述）して記録（辭）される言動、上書や供述に欺瞞（謾）したならば、事實に反した「謾」の責を「謾」したものに負わせ「完城旦舂」とする。しかし、上書供述の内容を誤解や勘違いして「誤」であった場合、「誤」にして「不審」と判定し、罰金四兩とする、という。「謾」の完城旦と「誤」の罰金四兩には格段の差があるが、それは「謾」が恣意的であり事實を隱そうとした故意が認められるからであろう。この一件、冨谷至はこの「誤不審」の條を失「過失」の例の一つとして分類する。(10)

また、『法律答問』に、次のようにある。

467　伍人相告且以辟辠不審以所辟辠辠之有〔又〕曰不能定辠人而告它人爲告不審今甲曰伍人乙賊殺人卽執乙問不

467　殺人甲言不審當以告不審論且以所辟以所辟論當毆

「辟罪不審」は「不能定罪人而告他人爲告不審」という「不審」であるという用例が見られる。松崎つね子は「反坐」の例として考える。「辟罪不審」とは、「不能定罪人而告它人」の告不審を指すようである。具體的には、甲が伍人乙を殺人で告訴した場合で、審問中に殺人を犯していない、告不審であることが明白となったなら、「以所辟罪」(11)で告不審者に罪する。罪人が誰かわからないのに、誰かある者を告發した場合、告不審であるが、もし、甲という者が伍人の乙を人を賊殺したと言ったので乙を捕らえて訊問すると乙は人を殺してはいない。甲の言は不審である。告不審で賊殺と誤って告訴したとして裁くか、それとも「所辟」した罪を「所辟」した量刑の罪で裁くか、という。恐らくは「賊殺」としたと告したのだから「賊殺」の罪で裁く、と言うことであろう。「辟罪」の辟は、罪する（原注）。「所辟」とは被告に罪名を着せることであろうか。「告不審」の罪當例については『二年律令』には、次のようにある。

誣告人以死罪黥爲城旦舂它各反其罪　126
告不審及有罪先自告各減其罪一等死罪黥爲城旦舂城旦舂罪完爲城旦舂完爲城旦舂罪／127

死罪の誣告では、その罪一等減じて黥爲城旦舂となるが、それ以下は誣告相當の罪、「告不審」と有罪の「先自告」の罪は、死罪に對應する規定は誣告と同じだが、「告不審」ではそれぞれ一等を減じる。誣告の犯罪性は、「告不審」や有罪の「先自告」よりも重いと考えられる。「所辟」した罪は「賊殺人」であるから、刑は「棄市」のはず、しかし、甲は「告不審」と言明されているので、罪一等減ぜられて「黥爲城旦舂」と言うことになるのか。それならばこのような「所辟」を誣告と言わないのはなぜか。誣告は故意性が強い、辟罪はそうではないのか。また先の誤不審とどう違うのか。

告不審と同類の不審に「劾人不審」がある。縣丞が縣屬吏を劾する例【奏讞書案例一四】他縣の縣令を告訴する例【案例一五】、郡太守が縣令を彈劾する例【案例一六】など官吏同志の彈劾をすでに見てきた。これもその一例と考えられる。

劾人不審爲失其輕罪也而故以重罪劾之爲不直　112

註釋は劾を擧罪とするが、人を彈劾してもしその彈劾が不審だった場合、「失」とする。「其の輕罪……」以後は、他所にも見える「不直」の規定で、輕罪を重罪として彈劾した場合、その吏を不直とする。ここでは恐らく一般の「告不審」と對照をなす吏同志間の彈劾で發生する問題で、その彈劾が「不審」であった場合、その不審のために擔當吏にその責が振り向けられる。故意でない場合は失(過失)とする。しかしその「不審」が故意であり輕罪を重罪で彈劾したのであるならば、不直とする。不直は吏にとってかなり重篤な犯罪である。睡虎地秦墓竹簡『語書』も吏の、爭書に手を焼いていたらしく、彼らを「不直」とし「志千里使有籍書之、以爲惡吏」と「惡吏」と言って誡めている。また、「敦煌懸泉地漢簡釋粹(上海古籍出版社、二〇〇一年、一七頁)」にも「劾人不審爲失」の語がある。

一二 ●囚律、劾人不審爲失、以其贖半論之。(Ⅰ〇一一二①:一)

『懸泉地漢簡』囚律の「劾人不審」は「爲失以贖半論之」であり、贖罪に處せられるが、通常の半分で宜しいということ。通常「劾人不審」は「失(過失、失刑罪)」であり、量刑も規定の「贖」の半分でよい。『二年律令』では、不直の場合規定が追加されていて、「劾人不審」を輕罪であるのに故意に重い量刑の罪名で彈劾告發した場合、「不直」と論ずる。吏の不穩當な告劾を牽制する意味もあるのかもしれない。ここでも、その「不審」の内容評價が他意のない「過失」であるのか、「故以重罪劾之」なのかの識別の判定が隱れている。この判定が「失」と「不直」の分岐になっている。このような「誤不審」とか「辟罪不審」とか「劾人不審」と言った種々の不審も「告不審」の諸類型と考えることができ、「劾人不審」が吏の告劾が不正で實に反する場合に限定できる。それぞれ、その事實に反する告劾が、「失(過失)」か、「誤(過誤)」による不審と判定されたり、「辟罪」した罪が被告の犯行の實狀にあっていないで不審と判定されると解することができよう。

『二年律令』告律一二六―一三二では、誣告、告不審、有罪先自告などの行爲に對する減免規定が展開しているが、このような「不審」について、その基準や何に對して不審というのかを探るのに恰好の答問群がある。睡虎地秦墓竹簡『法律答問』四〇八〜四〇九簡に掲載される「告不審」の文章講造から、その類型を比較してみよう。

《史料：睡虎地秦墓竹簡「法律答問」》

408 告人盗百一十問盗百告者可論當貲二甲盗百卽端盗駕十錢問告者可論當貲一盾貲一盾應律雖然
廷行事以不
409 審論貲二甲
410 告人盗千錢問盗六百七十告者可論毋論
411 誣人盗千錢問盗六百七十誣者可論毋論
412 甲告乙盗直□□問乙盗卅甲誣駕乙五十其卅不審問甲當論不當廷行事貲二甲
413 甲告乙盗牛若賊傷人今乙不盗牛不傷人問甲可論端爲爲誣人不端爲告不審
414 甲告乙盗牛今乙賊傷人非盗牛殹問甲當論不當不當論亦不當購或曰爲告不審
415 甲盗羊乙智卽端告曰甲盗牛問乙爲誣人且告不審盗爲告盗駕臧
416 甲盗羊乙智盗羊而不智其羊數卽告吏曰盗三羊問乙可論爲告盗駕臧
417 甲告乙盗牛今乙盗羊不盗牛問可論爲告不審■貲盾不直可論貲盾
418 盗貲盾没錢五千而失之可論當誶■告人曰邦亡未出徼闌亡告不審論可殹爲告黥城旦不審
419 誣人盗直廿未斷有有它盗直百乃後覺盗弁臧以論且行眞辠有以誣人論當貲二甲一盾
420 上造甲盗一羊獄未斷誣人曰盗一豬論可殹當完城旦

四〇八—四〇九簡の「盜藏直十錢」を駕贓した場合、「端爲駕十錢（贓）」とあるのは「端告駕臧」の類型で、ここではそれより重い刑を取るのか、廷行事では「告不審」の規定「貲二甲」を指定している。四一〇—四一一簡の告人、誣人ともに、竊盜額六百七十錢の「盜」に「盜千錢」と告し誣した場合、「毋論」という。この場合、故意に重くしても、竊盜罪の最高基準額六百六十錢以上なので誣告罪は問われないし、告不審ともされない。結果が正しかったのである。四一二簡の甲の罪は「誣駕五十其卅不審」で、松崎は「其の卅も不審」と解讀するが、「誣して五十を其の卅に駕す」であろうと考えるようになった。四〇八簡の「端爲駕臧十錢」は廷行事「貲二甲」に準じた論である。四一三簡では誣人と告不審の相異點が規定される。「盜牛」「賊傷人」ともに量刑「黥爲城旦舂」に相當する罪だが、量刑を言わず、ただ「端爲」であれば「誣人」であり、「不端」であれば「告不審」と言うに止まる。四一四簡では「盜牛」の告をしたが、實は「賊傷人」であった場合、論は不當論だが、「講（償金）」は認めないとする。なかには「告不審」とする見解もある。この見解の分岐にはまた別の規定があるのかもしれない。

四一五簡では、「盜羊」を故意に「盜牛」と告した場合、その告者は「誣人」か「告不審盜以告盜駕臧」か。四一六簡の「盜羊」は、羊數を把握していないで告に及んだ場合にありそうなことだが、「不智其羊數」で「告吏曰盜三羊」した場合は「告盜駕臧」ということになる。四一七簡の前半部、「盜牛」と告したが、實は羊だった場合の「告不審」。この條は前條の規定から、まず「不端」であること、羊より價値の高い牛の盜と告し、告の內容を誤ったことが論罪對象となる。しかし、この三條の講造をを比較してみると、

415	甲盜羊乙智　卽	端告　曰甲盜牛	問乙　爲誣人　且	告不審盜爲告盜駕臧
416	甲盜羊乙智盜羊而不智其羊數卽	告吏　曰盜三羊	問乙　可論　爲	告　盜駕臧
417	甲	告　乙盜牛　今乙盜羊不盜牛	問　可論　爲	告不審

となり、四一五では「甲盗羊、乙智𧧝端告曰甲盜牛」と言った場合、告訴が「端告」であることが明白なら「誣人」であるが、類似の刑名に「告不審盜爲告盜駕臧」がある。どちらの判定になるか。これによって、四一六—四一七の「乙智盜羊、而不智其羊數、𧧝告吏曰、盜三羊」の場合や「甲告乙盜牛。今乙盜羊不盜牛」が「誣人」と「告不審盜爲告盜駕臧」を分ける條件となっていることが判明する。四一五簡では、故意に「盜羊」罪を「盜牛」罪と告劾し、不當に輕罪を重罪で告訴したのである。であるから、「不端」、故意でないならばこれは「告不審」で、ただ不當に盜罪を重くしたので「盜爲盜告駕臧」と言うことになる。「告不審の何某の罪は何某の刑」、と書かれる可能性が窺える。であるから、「盜羊」の羊の數を知らないので適當に告して誤った場合、そして、盜罪は事實だが、「盜牛」か「盜羊」かを誤った場合は輕い罪なのに重く誤ったので告不審は確かであるが、「端爲」ではないので「盜爲告盜駕臧」が省略されていると考えられる。

こうして、四一五は、甲が「盜羊」したが、乙は智りながら「端告」して甲を「盜牛」の罪で訴えた。しかし、乙に問い質した結果、乙が盜んだのは羊であった。そこで、この乙は「誣人」の罪で罰するのか、それとも「告不審盜爲告盜駕臧」で罰するのか。答問は結論を示さないが、「端告」と明記されているので「誣人」であることは明白である。また、四一六簡は、甲は「盜羊」したが、乙は甲の「盜羊」を知っていたが、盜んだ羊の數を把握していなかった。そこで吏に告すときに「盜三羊」といってしまった。乙をどのように論ずるか。「告盜駕臧」とする。この告盜駕臧は、實際より重い罪になる告訴であるから、甲の盜羊は一匹か二匹であったはずである。四一七簡では、甲が乙を「盜牛」で告訴したが、改めて審問中に判明したことは、乙は「盜羊、不盜牛」であったことである。この告不審はどのように罪されるべきか。條文はただ「告不審」とするが、四一六條と類型であるからこの「告不審」は、「告不審盜爲告盜駕臧」であることは類推できよう。また四一七簡の輕罪を重罪で告した告不審に對して、『二年律令』一二三簡には、

殺傷大父母父母及奴婢殺傷主主父母妻子自告者皆不得減告人不審所告者有它罪與告也罪等以上告者不爲不審
132

とあって、後半「告人不審、所告者有它罪與告也罪等以上、告者不爲不審。」人を告劾して不審なるも告す所の者に他罪の告と罪等しき以上あれば、告者は、不審と爲さず、とある。告劾が的をはずせば告(劾)不審である。しかし、被告に別の犯罪容疑があり、告劾した罪と同等以上のものが判明した場合、告不審とはしない、ということである。[12] 四一〇―四一一簡にも通じる條文である。

四一八簡の後半部、「邦亡」を告したが、未だ「出徼闌亡」していないで逮捕された場合の、告者の「告不審」は「告黥城旦不審」と規定される。これから、告不審は「告（當該量刑）不審」という言い方もできることが了解できる。このことからも審理中に告の内容が「だれのどのような犯罪でどのような當該刑か」を照合し、しっかりと吟味されることは明白である。

四一九簡では、松崎説によれば、「誣人」盜直廿に本人と盜直百を合算して盜直百二十錢「耐爲隷臣妾」か、「誣告盜直廿」貲二甲と「新罪」貲一盾とにそれぞれ別個に論じて合計貲二甲一盾という結論になると指摘する。この場合も、審理中にその誣告が判明し、新たな犯罪が暴露されたので、本件と倂せて審理すると言うことであろう。四二〇簡も上造甲が一匹の羊を盜し、裁判途中に它人を「盜一豬」と誣告した場合、合算して盜直六百六十錢を越えたので「黥爲城旦舂」罪と推測されるが、有爵者特權によって「完城旦」で論ぜられるのであろう。これも別件犯罪審理中に誣告をし審理途中の案件とその誣告が倂せて審理される例であろう。

このように『法律答問』上では、告不審は、まずもって告劾が不正であることを指す。それと同時に、本件審理中に違犯狀態にあることが判明したことを明示することとなり、審理の對象に加えられる。そして、本件とは別に關連案件として、直ちに「告……不審」罪として、一擧にして告劾者への問罪に轉換し、それが故意と過失過誤によって論結にバリエーションが生まれる。故意によって輕罪を重罪で告劾し人を貶める「誣人」、過誤過失でこれも輕罪を重罪としたが故意性が認められない場合に「當爲告盜駕臧」とされて、この兩者は劃されるのであろう。『奏讞書』中、所々末文に「它縣論」とあるが、このような審理中析出する關係者の證言中の「告不審」「誣告」など、本件とは拘わりのないそれでも關連した犯罪の審判を指すのかも知れない。

以上から、「告不審」とは審理中に確認された違犯違法狀態で、これは一つの犯罪である。そして、「告不審」は、罪名では「告（當該量刑）不審」であり、その處罰では「告（罪名）不審爲（不正行爲）」ではなかったかと推測することもできよう。（追注）

その他にも秦律には「……不審」という用例がいくつかあり、まず法律答問では、

438　甲殺人不覺今甲病死已葬人乃後告甲甲殺人審問甲當論及收不當告不聽

「甲殺人審」甲の殺人は「審」。しかし、結論は「告不聽」である。「審」であるのに「告不聽」となるのは、その容疑者がすでに死亡していること。そのため容疑者死亡により「告不聽」とするのである。「告不聽」とは、告を受けてもその容疑者が存在しないことが確定的であり、告を取り上げても審判を維持することができないので告は却下する。容疑者死亡の場合は、審判維持に關係する「收（收孥）」も行わないと解することができる。

また、睡虎地秦墓竹簡『效律』に「用律不審而贏不備」の「用律不審」の語がみえ、考課上の結果で「用律不審」で「贏不備」となった場合、「效律」には様々な規準値「律」があったことが窺える。その基準「律」を無視した場合、または、會計時に「用律不審」で、それこそ公式を用いずでたらめな計算をし、その結果、在庫に盈

不備が生じたような場合である。「用律不審」とは、それこそ算數書の基本問題の應用に失敗したということではないか。また、「秦律雜抄」にいう「除弟子籍不得置任不審」とは、弟子として任用できないものを叙任しようとして犯した「不審」の罪であり、また他にも「匿敖童及占癃不審」の匿敖童罪とならんで「癃者」の登録において犯した「占癃不審」の罪の名が見える。[13]「效律」や「雜抄」の「不審」も最初から不審であるのではなく、「贏不備」を検閲する機會に査定され、また「除弟子籍」「匿敖童」「占癃」を検閲するときに暴きだされる違反行爲、違法狀態であろうと考える。このように「不審」とは、何等かの査問や審問の際に、調べ直しの過程で判明する違法行爲、違犯狀態「不審」であり、審判中では質疑應答「訊鞫問診」を通して析出して來るものと考える。以上を、概念圖にしてみると、次のようになろう。

《鞫…審》の構圖（奏讞書研究）

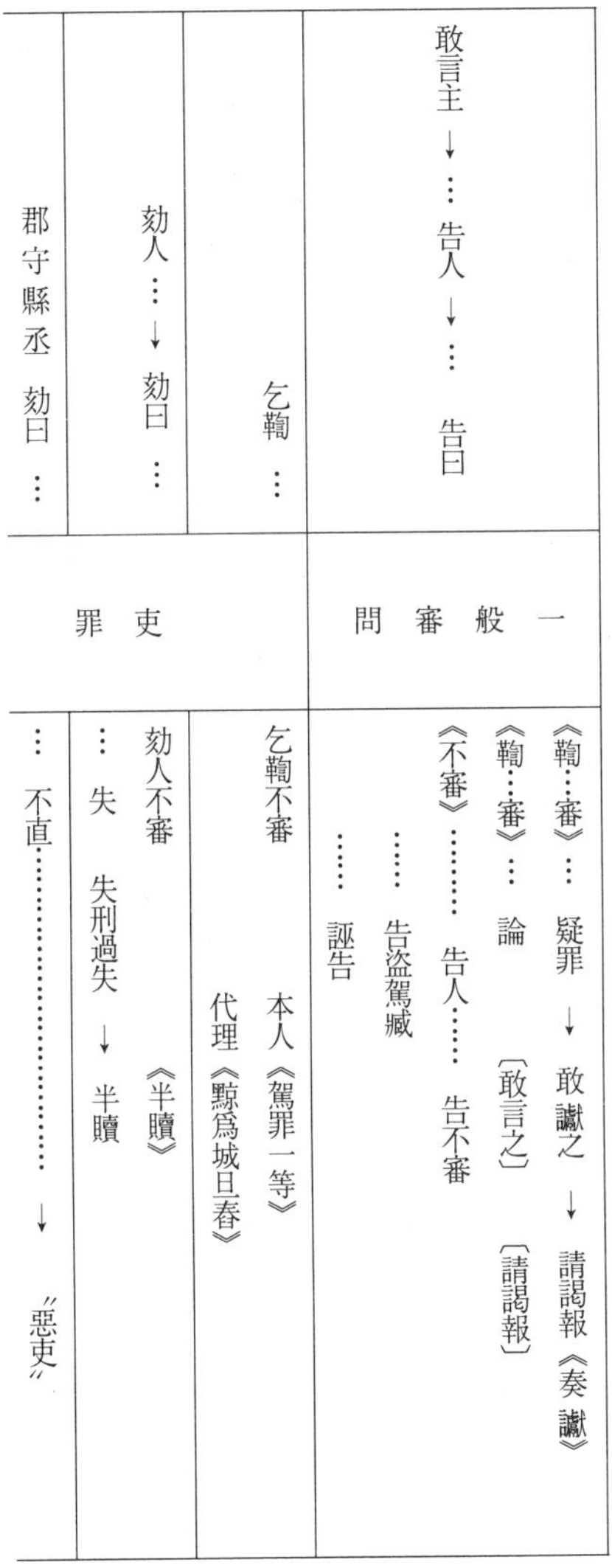

《端爲》……鞫獄故不直……→以其罪論之
《端爲》……鞫獄故縱……→與同罪

三　『封診式』有鞫

ところで、「鞫審」[14]とは前論において、展開したように、「鞫―審―論」の一連の流の中で、告の辭をもとに擔當吏の「訊」や「詰」「問」と、被告の答辨を記録した「解辭」とによって、事件の全貌が簡潔に「鞫辭」にまとめられ「審」と判定され、論となる。論には吏當が鍊られ疑罪でなければ縣論として決定する。それが疑罪となれば、吏當、縣論併記で上申され、上部の裁決をあおぐということであった。さて、小論の明らかにしようと試みるのは、その「鞫辭」の内容が「審」と判定されるにあたって、どのような基準もしくは手續によってなされるかである。上述のように、用例のパターン解析から、かなり妥當と思われるすじみちが見えてきた。

周知のように睡虎地秦墓竹簡『封診式』は、當時の審判にかかわる文書であるが、以下、『封診式』によって、審理の流れを見ていこう。その三條目にあたる「有鞫」に、

敢へて某縣主に告ぐ。男子某、鞫有り。辭に曰く、士五なり、某里に居す。可（何）の定名事里か。坐する所の論、可（何）と云ふ。可（何）の辠か赦されし或ひは覆問すること有る毋けむ。識者を遣はし律を以て封守せしめ、當騰せしむ。騰、皆な報を爲せり。敢へて（縣）主に告ぐ。[15]

「有鞫」は爰書と銘打つ文書名のない條文で、後出、第五條「覆」と同質の文書と思われる。「有鞫」の「鞫」字を、整理小組は審訊問罪、審判としている。この條文では、「有鞫」つまり訴訟が起こされ、その告訴の「辭」が言及する身分、居住地、定名事里坐論、赦罪、覆問の有無について照合し、識者を被告の居住地に派遣して財産差押えする、という審判の手續を示している。その照合が皆完了したので、縣主に報告する。照合の項目に「覆問」とあるが、「重審察也」再審問でよい(16)。

訴訟の受理については、『法律答問』に、

465 辭者辭廷●今郡守爲廷不爲爲殹■辭者不先辭官長嗇夫■可謂官長可謂嗇夫命都官曰長縣曰嗇夫

とある。「辭者は廷に辭す」のである。廷とは縣廷のことと考えられるが、郡守も廷を爲すとあり、辭者は「先」に辭を官長嗇夫にしない、という。廷は都官の官長、縣の嗇夫「縣令」に直接するのではない(17)。張家山漢簡『二年律令』には、

諸欲告罪人及有罪先自告、而遠其縣廷者、皆得告所在鄕。鄕官謹聽書其告、上縣道官廷。士吏亦得聽告。101

ともあり、「告罪人及有先自告」は、まずは所屬の縣廷に告をするが、縣廷に遠い地域の場合は在鄕鄕官に告をすることができる。であるから、鄕官吏は「謹聽」して告を受理し、縣道官の廷に通報する。『士吏』も告を聽取することができる。こうして、告を受けて、縣は審理を始める。

第四條の「封守」は有鞫後の「鄕某爰書」と明記された爰書によってなる條文で、「有鞫者甲家」の家室妻子臣

妾衣器畜産の差押えと、その管理について示している。

郷某の爰書。某縣丞某の書を以て、有鞫者の某里士五甲の家室、妻子、臣妾、衣器、畜産を封ず。●甲の室と人、一宇二内。各々戸有り。内室、皆な瓦蓋、木大具。門桑十木なり。●妻、某と曰ふは亡して封に會せず。●子の大女子某、未だ夫有らず。●子の小男子某、高さ六尺五寸なり。●臣は某。妾は小女子某なり。●牡犬一あり。●幾くか典某某、甲の伍、公士某某に訊ぬ。甲、黨（儻）に封守に當るべく而して某等、脱して占書せざること有らば、且に某等を辠すること有らむと。皆曰く、甲の封具はれり。此れ它の當に封すべき者毋しと。卽ち甲の封を以て、某等に付し、里人と更々之を守らしめ、令を侍たしむ、と。(18)

第三條「有鞫」の縣主への報告と同時に縣丞某によって發せられた命令書（恐らく丞某告　主某、曰有鞫甲、辭曰……とでもあるのだろう）に従って、直ちに被告人の財産リストが作製され、「郷某爰書」として上申される。「有鞫」の「譴識者以律封守之」に對應する郷某の爰書である。「有鞫者」甲の妻子、家財の差押えと差押え物件のリスト。差押え物件について、里典某々等と確認し、かれらに「封守」させ、次の命令が出るまで待令するように指示されている。

第五條「覆」は「有鞫」と同じように爰書の名のない文書で、「籍亡云々」部を除いて、「有鞫」とほとんど同じ講造になっている。

敢へて某縣主に告ぐ。男子某の辭に曰く。士五、某縣某里に居せしが、去亡す。可（何）の定名事里か。坐する所の論、可（何）と云ふ。可（何）の辠か赦れし。□覆問すこと有る毋し。籍亡すこと幾ばくぞ。亡及び逋事、各々幾可（何）ばかりの日か。識者を遣はし騰に當つ。騰、皆な報を爲せり。敢へて主に告ぐ。[19]

五九四簡冒頭の『□覆問』、一字分は難讀、模本考釋にも解釋無し。しかし、整理小組は『□』に『【或】』字を想定している。「有鞫」や、類似の有鞫部をもつ第一四條「告臣」と比較しても首肯できる。前出『有鞫』とほぼ同文であるが、「去亡」という罪名が明記され、「幾籍亡亡及逋事各幾可日」去亡事實に対する詳細な事項が追加されている。籍亡とはすでに犯した去亡を記録したもので「籍亡―何日」[20]という型式が『二年律令』にも見られる。この去亡は、「亡及逋事」が各々何日かであって、過去の籍亡と今回の亡日、實質亡徭になる逋事日數の記載が行われ、合算して處罰することになるのであろう。また合算することで、將來の逋事亡徭を予防する効果もあったのかと推測する。また、有鞫と同様に識者を派遣しているが、何をしたか目的は省略されている。告辭の諸項目の照合が完了したので、縣主に「敢告之」する形式で終了する。

また、この文頭標題の『覆』は、各條文中「或覆問」とある再審問を意味する覆問と同じとはいえない。有鞫事實の一報に対して、告辞の詳細を追加し、罪名や犯罪の内容をくわしく報告する第二報という性格のものではないのかと推測する。「封診式」は第五條の「覆」のあとの六條「盗自告」以降、すべて「爰書」を以てはじまる。爰書作製の部署の銘記したものもあり、内容から讀み取れるものもある。

表題の「治獄」と「有鞫」「覆」を除いたすべての項目で「爰書」が登場する。「治獄」を除いて、「有鞫」「覆」など「敢告之」型式の文書は爰書を含まない、あるいは爰書と稱さないのか。「告臣」「黥妾」の中にも「丞某敢告某　主」を含む「辭曰」があるが、そこにも爰書の文書名がない。文書の性格については、もう少し検討しなければならない。

題	発信 爰書	行動	日	文書内容（條主文）
1. 治獄	【治獄】			
2. 訊獄	【凡訊獄聽】 爰書	聽 治掠	書 書曰	其辭《展辭 毋解 詰之》 更言不服 毋解辭 笞訊
3. 有鞫	敢告某縣主	有鞫 遣	辭曰 識者	定名事里 坐論 赦 覆問以律封守 騰 爲報 敢告主 以縣丞某書封有鞫者某里士伍甲家室妻子臣妾衣器畜産
4. 封守	鄕某爰書	幾訊	皆言曰	封具 以封付某 待令 《身分 居 罪名 定名事里 坐論 赦 覆問 籍亡》
5. 覆	敢告某縣主	譴	辭曰 識者	騰 爲報 敢告主 與丙盜千錢 來自告
6. 盜自告	□□□爰書		自告曰 告	丙 令史某往執丙 《身分 居》《去某以命》《坐賊人以命 捕以來自出》
7. □捕	爰書	縛詣	辭曰	《盜鑄 佐鑄 捕索 得錢容 來詣之》
8. □□	□書	縛詣	錢容 告曰	馬衣 領褒 履
9. 盜馬	爰書	求盜 縛詣	告曰	《盜馬衣 捕來詣》 《共詣來爭之》
10. 爭牛	令史某 爰書	詣 齒	牛一 告曰 牛	《六歲》

11. 羣盜	爰書 校長求盜	縛詣 《訊》 診	首 告曰 辭曰 曰	男子 斬首 弩 矢 首 强攻羣盜人《 狀 》 《身分 居 首《强攻羣盜 盜錢萬 去亡》》《捕、伐殺收首》 【※診首毋診身可毆】》 斬首 與偕 告曰《尉某私吏》《以劍伐痍 奪首 捕來詣》
12. 奪首	軍戲爰書	縛詣 診	首	《診丁 診痍狀》 斬首
13. □□	□□某爰書	共詣 診 以書讂 遣	各告曰 首 首 曰 來識（者）	《得首 相與爭 來詣之》 《 狀 ……然》 《失伍 不來者》 戲次 《强悍 不田作不聽令 謁賣公 斬爲城旦舂 受賈錢》
14. 告臣 丞	爰書 令史某 少内某 告鄉主	縛詣 訊 診 正賈 賈 有鞫 【《遣識者》】	告曰 辭曰 辭曰	誠悍 不聽 未賞身免》 《不病》 《賈若干錢》 居 臣 定名事里 坐論 赦 覆問 身免復臣之不》 以律封守 到以書言 五大夫家吏 妾 曰《悍 謁黥劓》》
15. 黥妾 丞某	爰書 某鄉主	縛詣 訊 詣 其問	告曰 辭曰 妾 曰	《妾 毋它坐》 《謁黥劓》 如言不然 《定名事里 坐論 覆問》以書言 《謁鋈足 遷蜀邊縣 敢告》

16. 遷之	爰書		告曰 告 曰	《法丘主 《士伍 咸陽 在里》 坐父謁鋈足遷蜀邊縣 所論如告》送致《吏徒將傳 恆書一封詣令史》 法丘已傳 以報 敢告主 《親子不孝 謁殺 敢告》 令史己往執
17. 告子	爰書 令史己爰書	丞某訊	告曰 辭曰	《與牢隷臣執得某室》 《親子 誠不孝 毋它坐罪》 《疑癘 來詣》
18. 厲	爰書	詣 訊 醫丁診	告曰 辭曰 言曰	《自覚症狀》不可知其何病 毋它坐》 《審察 狀 診斷》癘毆》 《署中某所有賊死 來告》 令史某往診
19. 賊死	爰書 令史某爰書	求盜 診 牢隷臣 訊 亭人	告曰	男子死所《 狀 》 (令求盜) 待令 襦履詣廷 《(死亡日時) 聞號寇 不》 《經死 來告》 令史某往診
20. 經死	爰書 令史某爰書	里典 診 典妻女 診	曰	《 狀 》 載內死詣廷 必先謹審視其迹 (診方の式)
《(現狀) 得 穴盜 來告》				令史某往診
21. 穴盜	爰書 令史某爰書	鄉隷臣 診 訊	告曰 乙曰 皆言曰	房內《 狀 》 (衣梠中央) 《不知盜者》 《不知其里□可物及亡狀 》

		訊	伍人曰	賈
		直	衣	《與鬪相捽　腹痛子變出　把子來詣自告　告內》　令史某往執診
22. 出子	爰書		告曰	《　狀　》　有令隷妾數字者
		診	嬰兒	出血及癰狀
		診		《腹痛出子狀》
		有訊	室人	令史某隷臣某　診甲所詣子　不可知目耳鼻男女　狀》
	丞乙爰書			
			其一式曰	
隷妾數字者某某	診			皆言　懷子而變　如甲□
23. 毒言	爰書	詣	皆告曰	《有寧毒言　來告》　疏書甲等名事關諜背
		訊	辭曰	《外大母坐有寧毒言　遷　皆難與飲食　而不把毒　毋它坐》
24. 奸	鄕某爰書	詣	男女　告曰	《相與奸　捕校上來詣之》
25. 亡自出	鄕某爰書			
		自詣	辭曰	《身分　居　罪名　毋它坐　來自出》
		問		《名事定　將陽亡　籍一亡　毋它坐　莫覆問》　獻典乙相診
		相診		將之詣論　敢言之

14. 告臣の《丞某告鄕王》は三、有鞫の類文
15. 黥妾
16. 遷子の《告法丘主》は五、覆の類文。

『封診式』一覧表から、おおよそ『封診式』には一定の書式があったことが窺えよう。まずは各條文が、「曰」部、つまり供述部を軸に構成されていることである。

第三條「有鞫」では、告（劾も含む）を受けて、告辭を縣主に上申しつつ、直ちに令史を現場に派遣して事情聽取及び被害者の狀況などを確認し、それぞれを爰書として上申させる。それが令史某爰書で一七條、一九條、二十〇條、二一條に散見する。また「識者」を被疑者の居住地に派遣して財產差し押さえの「封守」を行わせる。第六條以後にはすべて爰書と記載からはじまり、その爰書が「自告」者、「自出」者、縛詣（あるいは「詣」「共詣」）等など、被疑者や告者の訴え「辭曰」「告曰」によってはじまる。廷に告をする仕方が爰書冒頭にまず示され、供述内容が披露される。また鄉部で取調の結果も四條、二四條、二五條の鄉某爰書となって廷に上申されてくる。二五條の「亡自出」は、鄉部でも受けつけたから自出者の辭と問を記載した鄉某爰書となっているのであろう。(21)

このように有鞫以來、その告辭によって、直ちに訊問をはじめ、記錄して、令史某を往執、または往診させてその結果を爰書させたり、痍、出子、牛の齒、衣の直（値）を診斷、値踏みして、對象物件、關連物件の確認を行う。また必要に應じて、縣丞の名で、鄉部に「封守」などに指示し、擔當の吏や牢隸臣や妾の數字者、識者、鄉部、里典、同伍、室人たちが、その事件に關して相應の證言をし、「以律封守」して待令することになになってい る。遷徙の場合は、遷徙先の縣主（告法丘主）に送り狀を添付して擔當吏に護送させる。そしてそれぞれ鄉部や法丘主から「報」を受け取って縣主に報告する。

『封診式』には《鞫…審》「鞫審」の部分がないことから、この『封診式』全體が、「鞫審」の前提になる部分で、「式」によって定められた證言や證據を以て告辭を審理し、ついで《鞫…審》を作製する段階になると考える。また「亡自出」の末文「將之詣論」は它の條にはみえないが、すべて（六條以下）にかかる一文ではなかろうか。こうして審判に必要な證據、公文書の謄本、樣々な證言、告發者に被告者、關係官吏のすべてが出揃うことになる。「敢告主」された内容に應じて、審判は最終段階に入り、《鞫…審》そして「論」が確定することになるのであろう。

四　《鞫獄》審理と判定

以上のように、廷で告辭を受理して以後、直ちに往執、往診して初動搜査、關係者への訊問と封守が行われ、爰書が作製される。そして上申された爰書は、縛詣、來詣したもの、「繻履詣廷」被害者の所有物とか「將之詣論」し、死んだ子どもや經死した屍體とともに廷にいたり吟味され審理される。漢代の審判については、周知の張湯傳の逸話が、當時の審きの流れを知る有力な手掛かりとなっている。

湯掘薰得鼠及餘肉、劾鼠掠治、傳爰書、訊鞫、論報、幷取鼠與肉、具獄磔堂下。

という短い記載であるが(22)、ねずみと證據の「餘肉」とを確保して告訴し、論決にいたる推移が讀み取れる。

漢書張湯傳	「劾鼠」	→	「掠治」	→	「傳爰書」	→	「訊」	→	「鞫」	→	「論——報」
封診式	告、辭曰		問		將之詣論		詰　解		鞫…審		縣論　謁報

張湯傳では、「劾鼠」の後、直に「掠治」が來るが、『封診式』「治獄」では下策としていること、「訊獄」での「諒治」導入の仕方と「爰書」作製の事後處置まで配慮されているのと比べて、簡潔である。また、恐らく『封診

獄の原則を示す次のような一文がある。

式』「亡自出」の末文の「將之詣論」が、張湯傳の「傳爰書」に相當すると考えた。また、『二年律令』具律に治

治獄者各以其告劾治之敢放訊杜雅求其它罪及人毋告劾而擅覆治之皆以鞫獄故不直論 113

治獄の原則は、「各以其告劾治之」。それにもかかわらず、「放訊杜雅求其它罪」や「人毋告劾而擅覆治之」の行爲を犯した吏は、「鞫獄故不直」として裁く、と言うのである。ここでは治獄の基本は告劾であり、告劾があって審問があり、初めて裁きがあると言うことである。我がまま勝手に訊問したり杜雅（註釋〔深文周納（『張家山漢墓竹簡〔二四七號墓〕』文物出版社、二〇〇一年、一四九頁）〕）して、告劾内容以外の罪を穿鑿したり、告劾もないのに審判を開始してしまう。こういう吏の行き過ぎを鞫獄故不直の罪によって裁く、という。また、

羣盜盜賊發告吏吏匿弗言其縣廷言之而留盈一日以其故不得皆以鞫獄故縱論之 146

羣盜や盜賊の告發を受けた吏が、縣廷に報告せず、留滯滿一日、そのため、盜賊達を逮捕できなかった場合、皆「鞫獄故縱」の罪で論ずるのである。上に見られる「鞫獄故不直」や「鞫獄故縱」は、吏のしてはいけない、あってはならない犯罪行爲で、審判の正統性や權威を貶める行爲として嚴しく罰する。そしてまた審判が結果として誤ったものとなり、同僚の劾奏や被告の乞鞫（再審請求）などによって、「鞫獄不直」とかあるいは「鞫獄故不直」「鞫獄故縱」として、擔當吏が責を負う場合が出現する。始皇帝三四年の「適治獄不直者」とあるのは、その不直盛行の事情を反映したものなのだろうか。

吏の犯罪を考えるとき、「有鞫」以後の「封診式」の各爰書は、「辭曰」とそれを補強追認する「訊」「診」によって構成されていることを先に見た。『法律答問』では「獄鞫」という語が用いられるが、この獄鞫の場で、審問の過程で告の審不審が吟味される。そして、その内容に應じて、本件とは別に、新たに確認された告人の「告不審」の罪、「誣人」の罪、あるいは「告不審盜爲告盜駕臧」の不正告發の罪が問われ處斷される。吏も、過失で失刑罪贖刑、または、故意に裁判を誤れば、不直で、不直死罪減一等のほか、不直罪名と同等の刑、あるいは不直罪名の罪一等を減ずる罪を負うこととなり、その冤罪のあるいは枉法の咎を負わなければならない。

403 士五甲盜以得時直臧臧直過六百六十吏弗直其獄鞫乃直臧臧直百一十以論耐問甲及吏可論甲當黥爲城旦吏爲失刑辠

404 或端爲爲不直

逮捕當時の盜藏品の確認をおこたり、本來六百六十錢の價値あるものを獄鞫時の查定で百十錢とし、本來盜藏六百六十錢は黥爲城旦舂相當なのに、盜藏百十相當の耐（隸臣）罪に處してしまった。これは吏の過失であり、擔當吏は失刑罪である。もし「端爲(故意)」であれば、「不直」に處せられる。この「直(値)」について、『封診式』穴盜の條が注目すべき事項を殘している。

『穴盜』爰書せらく、某里の士五乙、告して曰く、宵より乙の復結衣一を乙の房內中に臧す、其の戶を閉じ、乙獨り妻丙と與に晦に堂上に臥す。今旦、起きて戶を啓け衣を取らむとすに、人、已に房內に穴し內中を斲す、結衣、得ず、穴盜せる者の可(何)人か、人數を智らず。它の亡すものなきなり。來り告すと。

●卽ち令史某をして往診せしめ、其の盜を求めしむ。

令史某の爰書、鄕□□隷臣某と與に乙に卽き、典丁、乙の房内を診する。房内、其の大内の東、大内に比び、南鄕（嚮）して戸を有す。内の後に小堂有り、内の中央、新たな穴在り、穴は内中に徹す。穴の下、小堂に齊しく、上の高さ二尺三寸、下の廣さ二尺五寸、上は豬竇の狀の如し。其の埱す所以の者は旁鑿に類す、迹の廣さ、□寸大半寸、其の穴の壤、小堂上に在り、穴に直し播壞し、内中に柀入す。内中及び穴中の外壤上に厀手の迹有り、厀手、各々六ヶ所。外壤、秦綦履の迹、四ヶ所、袤、尺二寸。其の前は稠、綦の袤は四寸、其の中央の稀なる者、五寸、其の踵の稠者、三寸。其の履迹、故履に類す。内の北には垣有り、垣の高、七尺、垣の北は卽ち巷なり。垣の北、小堂を去ること北唇に丈ばかり、垣の東、内を去ること五歩、其の上、新たな小壞有り、壞は中外に直す、足もて之を歫むの迹に類す。皆、廣袤を爲す可からず。小堂の下及び垣の外地は堅く、迹す可からず。盜人の數及び之く所を智らず。内中に竹柖有り、柖は内の東北に在り、東して、北して廦（壁）を去ること各々四尺、高さ一尺なり。乙曰、□糸結、柖は中央なり。

●乙、丙に訊す、皆、言ひて曰く、乙、迺の二月を以て此の衣を爲《つく》る、五十尺の帛裏、絲絮五斤もて裝す、繆繒、五尺もて緣とり及び殿す。盜者の可（何）人か及び蚤（早）莫（暮）を智らず、意毋きなり。

●丁、乙の伍人士五□に訊す、曰く、乙を見るに糸古復衣有り、繆緣及び殿、新たなるものなり。其の裏□可（何）物か及び亡せし狀を智らず。

●此を以て衣の賈を直す。[23]

穴盜の講造は、次のようである。

二一・穴盜　　爰書　　告曰《穴盜　來告》令史某往診
令史某爰書　　《與　□□隷臣　診　《狀》》
訊　皆言曰《不知盜者》
訊　伍人曰《不知其里□可物及亡狀》
直衣賈

「穴盜」も、二つの、かつ二重の爰書をもち、最初の爰書をもとに初期審判は進む。最初の爰書で來告の事情が供述されていて、令史某を往診させて現場檢分をさせている。二つ目は、廷が派遣した令史某の現場檢分が中心となった爰書となっている。ながながと展開する現場の檢分報告と、末文に二つの『訊』問、そして最後に「直衣賈」、衣の價格算定が行われたことが附記されている。衣の算定價格は不明だが、衣服など盜品の價格算定はこの時點で行われる。そして、被害者の被害者、被疑者、證人たちの「訊」問をひたすら聽取し、記述に矛盾や疑義を感じても、供述を筆寫しきる。そして、「訊獄」の條の對面審問中に「詰」が行われ疑問點の解明が行われる。

『封診式』穴盜の條から、盜品の値踏み、價格算定は初動搜查「診」「訊」までの間に令史某爰書の段階で確定しているはずで、以下に見る『法律答問』中に鞫獄の最中に「直（値）」する事例が散見するが、それは初動搜查のミスによるである。結果として、初動搜查の段階の價格算定と審問時の價格算定が大きく誤差を生じて、量刑も算定價格に應じて四〇三―四〇四簡の失刑では「耐爲隷臣妾」から「黥爲城旦舂」に加重される。吏は失刑罪である。(24)

405　士五甲盜以得時直臧臧直百一十吏弗直獄鞫乃直臧臧直過六百六十黥甲爲城旦問甲及吏可論甲當耐爲隸臣吏爲失刑

406　辠甲有辠《殘欠》吏智而端重若輕之論可殹爲不直

ここでは上述と同樣に、「獄鞫」の最中に「直藏」を行なっていて、初動搜査時、百十錢相當であったが、獄鞫時の直藏では六百六十錢を過ぎるという結果となってしまった。そのため黥爲城旦としたが、本當は百十錢相當だったので、甲は、耐爲隸臣である。この場合故意でなければ、吏は失刑罪に處せられる。そしてそれが「吏智而端重若輕之論」、つまり吏がその事情を知りながら故意に重くしたり輕くしたりした場合、「不直」となる。

告者の不正と同樣に、吏の過失過誤による失刑とは、正しい裁判の手順を經ず、例えば「直衣（衣の値踏み）」を失念したり省略してしまった結果、量刑判斷の材料を失い、盜藏値算定をいいかげんにして輕罪を重罪に、重罪を輕罪に処置し誤る場合、これが吏の失刑罪であり、告者の告不審にも相当しよう。當然故意ならばより重い罪で「不直」とされ、場合によっては「與同罪」が適用される「故縱」罪ともされる（前掲『奏讞書』案例一六參照）。吏の誤った審判によって不當に罪を着せられた冤罪被害者が、赦免されて庶人となる事例は、「龍崗秦墓」『十一號木牘』にも存在する。

●鞫之、辟死論不當爲城旦、吏論失者已坐以論。九月丙申、沙羨丞甲、史丙免辟死爲庶人。令（正面）自尚也。（背面）(25)

「辟死」は人名、辟死は城旦に處せられるような犯罪は犯していない事が判明した。吏は失（失刑）者を裁き、すでに當該の坐によって論ぜられ處罰された。九月丙辰の日、沙羨丞の甲、史丙は、辟死を免じて庶人とした。令、自尚（常）たらしむ、という。『史記』巻十五、六國年表の始皇三十四年の條に「適治獄不直者築長城、（及）〔取〕南方越地、覆獄故失」とあり、秦末獄不直者を徴發して長城を築いたというが、それほどに多くの不直者があったのだろうか。睡虎地秦墓竹簡『語書』には、「不直」に關して「其畫數最多者、當居曹奏令丞、令丞爲不直、志千里使有籍書之、以爲惡吏。」という。その注では「不直、不公正。是秦漢時常有的罪名。見、〈史記、秦始皇本紀〉〈漢書、張敞傳〉等。」ともある。「不直」とされた吏は、「惡吏」であり、これが近隣の諸官廳のみならず、各地の郡縣、中央にまで喧傳されるとしたら、再起の道は最前線にしかなかったのかも知れない。

おわりにかえて――鞫審の講造――

審判は兩刃の劒である。裁く者も裁かれる者も法の前には素直であらねばならない。《鞫…審》の講造や「告不審」と言う用語を通じて、審判でいったい何がどのように明らかにされるか、鞫辭がどのように「審」と判定されるかを檢證してきた。拙稿に展開してきた《鞫…審》は前掲一覧表で確認したように、審判全般における結審へのメルクマール、縣論に直結する罪名、犯罪行爲、違反狀況の確定する所で、それが「審」と判定されることは、大切なポイントであった。最後に、どのようにして獄鞫が審であると判定されるのか。「敢言之」された爰書の内容が「雜診」されて「審」となる例で確認しておこう。『懸泉置漢簡』に次のようにある。

甘露元年二月丁酉朔己未、懸泉廏佐富昌敢言之、爰書、使者段君所將踈勒王子橐佗三匹、其一匹黃、牝、二匹黃、乘、皆不能行、罷亟死、卽與假佐開、御田遂陳、……復作李則、耿等六人雜診橐佗、丞所置前橐罷亟

死、審它。如爰書、敢言之。（Ⅱ〇二一六③：一三七）

という記事で、「診」がその證明手段として用いられ、多くの證言を得て「審」と確認される。懸泉置の廐佐が「敢言之」した内容とは、「爰書」に「使者段君所將槖佗」三匹が「罷亟死」してしまったという事件の處置の如何で、屬僚の假佐開、御田遂（燧）陳某、復作の李則、耿等六人が駱駝を雜診（いっしょに診察）させ、槖（佗）が「罷亟死」（疲勞死）したことを確認し、「審」なりと判定した、と解することができるのである。つまりこれは、前漢末期の懸泉置「廐」での槖佗「罷亟死」について記された懸泉置の死亡検分とその審判であり、結論として「罷亟死」を「審」と報告する「爰書」なのである。

以上、審問中の具體的な證言や證據物件の照合、醫者や獸醫、あるいは助産婦のような專門性を持った識者による診斷、『封診式』みた「齒」、往診の「診」などによる現場檢分、證據物件の檢證を通して心證を固め、具體的に「審」であると確定することによって、論が決定するのであろう。[26] こうして漸く、爰書[27]された鞫辭の内容が訊問による吟味と『診』『齒』『直』などの檢分檢證の積みかさねによって、告劾された罪名、犯行行爲が確定し、その罪名、犯行行爲が「審」と判定され、「論」の可否、量刑如何の最終論結の下される經緯が、そして『封診式』の意義が浮かび上がって來る。

「鞫辭」は古代法廷における、論結の根據になる重要な部分であり、告劾の言辭が、《鞫…審》と判定されて、「鞫辭」に示される犯行と處罰すべき罪狀（犯罪行爲）が確定し、その罪狀に應じた刑が言いわたされる。『奏讞書』によれば、審判は容疑者と擔當吏との問答形式で展開し、訊、詰に對しては「解」が對應し、「無解」になった段階で、「鞫審」と判斷される。鞫審であるから何ら拘泥することなく、判決に至るのである。

（1）拙稿「「解」字義覚え書き」、池田雄一編『「奏讞書」―中國古代の裁判記録―』（刀水書房、二〇〇二年）所收。本稿では前論と稱す。

（2）池田雄一「漢代の讞制について―張家山漢簡『奏讞書』の出土によせて―」中央大學文學部紀要（史學科）第一五九號、一九九五年。「江陵張家山（奏讞書）について」（「中國古代の國家と民衆」編集委員編『堀敏一先生古稀記念論集　中國古代の國家と民衆』汲古書院、一九九五年」所收。

（3）江陵張家山漢簡整理小組「江陵張家山漢簡〈奏讞書〉釋文㈠」文物一九九三年第八期。同「江陵張家山漢簡〈奏讞書〉釋文㈡」文物一九九五年第三期。李學勤「〈奏讞書〉解説（上）（下）」文物一九九三年第八期、一九九五年第三期。池田雄一等共譯「江陵張家山漢簡『奏讞書』訳註稿」『中国の歴史と地理』第一集、一九九六年。宮宅潔「秦漢時代の裁判制度―張家山漢簡《奏讞書》より見た―」史林八一簡二號、一九九八年。小嶋茂稔「讀江陵張家山出土《奏讞書》劄記」、『アジアアフリカ歴史社会研究』第二號、一九九七年。飯尾秀幸「張家山漢簡『奏讞書』をめぐって」専修人文論集五六。一九九五年。宮宅潔「漢代請讞考簿―理念、制度、現実―」東洋史研究第五十五巻第一号、一九九六年。池田雄一編『「奏讞書」―中國古代の裁判記録―』（刀水書房、二〇〇二年）。専修譯、前掲注3　飯尾氏、學習院譯、学習院大學漢簡研究會、「秦代盜牛、逃亡事件―江陵張家山漢簡『奏讞書』案例一六をめぐって―」學習院史學、第三十八號、二〇〇〇年。「春秋故獄の名裁き―江陵張家山漢簡『奏讞書』を読む―」中國出土資料研究、第四號、二〇〇〇年。「秦代密通、盜傷事件―江陵張家山漢簡「奏讞書」を読む―」中國出土學習院史學、第三十九號、二〇〇一年。「秦漢交代期のはざまで―江陵張家山漢簡『奏讞書』を読む―」中國出土資料研究、第五號、二〇〇一年。「漢初婚姻事件―江陵張家山漢簡『奏讞書』を読む―」學習院史學、第四十號、二〇〇二年。「漢初地方事件九編―江陵張家山漢簡「奏讞書」を読む―」中國出土資料研究、第六号、二〇〇二年。「漢初官吏犯罪三編―江陵張家山漢簡「奏讞書」を読む―」中國出土文物研究、第七號、二〇〇三年。

（4）拙稿『市に集まる人々―張家山漢簡『奏讞書』案例二二をめぐって」中央大學人文科學研究所編『アジア史における法と國家』研究叢書二三、中央大學出版部、二〇〇〇年。參照。

（5）張家山漢簡『二年律令』具律一一四―一一七簡、本稿後出、乞鞫によって再審理となった場合、「二千石官令都吏覆之」という。恐らく淮陽守偃は彈劾の後、當該都吏を新郪縣に發したものと思われる。案例一六では、新縣令丞獄史の名で奏讞されるので、その後都吏はどうなるのか興味を懐かせる。

（6）吏盜、爵上造以上、以爵償免の規定。

（7）陳直『兩漢經濟史料論叢』所載、漢代內郡物價狀況二八一―八九頁、豬は九〇〇から三〇〇錢とされている。豚酒九〇錢相當は、豬一頭には及ばない。同二八五頁、牛（三七五〇～一二〇〇錢）、豬（九〇〇～三〇〇錢）、羊（五〇〇～一五〇錢）とある。

（8）「睡虎地秦墓竹簡」法律答問の和譯。松崎つね子『睡虎地秦簡』明德出版、二〇〇〇．拙稿は松崎氏の和譯を下地にしている。また、拙稿共譯『法律答問』中央大學大學院「論究」參照。

（9）註釋『二年律令』盜律一二簡、注。謾、故意欺誑。「其誤」二字、寫眞版判讀不能。「不審罰金四兩」も不鮮明。「誤」事實誤認、現代語の「誤告不實」に當るか。【張家山漢簡「二年律令」校讀記（上）（張家山漢簡研讀班、WEBNET簡帛研究、二〇〇三、四掲載）】、〝而失不口口以其贖論之〟句、〝不〟下一字當釋〝審〟。審、確實、明悉。《二年律令》簡一二見〝劾人不審、爲失。〟《二年律令、賊律》、〝諸上書及有言也而謾、完爲城旦舂。其誤不審、罰金四兩。〟整理小組注、〝誤不審、偶不確切。〟

（10）冨谷至「二年律令に見る法律用語――その一」『東方學報』京都第七六冊、二四三頁。

（11）「辟罪」について、『二年律令』具律、擔當吏の故縱不直と「故弗窮審者」に對する責罪規定。
「鞫獄故縱不直及診報辟故弗窮審者死罪斬左止爲城旦它各以其罪論之其當毄城旦舂作官府償日者九三罰歲金八兩不盈歲者罰金四兩九四」

鞫獄の故縱、不直、及び診報辟すに故に窮審せざる者、死罪は斬左趾爲城旦とし、它は各々其の罪を以て之を論ず。其の毄城旦舂の作官府償日者は、罰歲金八兩、不盈歲者罰金四兩。擔當吏の故縱罪、不直罪が確定したり「診報辟故弗窮審者」であった場合、最高刑の死刑判決の故縱（被告放免）、不直（故意に判決の輕重を詐る）、「弗窮審者」

は斬左趾爲城旦舂とし、それ以下は、不正判決の罪名でもって擔當吏に罪するという規定。「診報辟」を、註釋（一四七頁）はそれぞれ檢驗、決斷、審理と解する。令史某往診の診を徹底的に行い、情狀を把握して、吏當を決定する一連の作業を指すのではないか。それをいいかげんにして結果失刑罪となった場合、以下の処罰が擔當吏に科せられる。ここの「辟」を審理としてしまっては、先の辟罪が釈然としない。また直後に「弗窮審」というのと重複する。二年律令「行書律」に「諸獄辟書」というのが出て来る。

「諸獄辟書五百里以上及郡縣官相付受財物當校計者書皆以郵行276」の二例のみ。

諸々の獄辟書、五百里以上及び郡縣官の相付受財物の校計に當る者の書は皆郵を以て行れ。獄關係の書は、頻繁に郡縣官を流行するが、郡縣官の財務關係書も同等に扱い郵行させる、ということだが、この獄關係の書を「獄辟書」と言っているのだろう。註釋（一七一頁）は辟を召と解し、辟召、廷が證人として召喚する書狀と解する。獄辟書をどう解するか。法に照らして某被告の犯罪に當該罪名を當てはめることではないか。

（12）「甲告乙盜牛今乙盜羊不盜牛問可論爲告不審」、輕罪を重罪で告した告不審に對して、『二年律令』一三二簡に「殺傷大父母父母及奴婢殺傷主主父母妻子自告者皆不得減告人不審所告者有它罪與告也罪等以上告者不爲不審一三二」告する所の者它の罪の告する罪と等しき以上者あれば、不審と為さず、とある。

（13）「效律」318　計用律不審而贏不備以效贏不備之律貲之而勿令賞

「秦律雜抄」334　當除弟子籍不得置任不審皆耐爲侯使其弟子贏律及治之貲一甲決革二甲

335　除弟子律

328　計用律不審而贏不備以效贏不備之律貲之而勿令賞

306　匿敖童及占㾝不審典老贖耐●百姓不當老至老時不用請敢爲酢僞者貲

361　二甲典老弗告各一甲伍人戸一盾皆遷之●傅律

（14）『說文』、窮理罪人也、亦作鞫。〔史記、酷吏、張湯傳〕訊鞫論報。〔漢書、景武昭宣元成功臣表〕鞫獄不實。

（15）『封診式』有鞫　敢告某縣主男子某有鞫辭曰士五居某里可定名事里所坐論云可可辠赦　586

或覆問毋有遺識者以律封守當騰騰皆爲報敢告主　587

なお、早稲田大學秦簡研究會「雲夢睡虎地秦墓竹簡『対診式』譯注初稿　㈠～㈥」「史滴」十一號～十八號（一九九〇～九六年）に詳細な譯注がある。

(16)『史記』六國年表、秦始皇三十四年有「覆獄故失」を引くが、當時の司法状況に冤罪が隆盛であったと考えられているからか。

(17)張家山漢簡『二年律令』でも、

气鞫者各辭在所縣道縣道官令長丞謹聽書其气鞫上獄屬所二千石官二千石官令都吏覆之都吏所覆治廷　116

及郡各移旁近郡御史丞相所覆治移廷　117

『乞鞫（再審理）』は各々在所の縣道官に辭を述べ、令長丞は「謹聽書其乞鞫上獄屬所二千石官」すると見える。

(18)封守

鄉某爰書以某縣丞某書封有鞫者某里士五甲家室妻子臣妾衣器畜產●甲室人一　588

宇二内各有戶内室皆瓦蓋木大具門桑十木●妻曰某亡不會封●子大女子某未有夫　589

●子小男子某高六尺五寸●臣某ㇾ妾小女子某●牡犬一●幾訊典某某甲伍公士某某甲黨有　590

當封守而某等脫弗占書且有辠某等皆曰甲封具此毋它當封者?以甲封付某　591

等與里人更守之侍令　592

(19)覆

敢告某縣主男子某辭曰士五居某縣某里去亡可定名事里所坐論云可可辠赦　593

□覆問毋有幾籍亡亡及逋事各幾可日遺識者當騰騰皆爲報敢告主　594

(20)註釋『封診式』「覆」條、幾籍亡、幾次在簿籍上記録逃亡、參下『亡自出』條。逋事、見『法律答問』「可謂逋事及乏徭」條注①。

(21)『二年律令』具律一〇一簡。

（22）『漢書』巻五九、張湯傳所引注、師古曰、傳謂傳逮、若今之追逮赴逮也、爰、換也、以文書代換其口辭也、訊、考問也、鞫、窮也、謂窮覆之也、論報、謂上論之而獲報也、訊音信、師古曰、具爲治獄之文、處正其罪而磔鼠也、

（23）穴盜　爰書、某里士五乙、告曰、自宵臧乙復糸古衣一乙房内中、閉其戶、乙獨與妻丙晦臥堂上。今旦起啓戶取衣、人已穴房内斲内中、糸古衣不得、不智穴盜者可人、人數、毋它亡殹。來告。●卽令令史某往診、求其盜。令史某爰書、與鄉□□隷臣某卽乙、典丁診乙房内。房内在其大内東、比大内、南　有戶。内後有小堂、内中央有新穴、穴斲内中。穴下齊小堂、上高二尺三寸、下廣二尺五寸、上如豬竇狀。其所以埱者類旁鑿、迹廣□寸大半寸、其穴壤在小堂上、直穴播壤、柀入内中。内中及穴中外壤上有埱、手迹埱手各六所。外壤秦綦履迹四所、袤尺二寸。其前稠綦袤四寸、其中央稀者五寸、其踵稠者三寸。其履迹類故履。内北有垣、垣高七尺、垣北卽巷殹。垣北去小堂北唇丈、垣東去内五步、其上有新小壞、壞直中外、類足歫之迹。皆不可爲廣袤。小堂下及垣外地堅、不可迹。不智盜人數及之所。内中有竹柖、柖在内東北、東、北去廦各四尺、高一尺。乙曰、□結衣柖中央。
●訊乙、丙、皆言曰、乙以迺二月爲此衣、五十尺帛裏、絲絮五斤[裝]、繆繒五尺緣及殿。不智盜者可人及蚤莫、毋意殹。
●訊丁、乙伍人士五□、曰、見乙有結復衣、繆緣及殿、新殹。不智其裏□可物及亡狀。
●以此直衣賈。

（24）張家山漢簡『二年律令』具律、一二四頁。
485　●囚律、劾人不審爲失、以其贖半論之。
『懸泉地漢簡』一二簡　失刑罪は告劾相當罪の贖の半分。

（25）記兩件出土的刑獄木牘　古文字研究第二十四輯　劉昭瑞
一九八九年湖北考古工作者在雲夢縣城東郊的龍崗秦漢墓地發掘九座秦漢墓、其中六號秦墓出有一批法律簡牘、其時代稍晩于睡虎地秦墓、卽爲秦代末年。據變報告描述、葬具爲一棺一槨、棺内有一具用竹席包裹的人骨架、側身、頭北面西、不見其下肢骨、似爲男性。竹簡和木牘皆出于棺内、其中木牘一枚出于墓主腰部、長方形、長三六・五、寬三・二、厚〇・五厘米、文字墨書秦隷、正面二行、背面右上角一行三字、文字連續、緣文如下。　龍崗秦墓竹簡　十

一號墓牘。

（26） 類似の診察に「診及獄訊審」が『二年律令』に見られる。

／議禁民毋得私買馬以出扜關　隕關函谷武關及諸河塞津關其買騎軽車馬吏乘置傳馬者縣各以所買　506
名匹數告買所内史郡守内史郡守各以馬所補名爲久久馬爲致告津關津關謹以籍久案閲出諸乘私馬入而復以出若出而當
復人者　507
出它如律令御史以聞請許及諸乘私馬出馬當復入而死亡自言在縣官縣官診及獄訊審死亡皆津關制曰可　508

この史料の末部は、懸泉地漢簡「甘露二年丁酉朔己未」の懸泉置の吏が診察して「纍罷亟死審」を證明したことと私馬の死亡について扱う「諸乘私馬出馬當復入而死亡自言在縣官縣官診及獄訊審死亡」私馬に乗って津關を出、馬が帰還して津關の内に入って死亡した場合、自ら所在の縣官に言わなければならない。縣官は檢診させたり獄訊（法廷で訊問）して死亡したるを「審」とする、が類似の診察であろう。

「『居延漢簡』甲乙編」、中華書局、一九八〇年。

／史商敢言之遣書鄣卒魏郡内安定里霍不職等五人□□□□□敞劔庭刺傷狀无以證不言請出入罪入辭
／乃遣書不職等辭縣□二□姓名如牒不職等□辭曰敞實劔庭自刺傷皆證所置辭審它如　三・三五（乙壹版）
／□亭隧□□里□□□□□□頭㕰　寒　不能飲
／㕰手巻足展衣白袴單□□□□取布袍長裏各一領布復褌
／□衣診視毋木索兵刃處□□□審也如爰書敢言之　二七・一B（乙貳拾版）
證任／毋牛延壽高建等過宿居界中者書　審／　三〇六・一七（甲一六二七）

などとある。《診…審》は確認できるが、『居延漢簡』では《證…審》の構文が優勢になっているのかも知れない。

（27） すでに爰書に關しては大庭脩氏に定論があるが、『封診式』の訊獄冒頭で「縣丞の敢言主」から「爰書」を引き、令史往執、若しくは令史往診を指示し、その結果を「令史某爰書」として受け、爰書の報告を引用する文書講造が確認された。また、「敢言之」「敢讞之」「敢言主」の構文では、爰書を引用することもあれば、告劾者の言を爰書と稱せずに引用する。爰書の稱を省略したといえばそれまでだが、何か発言者が直接文書を起こし、文書を発した場合、特に縣丞が令史や、共謀、識者に指令するときの「以丞某書」という場合、爰書の稱はないようである。『奏讞書』の多くは縣令が案例の疑罪を奏讞する型式で、日時、「敢讞之」ではじまり、「敢讞之」で締め、「謁報」とか「吏當」を末尾に附帯させたりして、ほとんどが爰書を稱しない。こうして爰書は下級官署から上程される文書で、公文書の主文に引用するときに「爰書」と稱するのではないか、と言う疑問を抱くようになった。

大庭脩「爰書考」『秦簡法制史の研究』創文社、一九八七年、第五編「公文書に關する研究」第二章所收。籾山明「爰書新探―漢代訴訟論のために―」東洋史研究第五一巻第三號。鷹鳥祐司「漢代の裁判文書「爰書」―戍卒による売買を手掛かりとして―」「史林」八〇巻六號、一九九七年。

（追注）『二年律令』具律の、告の對象としてについて、訊鞫審問の故意の過誤による吏の不正、吏の失刑罪、刑徒の誤送警護中の過誤による失踪などの犯罪名の列擧されるその冒頭に、「告之不審」と言う用法が見られる。

告告之不審鞫之不直故縱弗刑若論而失之及守將奴婢而亡之篡遂縱之及律令中曰同灋同罪其所　107

與同當刑復城旦舂及曰黥之若鬼薪白粲當刑爲城旦舂及刑畀主之罪也皆如耐罪然其縱之而令亡城旦　108

舂鬼薪白粲也縱者黥爲城旦舂　109

江陵張家山漢墓出土（二年律令）譯注稿その「一」「三國時代出土文字史料の研究」班。參照。この條、構造的は「告――及――及――及――及――也、皆如耐罪然」。及を接續詞として告の對象犯罪、當該刑名の列擧し、それ全體を對象として告を爲す。

張建國「張家山漢簡《具律》一二一簡排序辨正――兼折相關各條律文――」。

一二一簡を一〇七簡に接續して解讀する提案。

一二一簡「……其證不言請、誣」を「一〇七簡「告、告之不審鞫之不直……。」として、讀めなかった冒頭の「告」を「誣告」として兩簡にまたがる罪名の羅列として再現する。（Webnet「簡帛研究」所載）

曹魏・西晋期における中級指揮官について

――都督の支配構造に関する一考察――

森本　淳

はじめに

軍事制度について研究するにあたっては、それが国家制度とどのように関わりを持つのかという上部構造の問題、実際にどのように軍隊が運用されていたのかという中間層の問題、そして軍隊を構成する兵士がどのような存在であったのかという兵源の問題、大きく分けてこの三点が主要な課題となろう。しかし、曹魏・西晋期にあたっては、第一の点は「都督制」を中心に[1]、第三の点については曹魏の兵戸制・孫呉の世兵制からの研究がある[2]ものの、第二の点についてはごく限られた点からしか述べられてこなかったように思われる[3]。

曹魏・西晋期の軍事制度についてみるとき、『続漢書』・将軍の條や『通典』・職官典を引用するまでもなく、「四征」将軍・都督を頂点とする軍事組織の中に、さらに中・下級の軍事官僚が数多く認められ、軍隊組織が少なくとも理念上は相当秩序だった系統を持っていたことは言を俟たない。そしてその中にあって、「都督」と「兵」の間、すなわち主将[4]と末端の兵卒との間には、両者を結び、軍隊を機能的に運営するために多くの軍事官僚が存在していたことが確認できる[5]。

本稿ではこのうち文書行政を主とする軍事行政官ではなく、実際に軍事行動を起こすに当たって兵卒を率い、主将の意図を行動に結びつけるべく機能する、中級の軍事指揮官について考察を加えたい。これまでこういった面については、小尾孟夫氏も指摘するように、(6) わずかに宮川尚志氏の研究があるのみであり、(7) 近年、山口正晃氏の論稿に言及がみられるものの、(8) これも都督制全体について扱う中で、中級指揮官についても述べられているのであって、中級指揮官そのものを関心の中心とするものではない。

すなわち、制度上にみられる中級指揮官が、いかに機能し、軍事行動にどのような影響を与えたのか、主将とどのような関係にあったのか、こういった点について、曹魏・西晋期についてはほとんど触れられてこなかったと言ってよかろう。

筆者はこれまでに、曹魏政権の軍事体制の変遷から政権の実態に迫ろうと試みてきた。それは六朝期において、国家体制・皇帝権力が未だ安定したものではあり得ない以上、軍事権力の掌握こそが体制を維持する基盤であり、国家構造の解明の手がかりたり得ると考えたからである。しかし、これまでに扱ったのは軍事機構の上部に属する部分（曹操軍団の主要武将や曹魏王朝における都督人事の変遷）でしかなかった。(9) しかし政権基盤の実態に迫ろうとするならば、上部構造の変化が下部構造との関係性にいかなる影響を及ぼしたのか、ということも視野に入れる必要があろう。

かかる問題意識から、本稿では主将と実働部隊との間に立つ、中級指揮官について考察を加えてみたい。

一　偏裨将軍

周知のように、魏晋の軍事制度の基礎となったのは曹操軍団のそれである。曹操軍団における中級指揮官は、その拡大に即して司馬から校尉・都尉、さらには偏将軍・裨将軍を経て雑号将軍へと変遷していった。(10)しかし、これらの中でも特に、後漢の軍制以来、主将（某将軍）の下で副将として中級指揮官の役割を担ったのは偏将軍・裨将軍であった。(11)しかし、曹魏王朝の成立と前後して偏裨将軍の名称は次第に史料上にみられなくなっていく。

かといって魏王朝創建後にこれらの将軍号が廃されてしまったわけではないことは、『魏志』巻九夏侯淵伝注引の『魏略』に、

魏略曰、霸字仲權。淵爲蜀所害、故霸常切齒、欲有報蜀意。黄初中爲偏將軍。

とあり、同曹真伝に、

曹真字子丹、太祖族子也。太祖起兵、真父邵募徒衆。爲州郡所殺。太祖哀真少孤、收養與諸子同、使與文帝共止。常獵、爲虎所逐、顧射虎、應聲而倒。太祖壯其鷙勇、使將虎豹騎。討靈丘賊、拔之、封靈壽亭侯。以偏將軍將兵、擊劉備別將於下辯、破之。

とあり、同巻一八張遼伝に、張遼の子・張虎のこととして、

虎爲偏將軍、薨。

とあり、建安末から黄初年間にかけて偏将軍の存在が確認される。また、その後も『晋書』巻八二虞溥伝に、

虞溥字允源、高平昌邑人也。父祕、爲偏將軍、鎮隴西。溥從父之官、專心墳籍。時疆場閲武、人爭視之、溥未嘗寓目。郡察孝廉、除郎中、補尚書都令史。尚書令衛瓘、尚書褚䂮並器重之。(12)

とあることから曹魏王朝中頃にも存在したことがうかがわれ、さらに、『晋書』巻九九桓玄伝に、

隆安初、詔以玄督交廣二州・建威將軍・平越中郎將・廣州刺史・假節、玄受命不行。其年、王恭又與庾楷起兵、討江州刺史王愉及譙王尚之兄弟。玄仲堪謂恭事必克捷、一時響應。仲堪給玄五千人、與楊佺期爲前鋒。

軍至湓口、王愉奔於臨川、玄遣偏將軍追獲之。

とあることから、東晋に至っても偏将軍が存在したことが確認できる。

このように、偏将軍は晋代に至るまで存続していたことは疑いない。しかし、草創期の曹操軍団においては重臣がその任に当てられていたにもかかわらず(13)、曹魏王朝成立後には、その位階は、『宋書』百官志に、

凌江將軍、魏置。自凌江以下、則有宣威、明威、驤威、驩威、威厲、威寇、威虜、威戎、威武、武烈、武毅、武奮、綏遠、綏邊、綏戎、討寇、討虜、討難、討夷、蕩寇、蕩虜、蕩難、蕩逆、殄寇、殄虜、殄難、掃夷、掃寇、掃虜、掃難、掃逆、厲武、厲鋒、虎威、虎牙、廣野、横野、偏將軍、裨將軍、凡四十號。

とあるように、激増した雑号将軍の中でも最も下位に位置づけられる存在と成り果ててしまったのである。

かかる現象を引き起こした要因はなんであるのか。それはこの時期における軍事態勢の変化に求められよう。元来、その名称が端的に示しているように(14)、偏裨将軍は、ある固定した主将の下で副将をつとめるものであった。これは、後漢の制では基本的に将軍は「不常置」の官であり、軍事行動が予定されるにあたって、その規模にあわせて編成されるものであったことに由来する。すなわち、偏裨将軍は本来、ある固定の主将の下で「副将」をつとめることを前提とした名称の将軍号であったのである。それ故にこそ、未だ規模の小さい初期の曹操軍団においては車騎将軍曹操の「副将」として機能し得たのである。しかし、次第に軍の規模が大きくなり、他の軍閥の軍隊も吸収するようになってからは、状況が異なってくる(15)。雑号将軍が増加し、さらに『魏志』巻二三趙儼伝に、

復爲丞相主簿、遷扶風太守。太祖徙出故韓遂馬超等兵五千餘人、使平難將軍殷署等督領、以儼爲關中護軍、盡統諸軍。羌虜數來寇害、儼率署等追到新平、大破之。屯田客呂並自稱將軍、聚黨據陳倉、儼復率署等攻之、賊即破滅。時被書差千二百兵往助漢中守、署督送之。

とあるように、雑号将軍らに降卒がそのままあずけられ、平難将軍の殷署が千二百の兵を率いて漢中に移動させられたように、それがそのまま一軍として機能するようになったのである。また、『魏志』巻一七徐晃傳に

復遣晃助曹仁討關羽、屯宛。會漢水暴隘、于禁等沒。羽圍仁於樊、又圍將軍呂常於襄陽。晃所將多新卒、以羽難與爭鋒、遂前至陽陵陂屯。太祖復還、遣將軍徐商、呂建等詣晃、令曰「須兵馬集至、乃前。」賊屯偃城。晃到、詭道作都塹、示欲截。其後、賊燒屯走。晃得偃城、兩面連營、稍前、去賊圍三丈所。未攻、太祖前後遣殷署、朱蓋等凡十二營詣晃。

とあるように、各地に将軍の率いる軍営が駐屯し、状況に合わせて、それが移動させられて各地の主将の指揮下におかれた状況が看取される。(16) 同様な例は史料中に散見されるが、このような体制の下では、中・下級の将軍が、固定した将軍の副官である偏将軍・裨将軍といった名称を与えられることはふさわしくなかったに相違ない。状況次第で従う主将が入れ替わるのであるから、その元来の名称にそぐわないからである。

それでは、存続しながらも史料上にほとんどみられなくなった偏裨将軍にはどのような役割が与えられたのであろうか。

『魏志』巻四三少帝紀・高貴郷公髦・甘露二年五月乙亥の条に、

詔曰、諸葛誕造構逆亂、迫脅忠義、平寇將軍臨渭亭侯龐會、騎督偏將軍路蕃、各將左右、斬門突出、忠壯勇烈、所宜嘉異。其進會爵鄉侯、蕃封亭侯。

とあり、路蕃の官が「騎督偏将軍」とされている。騎督とは『魏志』巻九曹仁伝に、

遂從太祖爲別部司馬、行厲鋒校尉。太祖之破袁術、仁所斬獲頗多。從征徐州、仁常督騎、爲軍前鋒。

とあるように、本来他に本官を持った上で「騎を督する」職であり、(17)『後漢書』董卓伝注引の『九州春秋』に、

卓、以東郡太守胡軫大督、呂布爲騎督。

とあるように後漢末に新設された、都督制度の一角を担う、後漢の軍事制度に淵源を持たない新たなる職である。それ故、本来新設の職である騎督自体では領兵権はなく、路蕃もまた「領軍」の官たる偏将軍を帯領しなければならなかったのではなかろうか[18]。なお、騎督については後述する。

また、裨将軍については、管見の限り、曹魏王朝成立後以降は史書の上には見られないものの、有名な「毌丘倹丸都山紀功碑残碑」に、幽州刺史加度遼将軍領護烏丸校尉であった毌丘倹が高句麗征討に赴いたときの軍事編成が記されており、中に二名の行裨将軍の存在が確認される[19]。ここにいう「行裨將軍領玄」とは『魏志』巻二八毌丘倹伝および巻三十東夷傳・夫餘の条にある玄兎郡太守王頎を指すものと考えて間違いあるまい[20]。

さらに「毌丘倹丸都山紀功碑残碑」では、行裨將軍領玄（兎太守王頎）と表現され、『魏志』では玄兎太守と表記される王頎が、『北史』巻高麗傳では

（毌丘）倹使將軍王頎追之。

と、表記されていることも王頎が行裨将軍であったことの傍証となろう。

すなわち、本来領兵権のない郡太守の軍事行動に当たっては、裨将軍という軍事官が行官として与えられていたと考えられるのである。

『通典』の職官典・魏官置九品の条により周知のように、州刺史には領兵刺史と単車刺史の区別がある。また、曹魏においては、当初、軍事と行政との間に、少なくとも理念上は、明確な一線が引かれていた[21]。にもかかわらず単車刺史（将軍号を加えられない刺史）が軍事行動をとることが史上には散見する。この現象は一般に「常に戦時状況であった当時においては、将軍号を持たない刺史でさえ軍事行動を行っていた」と理解されている[22]。すなわち、州刺史の軍事行動が常態化している三国鼎立期において、本来領兵権を持たない刺史に対しては軍事行動の正当性を与えるべく「加某々将軍」と将軍号を加えることが多々行われていたことは、史書に多見するし、それ

が領兵刺史と称されるものであろう。しかしその他に将軍号が加えられていない単車刺史にあっても時に軍を率いるという見方である。(23)

しかし、ここでみてきたように、実際には軍事権を持たない官僚が軍事行動に参画する場合には、「行官」という形で軍事官が与えられていたと考えられる。(24)すなわち、後漢以来の中級指揮官であった偏将軍・裨将軍は、本来領兵権を持たない官職が、それは刺史や太守といった行政官などであり騎督のような新設の（監軍）職であるが、状況によって軍事行動に携わる必要が生じた場合に、領兵権を与えるために「行官」として加えられる軍事官としての性格を強めていったと考えられるのである。(25)

こうして「領軍」のための「行官」として帯領させられる軍事官（の一部）となった偏将軍・裨将軍は史料上には次第に見られなくなって行く。史料上にはやはり本官が現れる場合が多いからである。それでは、偏裨将軍がそのように形態を変えた以上、各地に点在して駐屯していた軍営は全て雑号将軍により統括されるようになったのであろうか。それは考え難い。『宋書』百官志には四〇号将軍は無定員とはあるものの、史料上から同時期に同じ雑号将軍が存在していたことを確認することは、曹魏の段階では困難である。むしろ并州刺史と多く結びつく振威将軍(26)や主として郡太守と多く結びつく討寇将軍(27)など、将軍の間に厳しい序列がしかれていたことが予想される。これは、急増した雑号将軍を、官品により差違付けを行ったため、個々の将軍間の上下関係が不分明となり、将軍号の位置関係を秩序基準とせざるを得なかったことを示すのではないか。曹魏の軍閥性を強く体現している措置といえよう。しかし、後漢以来の軍制が崩れ、偏裨将軍がその名称故に次第に歴史の表舞台から姿を消したとはいえ、常に戦時状態であり、全土の各地に軍営を駐屯させる必要上、雑号将軍のみでは総ての軍営を掌握することは不可能であった。それゆえ、新たに普遍的中級指揮官として現れたのが牙門将や騎督・護軍である。次節以下では、これら新しい中級指揮官について考察する。

二　牙門将

第二、三節では牙門将・騎督及び護軍を取り上げる。なんとなれば、偏裨将軍が上述のような変化を遂げた後、軍制の変化もあって、雑号将軍を中心とする多数の中級指揮官が現れるが、『通典』・兵典に引く「後漢魏武軍令・歩戦令」に、

臨陣、牙門將・騎督明受都令。

とあり、牙門将と騎督が最前線にあって兵の進退を司る重要な官だからである(28)。また、性格は異なるものの、後述のように、護軍もまた一軍を率いて戦いに参加する官である。

「牙門」という言葉については、『後漢書』巻七四袁紹傳、『資治通鑑』巻六〇漢紀五二・献帝初平三年の条がほぼ同様の注を付けており(29)、本来、軍営の牙門旗を指す言葉である。しかし、胡三省は同時に『資治通鑑』巻六四漢紀五六・献帝建安九年の条に注して、

孫權聞亂、從椒丘還。至丹陽。悉族誅覽・員餘黨、擢高・嬰爲牙門。牙門、將也。其餘賞賜有差。

としているように、史料上に「牙門」と現れるものが、牙門旗を意味するのではなく、実際には牙門将を指すことが多い。まずは、この牙門将の実態について、少ない史料からではあるが探求を試みる。

まず、その官品であるが、『通典』職官典・魏官置九品の条・第五品に、

鷹揚、折衝、輕車、虎烈、宣威、威遠、寧遠、伏波、虎威、淩江等將軍、太學博士、將兵都尉、牙門將、騎督。

とあり、牙門将・騎督は第五品であるが同じく第五品の雑号将軍とは分けて記載されており、同じく『通典』職

官典・雑号将軍の条では、最末尾に、

牙門將。冠服與將軍同。魏文帝黄初中置。

とあることから、牙門将は雑号将軍とは区別されるものの冠服は将軍と同じものであったことが判る。(30) この点をさらに突き詰めてゆくと、『宋書』礼志に、

牙門將、銀章青綬。朝服、武冠。騎都督、守、銀印青綬。武冠。

とあり、同じく『宋書』礼志に、

鷹揚、折衝、輕車、揚烈、威遠、寧遠、虎威、材官、伏波、淩江諸將軍、銀章青綬。給五時朝服、武冠。

とあるように、雑号将軍とほぼ均しい扱いを受けており、事実、『晋書』巻四十二王濬伝に

時有八百餘人、緣石頭城劫取布帛。臣牙門將軍馬潛即收得二十餘人、并疏其督將姓名、移以付浚、使得自科結、而寂無反報、疑皆縱遣、絶其端緒也。

とあり、牙門将軍とも呼ばれていたことが明らかである。(騎督もまた正式には騎都督である。)

しかし、同時に、『宋書』樂志に、

魏晉世、又假諸將帥及牙門曲蓋鼓吹、斯則其時謂之鼓吹矣。魏晉世給鼓吹甚輕、牙門督將五校、悉有鼓吹。

と記されるように、将軍に属するクラスの武官では最下級のものとされていたことが理解される。

このように、牙門将は最下級の将軍であり、そのためその数も最も多く、「魏武歩戦令」から、兵卒との関係も最も密接であったと思われる。さらに、史料上ただ「将軍」とのみ記されることの多い雑号将軍と違って、牙門将であることが確認できる上、史料に現れる数も比較的多い。それ故、中級指揮官の役割をみる上で最も有益であると考えられる。まずはその設置形態からみてみよう。

牙門将に対する最も有名な史料に、『魏志』巻九夏侯尚伝附伝夏侯玄伝注引『世語』の、

世語曰、玄世名知人。爲中護軍。拔用武官、參戟牙門、無非俊傑、多牧州典郡。立法垂教、于今皆爲後式。

がある。同時に、同傳注引『魏略』には、

魏略曰、玄既遷、司馬景王代爲護軍。護軍總統諸將、任主武官選擧。前後當此官者、不能止貨賂。故蔣濟爲護軍時、有謠言、欲求牙門、當得千匹。百人督、五百匹。

と、あるように、牙門将はあくまで護軍将軍の選にかかるものであり、すなわち曹魏の「中央軍」とりわけ「外軍」に所属するものであったことがうかがえる。(31) そしてより具体的な形態は、『魏志』巻二八毌丘儉伝注引『魏書』に記された文欽の伝などからある程度うかがうことができる。

魏書曰、欽字仲若、譙郡人。父稷、建安中爲騎將、有勇力。欽少以名將子、材武見稱。魏諷反、欽坐與諷辭語相連、及下獄、掠笞數百、當死、太祖以稷故赦之。太和中、爲五營校督、出爲牙門將。欽性剛暴無禮、所在倨傲陵上、不奉官法、輒見奏遣、明帝抑之。後復以爲淮南牙門將、轉爲廬江太守、鷹揚將軍。王淩奏欽貪殘、不宜撫邊、求免官治罪、由是徵欽還。曹爽以欽鄉里、厚養待之、不治欽事。復遣還廬江、加冠軍將軍、貴寵踰前。

ここから、牙門将は「材武」のものが選ばれること、淮南郡に置かれていたことが理解される。次いで太守加雑号将軍へと進める地位にあった、ということも。

さらに、『魏志』巻二十六牽招傳の、

時比能已還漠南、招與刺史畢軌議曰、胡虜遷徙無常。若勞師遠追、則遲速不相及。若欲潛襲、則山溪艱險、資糧轉運、難以密辦。可使守新興、雁門二牙門、出屯陘北、外以鎮撫、令兵田、儲畜資糧、秋冬馬肥、州郡兵合、乘釁征討、計必全克。未及施行、會病卒。

からも、新興郡と雁門郡の二つの郡に牙門将が設置されていたこと、それが必ずしも郡治近辺に駐屯せねばならないのではなく、状況に応じて離れて駐屯することが可能であったことが分かろう。すなわちまずは同じく第五品の郡太守と同レベルで、郡に準じて置かれていたことが判明するのである。

また、『魏志』巻四三少帝紀の太和五年夏四月の条注引の『魏略』に、

魏略曰、特字子產、涿郡人。先時領牙門、給事鎮東諸葛誕、誕不以爲能也、欲遣還護軍。會毌丘儉代誕、遂使特屯守合肥新城。及諸葛恪圍城、特與將軍樂方等三軍、衆合有三千人、吏兵疾病及戰死者過半、而恪起土山急攻、城將陷、不可護。特乃謂呉人曰、今我無心復戰也。然魏法、被攻過百日而救不至者、雖降、家不坐也。自受敵以來、已九十餘日矣。此城中本有四千餘人、而戰死者已過半、城雖陷、尚有半人不欲降、我當還爲相語之、條名別善悪、明日早送名、且持我印綬去以爲信。乃投其印綬以與之。呉人聽其辞而不取印綬。不攻。頃之、特還、乃夜徹諸屋材柵、補其缺爲二重。明日、謂呉人曰、我但有鬪死耳。呉人大怒、進攻之、不能拔、遂引去。朝廷嘉之、加雜號將軍、封列侯、又遷安豊太守。

とある。

牙門将として鎮東将軍の諸葛誕に「給事」したということは、牙門将は州郡に属するのではなく、都督である鎮東将軍の管轄にあったことが判り、その人事についても都督に強い権限があったことがうかがえる。さらに、牙門将が郡レベルのみならず、前述と同様に、対呉の重要拠点である合肥の新城のような、重要地点の守備のために置かれることがあったことも判明する。似通った例として、西晋の事例ではあるが、『晋書』巻五十七馬隆傳に、

太康初、朝廷以西平荒毀、宜時興復、以隆爲平虜護軍、西平太守、將所領精兵、又給牙門一軍、屯據西平。時南虜成奚每爲邊患、隆至、帥軍討之。虜據險距守、隆令軍士皆負農器、將若田者。虜以隆無征討意、御衆稍怠。隆因其無備、進兵撃破之。畢隆之政、不敢爲寇。

とあり、西平の復興のために太守馬隆の率いる（平虜護軍としてか）精兵の他に、さらに牙門将が一軍授けられたこともある。[32]これは、先にみた「毋丘儉丸都山紀功碑残碑」において高句麗征伐に向かう毋丘儉が特に七人の牙門将を督していたこととも一致する。牙門将の率いる軍営が、軍隊の一つの基本単位と考えられていたことを明示している。このように、雑号将軍以外にも牙門将に率いられた軍営が各地に駐屯していたことが想定できるのである。

すなわち、牙門将は、①郡と同レベルで各地に置かれていたが、②平時は州郡に属するのではなく中央軍である都督と深い関わりがあり、[33]③郡治以外にも各地に、特に辺郡や国境の重要地点に軍営を持ち駐屯していた、ことが確認されるのである。

そして、もう一点強調しておきたいのが、西晋時代の例となるが、先にみた『晋書』巻四十二王濬伝において、軍律違反者に対して王濬が牙門将の馬潛をして取り締まらせていることからも分かるように、牙門将がその主将の最も信任を受けるものであったということである。[34]こういった点について注目しつつ、牙門将が、上級指揮官である主将との間に、どのような関係を築いていたのか、幾つかの例についてみていこう。

『晋書』巻四十二唐彬伝には、

初、鄧艾之誅也、文帝以艾久在隴右、素得士心、一旦夷滅、恐邊情搔動、使彬密察之。彬還、白帝曰、鄧艾忌克詭狹、矜能負才、順從者謂爲見事、直言者謂之觸迕。雖長史司馬、叅佐牙門、答對失指、輒見罵辱。處身無禮、大失人心。又好施行事役、數勞衆力。隴右甚患苦之、喜聞其禍、不肯爲用。今諸軍已至、足以鎮壓內外、願無以爲慮。

とあり、長史・司馬・参軍事・書佐とならんで牙門将が主将と個人的な紐帯を結ぶ対象としてあげられている。

また、以下は西晋代の話になるが、『晋書』巻六十六劉弘伝には、

以弘代爲鎮南將軍・都督荊州諸軍事、餘官如故。弘遣南蠻長史陶侃爲大都護、參軍蒯恒爲義軍督護、牙門將皮初爲都戦帥、進據襄陽。

とあり、劉弘が襄陽に移る前から皮初が配下の牙門将であったことがうかがわれ、さらに「都戦帥」としていたことから、劉弘の皮初に対する信任が深かったことが判る。また、『魏志』巻十五劉馥伝注引『晋陽秋』には、

時帝在長安、命弘得選用宰守。徵士武陵伍朝高尚其事、牙門將皮初有勳江漢、弘上朝爲零陵太守、初爲襄陽太守。詔書以襄陽顯郡、初資名輕淺、以弘婿夏侯陟爲襄陽。弘曰、夫統天下者當與天下同心、治一國者當與一國推實。吾統荊州十郡、安得十女婿、然後爲治哉。乃表、陟姻親、舊制不得相監臨事、初勳宜見酬。報聽之、衆益服其公當。

ともあり、再び皮初への信任が確認できると同時に、先にもみたように、牙門将は郡太守と同格のものであったことがうかがわれよう。特に、辺郡のみならず襄陽のような軍政の要地においても同様であったのである。

さらに、『晋書』巻八十六張軌伝附伝張寔伝には、

時南陽王保謀稱尊號、破羌都尉張詵言於寔曰、南陽王忘莫大之恥、而欲自尊、天不受其圖籙、德不足以應運、終非濟時救難者也。晉王明德昵藩、先帝憑屬、宜表稱聖德、勸即尊號、傳檄諸藩、副言相府、則欲競之心息、未合之徒散矣。從之。於是馳檄天下、推崇晉王爲天子、遣牙門蔡忠奉表江南、勸即尊位。是歳、元帝即位于建鄴、改年太興、寔猶稱建興六年、不從中興之所改也。

とあり、張寔が司馬睿に即位を進めるという大事にあたって、使者として送ったのも牙門将の蔡忠であった。その信任度がうかがえよう。

この他に、先述(35)の少帝紀注引『魏略』の張特が牙門将として諸葛誕に認められず護軍の下に帰されようとし、次の毌丘倹の時には重用されていることや、先述の『晋書』巻四十二王濬伝においての王濬の牙門将・馬潜に対

する信頼から(36)も、牙門将とその主将との間に、個人的に強い紐帯・信頼関係が結ばれることが往々にしてあったことが理解されよう。

次いで、牙門将とその兵卒との関係をみよう。それを直截に表す史料は管見の限り見つからないものの、『晋書』巻五七張光伝に、

張光字景武、江夏鍾武人也。身長八尺、明眉目、美音聲。少爲郡吏、家世有部曲、以牙門伐將呉有功、遷江夏西部都尉、轉北地都尉

と、はっきりと「家世有部曲」であった張光が牙門将となったと書かれている。伐呉以前の話であるから曹魏から西晋への革命前後のことである。

さらに、『晋書』巻三武帝紀・泰始九年の条には、

夏四月、置後將軍、以備四軍。六月、益州牙門張弘誣其刺史皇甫晏反、殺之、傳首京師。弘坐伏誅、夷三族。

とあり、益州の牙門将張弘が刺史の皇甫晏を殺害するという事件が起きており、『晋書』巻五懐帝紀・永嘉六年の条と、同巻一百杜曾伝には、

六年春正月、帝在平陽。劉聰寇太原。故鎮南府牙門將胡亢聚衆寇荊土、自號楚公。

會永嘉之亂、荊州荒梗、故牙門將胡亢聚衆於竟陵、自號楚公。

と、永嘉の乱の混乱に同調して、もとの鎮南将軍府の牙門将であった胡亢が自立を図っている。張弘と胡亢も私的な兵を率いていたと考えるのが妥当であろう。

これらの三例から牙門将の新たな一面がみえてこよう。すなわち、本来は「外軍」として「中央軍」に属していた牙門将だが、地方においては自らの部曲を有するものが牙門将に任じられていたと言うことである。「外軍」の将領としての面の他に、牙門將はいわば地域密着型として配下の兵(そしてそれは私的な兵であることが多いが)を

掌握していたということがいえるのである。

上述の三例はいずれも魏晋交代期に現れた例であるが、実はこのような状況は曹魏中期にはすでに始まっていたものと考えられる。例えば、すでに司馬懿の遼東征伐に胡遵が従った時のこととして、『晋書』巻五十七胡奮伝に、

胡奮字玄威、安定臨涇人也、魏車騎將軍陰密侯遵之子也。奮性開朗、有籌略、少好武事。宣帝之伐遼東也、以白衣侍從左右、甚見接待。

と、胡遵と共に子である胡奮が白衣で参加している。これは胡遵が率いていた兵が私的な部曲であった可能性を示唆すると同時に、胡遵個人にとどまらず、安定の胡氏と司馬氏との関係がこの頃から始まったことを表していよう[37][38]。

さらに、直接牙門将の名称が現れてはこないが、『魏志』巻三明帝紀注引『魏略』に、

魏略曰、先是、使將軍郝昭築陳倉城。會亮至、圍昭、不能拔。昭字伯道、太原人。爲人雄壯、少入軍爲部曲督、數有戰功、爲雜號將軍。遂鎮守河西十餘年、民夷畏服。

とある。郝昭が牙門将になったことは記されていないが、その部曲督から雑号将軍に至るまでの十余年間に牙門将を経たであろうことは想像に難くない。そして、ここで注目されるのは、その十余年間ずっと河西に鎮していた、ということである。これは最初にみた文欽らの経歴と異なる。そして、「民夷畏服」とあるが、これだけの期間である、当然兵卒との関係も密接なものであったことは疑いない。

こうしてみてくると、さらに、牙門将のような中級指揮官の二つの側面が見て取れる。すなわち、⑤一面では一人の主将の下でその移動に伴う、主将の腹心としての面。もう一面としては、⑥私兵を率いることも多く、兵卒と主将との結節点となっている姿である。

さらに、西晋代に近くなると、張光や張弘の例のように私兵（部曲・家兵）を率いたもの、すなわち土着的な勢力が牙門将に任じられていることも指摘できる。このような状況は、本来「中央軍」の地方駐屯軍であった「外軍」が次第にその性質を土着的なものに変えつつあったことを示していよう。制度上には現れないこのような変質にも目を向けねばなるまい。

三　騎督・護軍

本節では、牙門将とならんでこの時期に現れた新たな軍事職・軍事官である騎督と護軍について考察を加える。

騎督は、『晋書』巻三十五裴秀伝に、五等爵を定めたときのこととして、

（裴）秀議五等之爵、自騎督已上六百餘人皆封。

とあるように、五等爵を与えられたもののうち、最も下位のものであった。これまでみたように、牙門将と騎督はほぼ並び称されており、この時も牙門将を含め騎督以上の六百余名が封爵されたであろうことは想像に難くない。しかし、騎督が史料上に現れる頻度は牙門将のそれに比べさらに少ない。これは「騎を督する」という職掌上、歩兵を指揮する牙門将に比してその絶対数が少なかったことを物語っていよう。[39]さらに、ここで想起されるのが宮川尚志氏の「軍主の領職を有する将軍は上級の将軍に所属して戦争に参加する。ゆえに正史中戦争記事では本官を略し軍主某として記されることが多い」[40]との記述である。既に第一節で「偏将軍騎督路蕃」の例を挙げたように、騎督は本来将軍が「騎を督する」場合の領職であり、騎督の場合も、本来の「領軍」の官を略して「騎督」とのみ記される場合があったということである。ただし、曹魏時期においては未だ本官である将軍の方が一般的であったために、宮川氏の論旨とは逆の現象が起こり、史料上には単に「将軍」「将」とのみ現れることが

多々あったのだと考えられよう。(41)

騎督については、山口正晃氏も挙げる、(42)『八瓊室金石補正』巻九所収の、「南郷太守郛休碑并陰」(晋泰始六・二七〇年)・碑陰において、上半分に故吏の名が記され、下半分には、まず三名の義民、次いで司馬・義武猛掾の名が記されたあとに、

郡領縣八戸萬七千百

卅

職散吏三百廿人

兵三千人

騎三百匹

参戦二人

騎督一人

部曲督八人

部曲将三十四人

とある。ここから、一郡に一人の騎督がおかれていたことがうかがえるが、(43)これは先にみた郡におかれた牙門将と共通するものである。碑の記述では騎督は郡太守の統属の下におかれていたように感じられるが、こと軍事に関しては実際はそうではない。時代は少し下るが、西晋から東晋にかけての事例として『晋書』巻八十一朱伺伝に、

朱伺字仲文、安陸人。少爲呉牙門將陶丹給使。~中略~張昌之逆、太守弓欽走灄口、伺與同輩郴寶、布興合衆討之、不克、乃與欽奔武昌。後更率部黨攻滅之。轉騎部曲督、加綏夷都尉。伺部曲等以諸縣附昌、惟本部

唱義討逆、逆順有嫌、求別立縣、因此遂割安陸東界為灄陽縣而貫焉。其後陳敏作亂、陶侃時鎮江夏、以伺能水戰、曉作舟艦、乃遣作大艦、署為左甄、據江口、摧破敏前鋒。敏弟恢稱荊州刺史、在武昌、侃率伺及諸軍進討、破之。敏、恢既平、伺以功封亭侯、領騎督。時西陽夷賊抄掠江夏、太守楊珉請督將議距賊之計、伺獨不言。珉曰、朱將軍何以不言。伺答曰、諸人以舌擊賊、伺惟以力耳。珉又問、將軍前後擊賊、何以每得勝邪。伺曰、兩敵共對、惟當忍之。彼不能忍、我能忍、是以勝耳。珉大笑。

とある。私的に部曲を集め張昌の反乱（太安二・三〇三年）に対抗した朱伺は「騎部曲督加綏夷都尉」となり、その後、陶侃に従って陳敏の乱平定（光熙元・三〇六年）に功績を挙げ、「騎督を領」した。この間陶侃のもとにあって何らかの軍事官を授けられ、それを本官としての「領騎督」なのであろう。

ついで、江夏において、太守の楊珉から西陽夷賊に対する軍事方針を問われたのが、「督将」とあることに注目したい。この「督将」と騎督とは牙門将を指すと考えてよかろう(44)。つまり、碑文に書かれた形式からわかるように、あくまで郡に所属はするものの、こと軍事に関しては牙門将と騎督がその中心となっていたことが明らかである(45)。そして、騎督の朱伺を江夏太守である楊が「将軍」と呼んでいることから、騎督もまた牙門将と並んで下級の将軍と認識されていたことを物語っている。すなわち、偏裨将軍などの「領軍」の将軍を帯領していたのではないか。

騎督についてまとまった記載は、管見の限り朱伺伝を除きみられないが、『晋書』巻三五裴秀伝附伝裴憲伝に、永嘉年間に徐州刺史として酷政を布いていた裴盾は、「良人」を挑発して兵とし、妹の夫であった東海王・司馬越に送っていたが、司馬越の死後、

越既薨、騎督滿衡便引所發良人東還。

とある。騎督の満衡がその兵を率いていたこと、彼らを見捨てることなく、ともに故郷に連れ戻ったことから、

満衡も徐州人と考えらる。

また、『晋書』巻五十九汝南王亮伝に

武帝踐阼、封扶風郡王、邑萬戸、置騎司馬、增參軍掾屬、持節・都督關中雍涼諸軍事。會秦州刺史胡烈爲羌虜所害、亮遣將軍劉旂・騎督敬琰赴救、不進。坐是貶爲平西將軍。

とあって、主将の思惑通りに動かない将軍や騎督がいたことが判る。この場合都督關中雍涼諸軍事に就任したばかりの司馬亮に対して、以前からこの方面に駐屯していた将軍・騎督たちが従わなかった可能性が指摘できよう。(46)この二例から前節末でも述べたように、地域密着型の中級指揮官が生まれていたことが看取されるのである。

また、この時期に現れた、主将を補佐する機能を持った軍事指揮官として、さらに護軍が存在する。(47)いわゆる「監軍」を主な職掌とせず、軍事指揮官として活動する護軍は、雍涼州方面に多くみられる。時期の早いものとしては、『三國志』巻一五張既伝に、涼州の盧水胡の反乱に当たって刺史の張既が派遣した、

遣護軍夏侯儒・將軍費曜等繼其後。

がみられ、(48)さらに『魏志』巻九夏侯淵伝注引の『魏略』に、夏侯淵の子である夏侯覇が、

至正始中、代夏侯儒爲征蜀護軍。統屬征西。

とあり、夏侯儒が正式には征蜀護軍であったこと、征蜀護軍は征西将軍に統属していたことが確認できる。またこの他に、征西将軍・都督雍涼諸軍事の郭淮の下に討蜀護軍の徐質がおり、(49)大将軍・都督雍涼諸軍事であった司馬懿の下に征蜀護軍の戴淩がみえ、(50)それぞれ軍事行動に従事していたことが確認できる。(51)夏侯儒が「統屬征西」とあるが、これは当時の護軍の有り様から考えて、(52)「征西将軍府に属していた」と解するよりも、軍事行動に際しては、「(征西将軍・大将軍)都督雍涼諸軍事の指揮下に入った」と考えるべきであろう。

さらに、対呉方面にも護軍が置かれていたことが確認できる。『魏志』巻廿八毌丘倹伝注引の、正元二年の反乱

に際しての毌丘倹・文欽の上奏文に、

臣與安豐護軍鄭翼・廬江護軍呂宣・太守張休・淮南太守丁尊・督守合肥護軍王休等議、各以累世受恩、千載風塵、思盡軀命、以完全社稷安主爲效。

と、安豊護軍の鄭翼・廬江護軍の呂宣・督守合肥護軍王休の名がみえている。安豊郡・廬江郡ともに対呉の最前線の郡であり、廬江郡には別に太守張休が任じられていることから、牙門将と同じく郡単位に置かれた護軍であったことが判る。また、督守合肥護軍王休とは合肥の新城を守備していた牙門将の張特と同様に戦略重要地点に配置された護軍であろう。ここで三名の護軍の名が上がっていることは注目してよかろう。彼らも対蜀方面と同様に軍事行動に際しては（鎮南将軍）都督揚州諸軍事の毌丘倹を主将として、その指揮下に入ることになっていたのであろう(53)。残念なことに彼らが率いていた兵卒との関係は不明であるが、同毌丘倹伝に、

淮南將士、家皆在北、衆心沮散、降者相屬、惟淮南新附農民爲之用。

とあることから、その兵卒が兵戸制によるものであったことは疑いない。ゆえに淮南において、護軍と兵卒との間に私的な紐帯が結ばれていたかどうかは判断できない。

四　主将と中級指揮官との関係

前節までに、中級指揮官としての牙門将や騎督・護軍についてみてきたが、本節では、中級指揮官と主将との関係について若干の考察を試みたい。その際、牙門将や騎督・護軍に限らず、雑号将軍なども含め、中級指揮官と思われるものと主将との関係からも言及する。なんとなれば、牙門将・騎督はあまりに史料上に現れる頻度が少なく、それのみからでは、主将との関係を詳細にうかがうことができないからである。また、黄初中におかれ

たといわれるように、曹魏政権の初期においては必ずしも牙門将という制度は固定化しておらず、その他の中級指揮官と思われるものが多々みられるからでもある。これらも人間関係考察の上には一定の示唆を与えてくれるであろう。

このように考えた場合、主将との関係についてもっとも興味深いのは次の事例である。すなわち、『魏志』巻九曹仁伝に、

従平荊州仁行征南將軍、留屯江陵、拒呉將周瑜。瑜將數萬衆來攻、前鋒數千人始至、仁登城望之、乃募得三百人、遣部曲將牛金逆與挑戰。賊多金衆少、遂爲所圍。長史陳矯在城上、望見金等垂沒、左右皆失色。仁意氣奮怒甚、謂左右取馬來、矯等共援持之。

とあり、行征南將軍であった曹仁の部曲將として牛金という人物が現れるが、彼はその後、『晋書』巻一宣帝紀に、

與亮遭遇、帝列陣以待之。使將牛金輕騎餌之〜中略〜遣將軍胡遵雍州刺史郭淮共備陽遂〜中略〜（青龍）三年、遷太尉、累增封邑。蜀將馬岱入寇、帝遣將軍牛金擊走之、斬千餘級。〜中略〜景初二年、帥牛金、胡遵等歩騎四萬、發自京都。車駕送出西明門、詔弟孚、子師送過溫、賜以穀帛牛酒、敕郡守典農以下皆往會焉。

とあり、司馬懿の下で將・將軍として現れている。この間の経過を推測するならば、荊州方面に駐屯する「中央軍」（「外軍」）の部曲將であった牛金は、その後主將が、曹仁から夏侯尚、さらに驃騎將軍・都督荊豫諸軍事となった司馬懿へと遷る間荊州方面の都督に従っていたと考えられる。そして司馬懿の都督雍涼諸軍事への轉任に伴って、ともに雍涼州方面へ遷り、さらに遼東征伐にまで従ったのであろう。この時「將」とのみ表記される牛金が部曲將から牙門將、あるいはすでに雑号將軍に遷っていたのか定かではないが、その後「將軍」と表記されることから牙門將であった可能性が高い。また、ここで問題となるのは、なぜ牛金が常に司馬懿とともに移動して

いるのか、ということである。これはそれまでの司馬懿の経歴と関係があろう。

司馬懿の細かな前歴は前稿に譲るが(55)、それまで中央官を歴任したなかで、突如地方鎮撫のために出鎮を命じられた司馬懿の下には、当然手足となる中級軍事指揮官は存在しなかったに違いない。その司馬懿を補佐したのが、すでに曹仁の下で部曲将を務めて以来の実戦指揮官としての経歴を持つ牛金であったのであろう。そしてその後ずっと司馬懿の下にあって中級指揮官として実戦指揮に当たったと考えられる(56)。

また、この史料では安定郡を本貫とする胡遵が司馬懿に従って遼東に赴いていることも注目される。ここに、「歩騎四萬、發自京都」とあり、また『魏志』巻三明帝紀に

初、帝議遣宣王討淵、發卒四萬人。議臣皆以爲四萬兵多、役費難供。帝曰、四千里征伐、雖云用奇、亦當任力、不當稍計役費。遂以四萬人行。

とあり、司馬懿の率いた四万の軍が、雍涼州からそのまま率いてこられたものではなく、「中軍」を与えられたものであったこと、さらに、同注引の『毋丘倹志記』に、

時以倹爲宣王副也。


とあって遼東方面の駐屯軍が含まれていたことも確認できる。

であるならば、司馬懿が牛金と胡遵を率いたのは、都督雍涼諸軍事として自らが信任している実戦指揮官を、わざわざ遼東へと伴っていったと考えることができるのである。

このような、主将と実戦指揮官との人間関係については、反乱計画時に特によくその特長が現れる。まずは揚州における、太尉・都督揚州諸軍事であった王淩の反乱未遂事件の事例をみよう。『魏志』巻二八王淩伝によると王淩とその外甥・令狐愚が、嘉平元年（二四九）年に反乱を計画した時のこととして、

淩愚密協計(57)、謂齊王不任天位、楚王彪長而才、欲迎立彪都許昌。嘉平元年九月、愚遣將張式至白馬、與彪相

問往來。淩又遣舍人勞精詣洛陽、語子廣。廣言、廢立大事、勿爲禍先。其十一月、愚復遣式詣彪、未還、會愚病死。

とある、そして、正始三（二五二）年に王淩が反乱を実行に移そうとした時の記述に、

淩陰謀滋甚、遣將軍楊弘以廢立事告兗州刺史黄華、華弘連名以白太傅司馬宣王。

とある。この時令狐愚が楚王の曹彪に、齊王に代わって帝位につくことを勧めるために送った使者は「將」の張式であったし、王淩が兗州刺史・黄華に反乱の話を持ちかけるために送ったのも「將軍」の楊弘であった。反乱のような大事に対する使者として選ばれるからには、これらの「將・將軍」が、主将の絶対の信任のもとにおかれていたことが思われよう。さらに、甘露二年（二五七）の諸葛誕の反乱時においても、『魏志』巻二十八諸葛誕伝に、

二年五月、徵爲司空。誕被詔書、愈恐、遂反。召會諸將、自出攻揚州刺史樂綝、殺之。斂淮南及淮北郡縣屯田口十餘萬官兵、揚州新附勝兵者四五萬人、聚穀足一年食、閉城自守。城中食轉少、外救不至、内無所恃。將軍蔣班焦彝、皆誕爪牙計事者也、棄誕、踰城自歸大將軍。

とあり、反乱を決意した時には「諸將」を集め、自ら揚州刺史を攻めている。そして「爪牙計事者」であった将軍の蔣班と焦彝が諸葛誕を見捨てた時が戦いの破れる時だったのである。ここで、諸葛誕の「爪牙」と称された将軍の蔣班は、正元二（二五五）年の毋丘儉・文欽の反乱討伐の時点で、当時鎮南将軍として豫州の軍を督していた諸葛誕のもとに、すでに将軍として現れている。(58) 蔣班もまた、諸葛誕の信任する中級指揮官として、ともに揚州に移動してきたものと考えられる。先述の司馬懿における牛金や胡遵の例と同様であろう。王淩・諸葛誕の両例から、反乱という究極の状況において主将が最も頼るべきであったのが、その下にいる「将軍（＝中級指揮官）」たちであったことが理解できよう。

以上の例から、逆説的にではあるが、平時には、主将とその下にある中級指揮官（すなわち実戦指揮官）との関係が非常に密接であったこと、また、それ故にこそ軍事行動が円滑に行われたことが看取されるのである。

そしてもう一点重要なことは、そのような信任のおける中級指揮官を持ち得た理由である。王淩は、兗州刺史加建武将軍・揚州刺史・豫州刺史と、その官歴のほとんどを地方長官を務めた上で、正始元（二四〇）年から征東将軍・都督揚州諸軍事として一〇年以上揚州にあり[59]、諸葛誕もまた、揚州刺史加昭武将軍、鎮東将軍・都督揚州諸軍事として、「以誕久在淮南、乃復以鎮東大将軍・儀同三司・都督揚州」と表現されているように[60]、当地における中級指揮官たちと密接な紐帯を結ぶことが十分に可能なだけの期間、揚州に鎮していたという事実である。

五　鍾會の反乱の分析

第二、三節で見たように、軍事行動において直接兵を統率し、主将との間に在って実際の軍事行動を行うのは中級指揮官であった。こういった体制が整備されたからこそ、実戦経験のない、行政官僚として歩んできた人物がいきなり前線総指揮官たる都督（＝主将）に任命されても遅滞なく軍事行動が行われたのである[61]。

そして、前節で見たように、主将と中級指揮官との関係が密接なものであれば軍事行動はより円滑に行われたであろうし、中央政権への反乱といった極端な行動を起こすことも可能だったわけである。

それでは、主将と中級指揮官との関係が良好に進んでいかなかった場合にはどうなるのか。すでに、前節で王淩・諸葛誕反乱が失敗に終わった例をみたが、本節ではより顕著にそれが現れる、鍾會の反乱について分析していく。

鍾會、字士季は、清流派の名門・太傅鍾繇の晩年の子として産まれ、その聡明さを幼くして認められてからは、清流派の子弟らしく華やかな官歴を送っている。すなわち、まず正始中に秘書郎で起家し、その後尚書侍郎・中書侍郎と進み、高貴郷公の即位に当たっては関内侯を授けられた。さらに毌丘儉の反乱時に司馬昭の参謀として活躍を認められ、司馬師が輔政の任に付くと黄門侍郎に遷り東武亭侯に封じられた。諸葛誕の反乱時にも謀臣として尽力し、反乱後には太僕に進められるも固辞して受けず、中郎として司馬昭の大将軍府に仕え記室のことを司り、文字通り司馬氏の腹心としての立場を守り続けたのち、司隷校尉となった。ここで注意すべきことは、これら輝かしい官歴の中にあって、鍾會が一度も地方での軍事官を経験しておらず、それ故、腹心の軍事指揮官を得る機会がまったくなかったことである。

その鍾會が、なぜ突然伐蜀の大任の前線指揮の一方の司令官である、鎮西将軍・都督關中諸軍事として抜擢されたのか、(62)それには理由がある。蜀を取るのは時期尚早との意見が主流の中、側近の中で唯一伐蜀に積極的だったからである。(63)

さて、それでは、実際に鍾會の伐蜀から反乱失敗に至るまでの過程をみて行こう。

伐蜀の軍事行動にあたっての逸話として、『魏志』巻二八鍾會伝(64)に、

會統十餘萬衆、分從斜谷、駱谷入。先命牙門將許儀在前治道、會在後行、而橋穿、馬足陷、於是斬儀。儀者、許褚之子、有功王室、猶不原貸。諸軍聞之、莫不震竦。

とある。この鍾會の措置から、彼が軍律に厳格であったと同時に、牙門将などの中級将校との関係が必ずしも良好なものではなかったこと、むしろ鍾會がそれを必要であると認識していなかったことがうかがわれるのではなかろうか。中央の行政官僚しか経験のなかった彼にとって、中級指揮官の心をつかむということは想定外のことであったのかもしれない。

ここで、景元四（二六三）年の伐蜀の軍に参加していたことの判明する中級指揮官を挙げておこう。鍾會伝から

は、牙門将許儀の他に、魏興太守劉欽・護軍荀愷・前将軍李輔・護軍胡烈・将軍田章・司馬夏侯咸・参軍爰彭・将軍句安・参軍皇甫闓・将軍王買、そして『魏志』巻二八鄧艾伝から、鄧艾の子鄧忠・司馬師纂の他に、雍州刺史諸葛緒・天水太守王頎・隴西太守牽弘・金城太守陽欣・殄虜護軍爰邵、さらに『晋書』巻三六衛瓘伝から護軍田續、である。

さて、蜀漢降伏の後、鍾會・衛瓘の陰謀により鄧艾が収監されると、

會所憚惟艾、艾既禽而會尋至、獨統大衆、威震西土。自謂功名蓋世、不可復爲人下、加猛將銳卒皆在己手、遂謀反。

とあり、ついに謀反に踏み切るのだが、そのとき、「獨統大衆」「猛將銳卒皆在己手」と、上述の中級指揮官も含めた伐蜀の全軍が鍾會の指揮下に入ったことが明記されている。(65)

その後、翌景元五(二六四)年、正月一五日に成都に入った鍾會は、

會以五年正月十五日至、其明日、悉請護軍・郡守・牙門騎督以上及蜀之故官、爲太后發喪于蜀朝堂。矯太后遺詔、使會起兵廢文王、皆班示坐上人、使下議訖、書版署置、更使所親信代領諸軍。

と、翌日には「護軍・郡守・牙門・騎督以上」を蜀の朝堂に集め、太后の偽詔を読み上げ司馬昭討伐の軍を挙げることを公表すると同時に、「親信」のものによって「諸軍を代領」させた。

もちろんこのような強引な方策が円滑に行われるわけはない。

所請群官、悉閉著益州諸曹屋中、城門宮門皆閉、嚴兵圍守。

と、集めたものたちを益州の役所に閉じこめ、全ての宮門、さらには城門を閉じさせ軍兵に厳重に監視させたのである。

ここまでの鍾會の行動が、明らかに軍を完全に、そして直接に掌握することを目指したものであることに異論

はなかろう。その際に集められたのが、「護軍・郡守・牙門・騎督以上」、すなわち中級以上の実戦指揮官であった[66]。彼らを「親信」のものに代えることがすなわち「軍を直接掌握する」と同義だったのである。あらためて中級指揮官が主将と兵卒との結節点であったことが確認されよう。

そして、「護軍・郡守・牙門・騎督以上」の「悉」くを集め入れ替えねばならないところに鍾會の弱みがあった。これまで地方駐屯軍の主将となったことがなく、また今回も伐蜀の司令官に急遽抜擢されたため[67]、中級指揮官たちとの間に強い紐帯を結ぶことができなかったのである。

會帳下督丘建本屬胡烈、烈薦之文王、會請以自隨、任愛之。

と、親兵の長たる帳下督ですら、もと胡烈の部下で司馬昭に薦められていたものを譲り受けたものであった。これも、おそらくは伐蜀の軍事編成に際しての人事であったと思われる。なんとなれば、それまで鍾會は「帳下」を置くような官に就任したことがなかったのであるから[68]。

しかし、その最も信頼すべき帳下督の丘建の献策から、鍾會の反乱は綻び始める[69]。

建愍烈獨坐、啓會、使聽内一親兵出取飲食、諸牙門隨例各内一人。烈紿語親兵及疏與其子曰、丘建密説消息、會已作大坑、白棓。數千、欲悉呼外兵入、人賜白帢、拜爲散將、以次棓殺坑中。諸牙門親兵亦咸説此語、一夜傳相告、皆遍。

と、旧主である胡烈を想った丘建の献策により、牙門将それぞれ一人ずつの親兵から、食事を差し入れることを認めさせられたのである。そして、それを機会として胡烈は、

と、外部の親兵と連絡を取り、結果、一夜にして全ての牙門将麾下の兵卒に殺害計画が漏れてしまったのである。ただし、この時点で鍾會が魏の兵卒の殺害まで考えていたとは思えない。

或謂會、可盡殺牙門騎督以上。會猶豫未決。

とあるように、牙門将・騎督以上の殺害さえ鍾會はためらっていたのである。ましてや反乱の軍を挙げようかというその時に、全ての兵卒を坑殺するなどという考えが出ようはずもなかろう。これは明らかに鍾會から兵卒を引き離すための計略である。ただし、この間の経過について、『晋書』巻三六衛瓘伝では、

俄而會至、乃悉請諸將胡烈等、因執之、囚益州解舍、遂發反。於是士卒思歸、内外騷動、人情憂懼。會留瓘謀議、乃書版云、欲殺胡烈等。舉以示瓘。瓘不許。因相疑貳。

とあり、状況が多少異なっている。鍾會は当初から監禁した胡烈ら中級指揮官を殺害することを計画し、ともに鄧艾を陥れた衛瓘にそのことを相談し、衛瓘がそれを止めたこととなっているのである。鍾會伝・衛瓘伝どちらの記述が正しいかにわかには判断しがたいが、いかに「親信」のものに諸軍を代領させようと考えていたとはいえ、計画に従うか否か、すなわち謀反に荷担するか否かも確認しない内に全ての中級指揮官を殺害してしまったのでは、軍が崩壊してしまうことは鍾會にも明らかであったろうから、ここは鍾會伝の記述が正しく、後に西晋の高官に昇った衛瓘の側に都合の良いように記録が改竄されたのではなかろうか(70)。

また、一般の兵卒の坑殺については、『資治通鑑』巻七八魏紀十・元帝咸熙元年の条に、

姜維欲使會盡殺北來諸將、己因殺會、盡坑魏兵、復立漢主。

とあり、魏の兵卒の坑殺を計画したのは、混乱に乗じて蜀の回復を企図した姜維の計略であったこととなっている。あるいは牙門将・騎督以上の殺害を鍾會に勧めたのも姜維であったのかもしれない。

ともかく、混乱する状況の中で鍾會が結論を出せないでいる間に、

十八日日中、烈軍兵與烈兒雷鼓出門、諸軍兵不期皆鼓譟出、曾無督促之者、而爭先赴城。時方給與姜維鎧杖、白外有匈匈聲、似失火、有頃、白兵走向城。會驚、謂維曰、兵來似欲作惡、當云何。維曰、但當擊之耳、會遣兵悉殺所閉諸牙門郡守、内人共舉机以柱門、兵斫門、不能破。斯須、門外倚梯登城、或燒城屋、蟻附亂進、

矢下如雨、牙門、郡守各緣屋出、與其卒兵相得。姜維率會左右戰、手殺五六人、衆既格斬維、爭赴殺會。會時年四十、將士死者數百人。

と、牙門将・郡守らは皆その兵卒らの自主的行動によって救出されることとなる。ここで牙門将・郡守（当然騎督・護軍も含まれていよう）とその兵卒との紐帯の強固さが改めて確認できる。また、この時に及んで鍾會が牙門将・郡守を殺害しようと兵を送ったところ、机のバリケードを突破できなかったというのであるから、鍾會が信任して使っていた兵がいかに少ないものであったか想像がつこう。(71)

このように、中級将校の掌握に完全に失敗した鍾會は、自らの兵卒に攻め滅ぼされるという形で、反乱を実行に移すこともなく、まさに自滅していったのである。

おわりに

以上、本稿では、迂遠であることを承知の上で、偏裨将軍の話から始め、そこから牙門将・騎督・護軍を中心に、中級指揮官の形態・機能について考察を進めてきた。まとまった史料が限られているため、論旨の展開が難しく、必ずしも筆者の述べたかったことが充分に言い尽くせたとは言いがたいのが残念ではあるが、一定の方向性は示せたのではないかと考える。

「魏武歩戦令」からも判るように、牙門将や騎督そして護軍といった第五品の官職が中級指揮官の中でも最も下位に属しており、そのため最も兵卒と近い「将軍」である。「外軍」に属す彼らの軍営は、ほぼ郡と同レベルの存在であり、最も広汎に置かれていたと考えられる。そして、私的な部曲を率いることも多い彼らは、主将と兵卒との結節点となる存在でもあった。これら中級指揮官層が体制として確立したからこそ、軍事行動が円滑に行われ得たとも考えられるのである。いわば、曹魏の都督制の根幹は、これら中級指揮官層の存在によって支えられていた、とも言えるのではなかろうか。それ故、主将（主として「四征」将軍・都督諸軍事であるが）にとって、信任できる中級指揮官を持つことができるか否かが、全軍を掌握する上で最も重要なことであった。極端な例ではあるが、信任できる中級指揮官を配下に得ることができてさえいれば、事の成否はともかく、中央政権に軍事的反抗を起こすことすら可能であったのである。

しかし、これら中級指揮官との人間関係を作り上げるには、自身が軍事官僚として長い時間をかけそれを養成するか、地方長官として同地域に長期間駐屯するか、という過程が不可欠であった。鍾會の例に端的にみられたように、中央官からの急な転任などにより「四征」将軍・都督諸軍事（＝主将）となった場合、中級指揮官との密接な紐帯を作り上げることは不可能であり、いかに地の利・時の利を得ようとも、中央政権への軍事的反抗は不可能であり、自滅の道を歩むほかはないのである。

以上が本稿で確認できた内容を簡潔にまとめたものである。

筆者は前稿で(72)、曹魏における都督は、初期は帝室武人官僚によって占められていたが、次第にそれが行政官僚・中央官僚からも就任し得る、官僚の昇進の一過程と化していった、と述べた。既述の内容から明らかなように、一般の軍事行動に際しては中級指揮官層の存在により、それでも大きな問題はないものの、中央政権（この場合は司馬氏）に対する反抗はこれでは不可能となる。これが魏晋革命がさしたる軍事的混乱もなく行われた原因の一つであることは間違いなかろう。

ただし、未だ孫呉が存在する間は完全に地方駐屯軍の力を削いでしまうわけには行かない。そのために揚州には石苞が大司馬・都督揚州諸軍事として駐屯していた。しかし、司馬氏政権の樹立に軍事面で最も貢献のあった石苞でさえ、中央の疑念を抑えることはできなかったのである(73)。それだけ、一人の人物が同地方に長く鎮すること、現地の中級指揮官との結びつきを強めることが中央政権から恐れられていた証左でもあるといえよう。[74]

最後に、本稿の主旨からは大きく飛躍することを覚悟の上で、今後の展望を述べておこう。本論中でも言及したように、西晋時代にはいると牙門将や騎督の現地化・土着化が進行しているように思われる。これは一つには兵戸制が次第に機能しなくなり、代わって現地において私的に兵力を持つものたちに対し、牙門将のような下級の将軍号を与えることにより、次第に悪化する地方情勢に対応しようとしたということが理由として挙げられよう。その結果、「外軍」はほぼ中央政権の手を放れ、地方按撫のための存在と化してゆく。そして八王の乱の混乱の中で「中軍」が壊滅した時、西晋王朝の命脈も断たれ、やがて地方勢力を再編成した東晋王朝の成立に至るのであろう。もちろん、これはあくまで展望に過ぎず今後の論証に委ねなければならない。

（1）越智重明氏「晋代の都督」（『東方學』一五、一九五七年）「魏晋時代の四征将軍と都督」（『史淵』一七、一九八〇年）、竹園卓夫氏「魏の都督」（『歴史』五一、一九七八年）をはじめ、『六朝都督制研究』（渓水社、二〇〇一年）にまとめられた小尾孟夫氏の研究や、石井仁氏の「曹魏の護軍について」（『東北大学日本文化研究所研究報告』二六、一九九〇年）、「漢末州牧考」（『秋大史学』三八、一九九二年）、「都督考」（『東洋史研究』五一―三、一九九二年）、「四征将軍の成立をめぐって」（『古代文化』四五―一〇、一九九三年）などの都督制に関する一連の研究、また、国外では厳耕望氏『中国地方行政制度史』乙部上冊、巻上、第一章、第二章（『中央研究院歴史語言研究所専刊』四五B、一九九〇年）、薛軍力氏「魏晋時期都督制的建立与職能転変」（『天津師大学報社会科学』一九九二―四、一九九二年）、要瑞芬氏「論曹魏王朝的権力分配」（『江西社会科学』一九九四―四、一九九四年）、陳林国氏『魏晋南北朝政治制度研究』、第六章魏晋南朝都督制（文津出版社、一九九四年）など。

（2）濱口重國氏「後漢末・曹操時代に於ける兵民の分離について」（『東洋学報・東京』十一、一九四〇年、後『秦漢隋唐史の研究』上巻、東京大学出版会、一九六六年所収）、川勝義雄氏「曹操軍団の構成について」（『京都大学人

文科学研究所創立廿五周年記念論文集』、一九五四年、後『六朝貴族制社会の研究』岩波書店、一九八二年所収）、唐長孺氏「孫呉建国及漢末江南的宗部与山越」（『魏晋南北朝史論叢』、生活・読書・新知三聯出版社、一九五五年）、高敏氏『魏晋南北朝兵制研究』第三章、第四章（大象出版社、一九九八年）など。

（3）六朝後半期には府兵制についての膨大な量の研究があるが、筆者の能力の限界もあり、本稿ではそちらにまで言及することはできない。

（4）本稿では、或る軍事行動についてその最高司令官たるものを「主将」と表し、その下で兵卒との間に立って実際の軍事行動指揮に当たるものを「中級指揮官」と表記する。あくまで主眼は「四征」将軍・都督と中級指揮官の関係であるが、史料上の都合からそれ以外の人間関係も考察の対象とする場合があるからである。
また、本稿では曹魏の軍事体制について、何茲全氏の「魏晋的中軍」（『中央研究院歴史語言研究所集刊』一七、一九四八年、後『読史集』上海人民出版社、一九八二年所収）の理解に沿って、京師駐屯の「中軍」、地方に駐屯の「外軍」両者を併せたものを「中央軍」と表記し「州郡兵」と区別する。

（5）本稿で主題とする軍事指揮官のみに絞っても、『通典』職官典・魏官置九品の条から、部隊編制の上で、「四征」将軍・都督を頂点に、第三品からの雑号将軍にはじまり、第五品に牙門将が、さらに下級のものとして、第七品に部曲督・散牙門将、第九品に副散部曲将がみえ、さらに、晋官置九品の条では、第七品に副牙門将・部曲部督、第八品に部曲将および副散督、第九品に副散部曲将がみえる。ここから、濱口重國氏は曹魏・晋における下級指揮官として牙門将・副牙門将・散牙門将、部曲将・副部曲将・散部曲将、および部曲督・副部曲督・散部曲督の存在を示唆しておられる。（「晋書武帝紀に見えたる部曲将・部曲督と質任」（『唐王朝の賤人制度』東洋史研究叢刊、東洋史研究会、一九六六年所収）。

（6）小尾孟夫氏、前掲『六朝都督制研究』、序章、四頁。

（7）宮川尚志氏「南北朝の軍主、隊主、戍主等について」（『六朝史研究　政治社会篇』平楽寺書店、一九五六年所収）。

（8）山口正晃氏「都督制の成立」（『東洋史研究』六〇―二、二〇〇一年）、「曹魏西晋時期的都督与将軍」（『魏晋南北朝隋唐史資料』第二〇輯、武漢大学文科学報編集部、二〇〇三年）。

（9）拙稿「曹魏軍制前史―曹操軍団拡大過程からみた一考察―」（『アジア史研究』二二号、一九九八年（以下拙稿ⓐ）、「曹氏政権の崩壊過程に関する一試論―軍事権との関係を中心に―」（『アジア史研究』二五号、二〇〇一年）（以下拙稿ⓑ）。

（10）前掲拙稿ⓐ参照。

（11）『通典』兵典・立軍の条、および前掲拙稿ⓐ参照。なお本稿では偏将軍・裨将軍を一括する場合、「偏裨将軍」と表記する。

（12）虞溥が郎中に挙げられ尚書都令史に進んだのが衛瓘が尚書令であった期間、すなわち咸寧元（二七五）年から太康元（二八〇）年までの間であったということは、父は魏の中期頃の人と考えられる。

（13）前掲拙稿ⓐ、第三節参照。

（14）前掲拙稿ⓐ、四三頁参照。

（15）前掲拙稿ⓐ、第三節参照。

（16）無論、この体制が「都督制」の基本体制であることは言うまでもない。

（17）この曹仁の場合、本官は別部司馬である。

（18）また、清の劉承幹の『希古楼金石萃編』巻八に「魏故騎督平寇将軍關中侯廣平□梁蘇君之神道」碑がみられることも、騎督が他に将軍号を帯びねばならなかったことを示唆するのではなかろうか。

（19）参考までに、「毌丘倹丸都山紀功碑残碑」の全文を挙げる。釈文に当たっては、『北京図書館蔵中国歴代石刻拓本匯編』（北京図書館金石組編、中州古籍出版社、一九八九年）の拓本を基に、次注にある諸書を参考とした。

正始三年高句麗反（下欠）
督七牙門討句麗五（下欠）

復遺寇六年五月旋（下欠）

討寇將軍魏烏丸単于（下欠）

威寇將軍都亭侯（下欠）

行裨將軍領玄（下欠）

□裨将軍（下欠）

七行目第一文字目については欠格にみえるが、僅かに六行面の「行」字と共通する部分が拓本から見て取れる。

(20) 六行目にあたる「行裨將軍領玄」については池内弘博士は領の下を欠字とされているが（「曹魏の東方経略」、『満鮮史研究』上世第一冊所収、一九五四年）、すでに劉承幹の『希古楼金石萃編』巻八「魏丸都山毋丘儉紀功刻石」において、「第三《ママ》行僅存行裨将軍領五字然領下字上猶存蓋玄兎太守王頎」として、池内博士が欠字とされた部分を「玄」字ととられた上で、「行裨將軍領玄兎太守王頎」のこととされており、また、王国維氏も、『観堂集林』巻第二〇・史林十二「魏毋丘儉丸都山紀功石刻跋」の中で「第六行行裨将軍領玄、玄下所闕当是兎太守三字」とされており、近年の葉程義氏『漢魏石刻文学考釈』（新文豊出版公司、一九九六年）も同様に当時玄兎太守であった王頎のこととされている。

(21) 前掲拙稿(b)、六頁参照。

(22) 前掲高敏氏『魏晋南北朝兵制研究』第二章、『中国軍事制度史　軍事組織体制編制巻』第八章第三節（劉昭祥主編、大象出版社、一九九七年）などを参照。

(23) 例えば、『魏志』巻一五張既伝に、

魏國既建、爲尚書、出爲雍州刺史。太祖謂既曰、還君本州、可謂衣繡晝行矣。從征張魯、別從散關入討叛氐、收其麥以給軍食。

とある。

(24) 羅福頤主編『秦漢南北朝官印徴存』（文物出版社、一九八七年）に「行裨将軍章」が収録されていることも傍証

となろう。

（25）例えば、『魏志』巻一五梁習伝に、

并土新附、習以別部司馬領并州刺史。

とあり、建安十一（二〇六）年に高幹の反乱の後を受けて并州鎮撫に当てられた梁習は、別部司馬領并州刺史とされている。新附の并州を治めるには駐屯軍が必要であり、刺史に将軍号を加えることが一般化していないこの時期にあって、駐屯軍を率いるために「領軍」の官である別部司馬とされ、その上で并州刺史を領したのであろう。さらに、『魏志』巻十八呂虔伝には、

太祖以虔領泰山太守。郡接山海、世亂、聞民人多藏竄。袁紹所置中郎將郭祖・公孫犢等數十輩、保山爲寇、百姓苦之。虔將家兵到郡、開恩信、祖等黨屬皆降服、諸山中亡匿者盡出安土業。簡其彊者補戰士、泰山由是遂有精兵、冠名州郡。舉茂才、加騎都尉、典郡如故。虔在泰山十數年、甚有威惠。文帝即王位、加裨將軍、封益壽亭侯、遷徐州刺史加威虜將軍。

とあり、泰山郡に精兵が置かれるようになってからは太守である呂虔に「領軍」の官である騎都尉が加えられており、曹丕の即位にあたって、裨将軍を加えられたのも同様の措置であろう。

（26）并州刺史として振威将軍を加えられたものは陳泰・田豫・胡質・魯芝がみられる。

（27）太守ではないが、もと涼州の軍閥であった楊秋を初め、安豊太守の王基・南安太守の鄧艾・天水太守の魯芝が加えられている。特に楊秋・鄧艾・魯芝はいずれも雍涼州において加えられている。

（28）山口正晃氏が、前掲「都督制の成立」一一三頁で述べておられるこの見解は、首肯できるものである。

（29）『後漢書』では、

真人水鏡經曰、凡軍始出、立牙竿必令完堅。若有折、將軍不利。牙門旗竿、軍之精也。即周禮司常職。

『資治通鑑』では

賢曰、真人水鏡經曰、凡軍始出、必令完堅。若有折、將軍不利。牙門旗竿、軍之精也。即周禮司職云、軍旅會

同置旌門。是也。

となっている。

（30）実際には曹魏・孫呉・蜀漢ともに牙門将（牙門将軍）は置かれていたが、本稿では魏の牙門将に限って考察を加える。特に呉の軍制については偏将軍がその末期まで多く見られるなど魏の軍制と著しく異なる点が多い。これは将軍府から発展した孫呉政権の形成過程がその後も軍制に大きな影響を及ぼしたためと考えられる。石井仁氏「孫呉政権の成立をめぐる諸問題」（『東北大学東洋史論集』六、一九九五年）参照。

（31）前掲、何茲全氏「魏晋的中軍」、越智重明氏「領軍将軍と護軍将軍」（『東洋學報』四四―一、一九六一年、後『中国古代の政治と社会』、中国書店、二〇〇〇年所収）を参照。

（32）但しこの場合は郡太守である馬隆が牙門将も配下に入れたようである。緊急時における臨時措置であろう。

（33）『晋書』巻二文帝紀に、

秋七月、奉天子及皇太后東征、徵兵青・徐・荊・豫、分取關中遊軍、皆會淮北。

とあり、甘露二（二五七）年の諸葛誕反乱に対応するに当たって、司馬昭が各地の軍を淮北に集めているが、ここに「關中遊軍」との表現が現れる。これは關中地区にあって特にどの都督にも統括されずただ駐屯していた雑号将軍や牙門将の軍営を指すと思われるため、必ずしも牙門将が駐屯地区の都督に直属していたとは限らず、軍事行動の規模に合わせて移動させられていたことを示していよう。

（34）本稿一一九頁。

（35）本稿一二一頁。

（36）本稿一一九頁。

（37）胡遵自身は張既に推挙されている。『魏志』巻一五張既伝参照。

（38）胡遵をはじめとして、安定の胡氏は司馬氏との関係を強め、西晋代まで順調に官界におさまり、後宮に胡貴妃を納れるまでになる。『魏志』巻二八鍾會伝注引『晋諸公賛』、『晋書』巻五七胡奮伝、などを参照。

(39) それは、後漢極末の群雄争乱期を通じての曹魏においては、例えば『魏志』巻一五梁習伝に、
太祖抜漢中、諸軍還到長安、因留騎督太原烏丸王魯昔、使屯池陽、以備盧水。
とあるように、烏丸王が騎督であったことからも推測されよう。
また、高貴郷公髦を殺害したのが騎督の成倅であったことも有名である。
(40) 前掲宮川尚志氏、「南北朝の軍主、隊主、戌主等について」五五九頁参照。
(41) 本稿注(18)も参照。また、本稿の理解とは異なるが、山口正晃氏にも騎督が他の雑号将軍と結びつくことがあったとの指摘がある(前掲「曹魏西晋時期的都督与将軍」四一頁)。
(42) 前掲山口正晃氏「曹魏西晋時期的都督与将軍」四一頁。また、「南郷太守郛休碑并陰」については、唐長孺氏「晋郛休碑跋」(『魏晋南北朝隋唐史資料』第八揖、武漢大学歴史系魏晋南北朝隋唐史研究室編、一九八六年)も参照。
(43) ここでは、単に「騎督」と記されているが、これは直前に「騎三百匹」とあるのを受けたものであり、本官としての軍事官は他にあったと思われる。後述にみるように、西晋代においても騎督は「領」される職だからである。
(44) 部曲将や部曲督を指すのでないことは、「領騎督」である朱伺が答えていることからも明らかである。それとも、軍歴からは考えがたいが、未だ朱伺の本官は「騎部曲督加夷都尉」であったのであろうか。
(45) この点、漢代の郡太守と都尉との関係を思わせるものがある。
(46) さらにいえば、この司馬亮の就任に当たって「騎司馬」が増設されていたことが、以前からその地を預かっていた騎督の感情を害していたのかもしれない。
(47) 曹魏の護軍について扱った論考には、前掲の石井仁氏「曹魏の護軍について」、馮君実氏「魏晋官制中的護軍」(『魏晋南北朝史論文集』、斉魯書社、一九九一年所収)、黄恵賢氏「曹魏中軍溯源」(『魏晋南北朝隋唐史史料』第一四揖、武漢大学歴史系魏晋南北朝隋唐史研究室編、一九九六年)がある。
また、すでにこの『通典』の第五品にみえる「都督護軍」については、小尾孟夫氏の「晋代における将軍号と都

督」（『東洋史研究』第三七巻第三号、一九七八年、のち前掲同氏『六朝都督制研究』に「晋代における将軍号と州都督」と改名の上所収）においても「まだ検討の余地がある」とされていた。

そして、本稿で扱う護軍とは、石井仁氏が前掲「曹魏の護軍について」で扱われるような「都督諸軍事（＝都督護軍）との間には若干の地位・権限の差違は存在したと推測されるものの、本質的には同一の性格を有していたものと考えられる」という性格のものではなく、もっと軍事指揮官としての性格の強いもの、すなわち馮君実氏が前掲「魏晋官制中的護軍」中で、『通典』職官典・魏官置九品の条・第五品にある、安夷護軍・撫夷護軍を挙げて「五品の都督は史籍の中では都督護軍と称されない」とした上で、「実際には都督の高級軍事僚佐である」とされる、実戦指揮に携わるものである。また、西晋末期から十六国時代にかけて多数の異民族に関係する護軍が現れるが、時代的制約もあり、これらにも触れないこととする。

（48）『資治通鑑』巻六九によると、これは黄初二（二二一）年のことである。

（49）『三國志』巻二三陳羣伝附伝陳泰伝。

（50）『晋書』巻一宣帝紀。なお、宣帝紀では都督雍梁二州諸軍事につくるが、梁州の設置は、西晋代のことであり、明らかな誤りと思われるためここでは雍涼州に改めた。

（51）馮君実氏は前掲「魏晋官制中的護軍」中の「諸要鎮所置護軍」で、『元和郡県図志』を引いて、曹魏の護軍にさらに宜陽・恵渉の二護軍を記すが、これは「後、魏置」ではなく、「後魏、置」と解すべきであろう。

（52）前掲石井仁氏「護軍考」参照。

（53）ただし、本伝に、

舉兵反。迫脅淮南將守諸別屯者、及吏民大小、皆入壽春城、爲壇於城西歃血稱兵爲盟。

とあるため、諸将すべてが必ずしも心から毌丘倹に従っていたとは考えられない。

（54）この間の情勢については拙稿(b)第三節参照。

（55）前掲拙稿(b)第三節参照。

(56) 牛金の官は最終的に後将軍にまで至っている。『三國志』巻九曹仁伝参照。しかしその後『晋書』巻六元帝紀には、
　初、玄石圖有、牛繼馬後。故宣帝深忌牛氏、遂爲二榼、共一口、以貯酒焉。帝先飲佳者、而以毒酒鴆其將牛金。

とあり、牛氏を憎んだ司馬懿により毒殺されている。
(57) 王淩とその甥であった兗州刺史・令狐愚を指す。
(58) 『魏志』巻二八諸葛誕伝参照。
(59) 『魏志』巻二八王淩伝参照。
(60) 『魏志』巻二八諸葛誕伝参照。
(61) 『魏志』巻二三陳羣伝附伝陳泰伝、『晋書』巻四四盧欽伝参照。
(62) もう一方の司令官である鄧艾は征西将軍・都督隴右諸軍事であった。
(63) 例えば、『資治通鑑』巻巻七八・魏紀・元帝景元三年の条に、
　(司馬)昭欲大舉伐漢朝臣多以為不可、獨司隷校尉鍾會勸之。
とある。また『晋書』巻二文帝紀には、
　征西將軍鄧艾以為未有釁、屢陳異議。帝患之、使主簿師纂爲艾司馬以喩之、艾乃奉命。
とあり、征西将軍・都督隴右諸軍事の鄧艾ですら伐蜀には反対であった。そのような中で、『魏志』巻二八鍾會伝に、
　文王以蜀大將姜維屢擾邊陲、料蜀國小民疲、資力單竭、欲大舉圖蜀。惟會亦以爲蜀可取、豫共籌度地形、考論事勢、景元三年冬、以會爲鎭西將軍・假節都督關中諸軍事。
とあり、鍾會の鎮西将軍・仮節・都督關中諸軍事就任が伐蜀のための人事であったことは疑いない。
　さらに、将軍号の序列からいえば征西将軍である鄧艾の方が上級であるが、都督の範囲が辺地の隴右であること、「監軍」である衛瓘が鎮西軍司として鍾會とともにいたこと、さらに、鄧艾伝からも明らかなように、鄧艾が率いていたのは主として太守を中心とする現地駐屯の「外軍」であったのに対し、鍾會は「統十餘萬衆伐蜀」と明らかに「中軍」をも率いていることから、伐蜀に積極的であった鍾會の方が本隊であったと考えることができよう。伐

蜀の軍に「中軍」「外軍」がともに参加していたことは（その概念理解は本稿とは異なるが）、前掲越智重明氏「領軍将軍と護軍将軍」も参照。

（64）以下、本節では特に断らない限り出典は全て『魏志』巻二八鍾會伝である。

（65）後、改元して咸熙元年となる。

（66）『通典』職官典・魏官置九品の条に明らかな如く、この護軍・郡守・牙門・騎督は全て第五品官である。この第五品官が中級指揮官の下限であったことが看取される。

（67）鎮西将軍・都督關中諸軍事に任命されたのが景元三（二六二）年の冬のことであり、軍事行動の開始が翌景元四年の秋である。

（68）「帳下」とは、主将の営幕を指し身辺警護のための親兵が配置されるところである。帳下については河合安氏「六朝の帳下について」（『東洋史研究』四八―二、一九八九年）を参照。

（69）『魏志』巻二八鄧艾伝注引『世語』に、

世語曰、咸寧中、積射將軍樊震為西戎牙門、得見辭、武帝問震所由進、震自陳曾爲鄧艾伐蜀時帳下將、帝遂尋問艾、震具申艾之忠、言之流涕。

とある。これによると、もと鄧艾の帳下将であった樊震が咸寧年間に未だ名誉回復されていなかった鄧艾の忠義について述べている。帳下督であった丘建に裏切られた鍾會と対照的である。これも鄧艾が官歴のほとんどを軍事官僚として務め、参征西軍事から南安太守、後、さらに行安西将軍、安西将軍・領護羌校尉として西方に長く鎮していたためであろう。『魏志』巻二八鄧艾伝参照。

（70）因みにこの反乱計画を相談された衛瓘は病を装い、鍾會が殺害された後初めて混乱を収めるために行動を起こしている。と同時に、無実が証明された鄧艾からの報復を畏れ、密かに鄧艾親子を殺害させたのも衛瓘である。

（71）『晋書』巻三六衛瓘伝に

諸軍並已唱義、陵旦共攻會。會率左右距戰、諸將擊敗之。唯帳下數百人隨會繞殿而走、盡殺之。

とあり、最後まで鍾會に従ったのが僅かに帳下の数百名に過ぎなかったことが判る。

（72）前掲拙稿(b)第三節。

（73）『晋書』巻三三石苞伝および附伝孫鑠伝に、いかに石苞が疑われていたかが記されている。

（74）また、『晋書』巻三六杜預伝に、孫呉滅亡後も鎮南大将軍・都督荊州諸軍事であった杜預が、

預在鎮、數餉遺洛中貴要。或問其故。預曰、吾但恐爲害、不求益也。

とあるように、洛陽の貴顕に賄をせねばならなかったのも、地方重鎮に在ることの危険さを熟知していたからであろう。

高昌の内徙請願と北魏の西域政策

板垣　明

はじめに

六世紀初頭に成立した麴氏高昌国[1]は、唐の貞観一四（六四〇）年に滅亡するまで絶えず北方の遊牧勢力の影響下にあり、それら遊牧勢力によるトゥルファン盆地をめぐる覇権の推移にともない、その依存勢力を代えていることがうかがえる。

このように、常に北方遊牧勢力の支配下にあった麴氏高昌国も、その成立当初は頻りに北魏に対して内徙を求めている。また、そもそも麴氏高昌国が成立するに至った原因も北魏への内徙に端を発しており、この内徙請願に関して整理・考察を行うことも、麴氏高昌国成立時の情況および初代王麴嘉時代の高昌国に対する理解の一助になると思われる。

本章では、麴氏高昌国成立前後の情況について、高昌の内徙請願と北魏の西域政策、とくに北方遊牧勢力に関する政策を中心として、高昌をめぐる国際関係を念頭に置きつつ、先学諸氏の研究を踏まえながら、若干の私見を交えて整理・考察を試みたいと考える。

なお、とくに注記しない場合、紀年はすべて北魏のものである。

一　事実経過の確認

1　麴氏高昌国成立の経緯

まずは、周知に属するが、麴氏高昌国が成立した経緯(2)を見るために、『魏書』巻一〇一・高昌伝の記事を掲げることにする。(〔　〕は筆者が補ったものである。)

〔太和〕二十一年、遣司馬王体玄奉表朝貢、請師迎接、求挙国内徙。高祖納之、遣明威将軍韓安保率騎千余赴之、割伊吾五百里、以〔馬〕儒居之。至羊榛水、儒遣〔鞏顧〕礼・〔麴〕嘉率歩騎一千五百迎安保、去高昌四百里而安保不至。礼等還高昌、安保亦還伊吾。安保遣使韓興安等十二人使高昌、儒復遣顧礼将其世子〔馬〕義舒迎安保。至白棘城、去高昌百六十里、而高昌旧人情恋本土、不願東遷、相与殺儒而立麴嘉為王。

嘉字霊鳳、金城楡中人。既立、又臣于蠕蠕那蓋。顧礼与義舒随安保至洛陽。及蠕蠕主伏図為高車所殺、嘉又臣高車。初前部胡人悉為高車所徙、入於焉耆、焉耆又為嚈噠所破滅、国人分散、衆不自立、請王於嘉。嘉遣第二子為焉耆王以主之。永平元年、嘉遣兄子私署左衛将軍・田地太守〔麴〕孝亮朝京師、仍求内徙、乞軍迎援。於是遣龍驤将軍孟威発涼州兵三千人迎之、至伊吾、失期而反。於後十余遣使、献珠像・白黒貂裘・名馬・塩枕等、款誠備至、惟賜優旨、卒不重迎。三年、嘉遣使朝貢、世宗又遣孟威使詔労之。延昌中、以嘉為持節・平西将軍、瓜州刺史、泰臨県開国伯、私署王如故。熙平初、遣使朝献。〔粛宗〕詔曰「卿地隔関山、境接荒漠、頻請朝援、徙国内遷。雖来誠可嘉、即於理未帖。何者。彼之甿庶、是漢魏遺黎、自晋氏不綱、因難播越、成家立国、世積已久。悪徙重遷、人懐恋旧、今若動之、恐異同之変、爰在肘腋、不得便如来表」。神亀元年冬、孝亮復表求援内徙、朝廷不許。正光元年、粛宗遣仮員外将軍趙義等使於嘉。嘉朝貢不絶。

この記載によれば、太和二一（四九七）年、時の高昌王馬儒は、司馬王体玄を遣わして北魏に朝貢し、国を挙げての内徙を求めた。北魏の高祖孝文帝は馬儒の要求を認め、馬儒を伊吾から五百里の地に迎えるために明威将軍韓安保を遣わした。これに対して馬儒は、左長史鞏顧礼・右長史麴嘉を遣わしたが、韓安保は高昌から四百里のところで伊吾に引き返した。ついで、韓安保は韓興安等一二人を高昌に遣わし、馬儒も鞏顧礼と世子の馬義舒を遣わしたが、高昌から百六〇里の白棘城に至るに及んで、高昌旧人は伊吾への内徙を願わず、馬儒を殺して麴嘉を立てて高昌王としたのである。

高昌王となった麴嘉は柔然の那蓋（候其伏代庫者可汗）に臣従し、那蓋を継いだ伏図（他汗可汗）が高車に破れると、ついで高車に臣従することになるが、この後も麴嘉は北魏に対して再三にわたって内徙を求めることになるのである。(3)

2　高昌の内徙請願と北魏の対応

前掲『魏書』高昌伝に記載されている内徙請願は、麴氏高昌国が成立するきっかけとなった太和二一（四九七）年の馬儒による内徙請願を含めて、紀年の記されているもので三回行われている。その三回の内徙請願と、それらに対する北魏の対応とを表にすると表1のようになる。

すなわち、北魏は、太和二一（四九七）年および永平元（五〇八）年の内徙請願に際して、結果的に高昌の内徙は果たせなかったものの、それぞれ、韓安保・孟威を遣わして高昌の求めに応じていることがわかる。しかしながら、神亀元（五一八）年に至って、一転して、高昌の内徙を認めなくなるのである。

表1　高昌の内徙請願と北魏の対応

	高昌王	高昌の使者	北魏帝	北魏の使者	対応
①太和二十一年（四九七）	馬儒	王体玄朝貢「請師迎接、求挙国内徙」	高祖孝文帝	明威将軍韓安保（騎千余）	馬儒を伊吾から五百里の地に徙す
		鞏顧礼・麴嘉が韓安保を迎える（歩騎千五百）			高昌から四百里にして韓安保は至らず
		鞏顧礼・麴嘉は高昌へ還る			韓安保も伊吾へ還る
		鞏顧礼・馬義舒が韓安保を迎えに赴く。高昌から百六十里の白棘城に至った時、高昌旧人は東遷を願わず、馬儒を殺して麴嘉を王とする			韓安保は韓興安等十二人を高昌に遣わす
②永平元年（五〇八）	麴嘉	麴孝亮朝貢「仍求内徙、乞軍迎援」	世宗宣武帝	龍驤将軍孟威（涼州兵三千人）	伊吾に至るも期を失い還る
③神亀元年（五一八）		麴孝亮朝貢「復表求援内徙」	粛宗孝明帝		「朝廷不許」

このほか、②と③との間に「於後十余遣使……惟賜優旨、卒不重迎（この後、十余の遣使……ただ優旨を賜うのみで、ついに重ねて〔麴嘉を〕迎えることはなかった）」という記載がある。

この政策の転換に関しては、前掲『魏書』高昌伝に記されている粛宗孝明帝の詔にその理由が述べられている。この詔は熙平元（五一六）年の高昌からの朝貢に際して出されたもので、その内容は、卿の地は山に隔てられ、その境界は砂漠に接している。頻りに北魏の軍を迎え内遷することを求め、その誠意は良しとすべきであるが、その処置に関しては未だ定まらない。なぜなら、その地の民は漢・魏以来の亡国の民であり、晋代からは疎遠となり、それ故、移りゆくことは困難である。家を成し国を立ててすでに久しい。内徙を恐れ、民はその地を離れがたく思っており、今、もしそれを動かせば、異同の変化を恐れることは明らかで、たやすく来表のようにすることはできない。

というものである。確かに、太和二一（四九七）年の内徙は、詔にも記されているように、『魏書』高昌伝の言う「高昌旧人」が伊吾への内徙を望まなかったがために、果たすことができなかったのだが、永平元（五〇八）年の内徙に関しては、世宗宣武帝により遣わされた孟威が、涼州の兵三千人を率いて伊吾まで赴いたにも拘わらず「失期而反」という結果に終わっている。

以上のことから、永平元（五〇八）年に、孟威をして「失期而反」たらしめ、高昌の内徙請願に対する政策を転換させる何らかの要因があったと推察されるが、それが如何なるものであったのか、具体的な記述は『魏書』高昌伝をはじめとする諸史料には管見の限り見いだすことはできないのである。

二　北魏の西域政策

1　西域諸国との関係

北魏の高昌に対する政策転換をもたらした要因が如何なるものであったのかを探るため、まずは、北魏と高昌をはじめとする西域諸国との関係がどのようなものであったのかを整理することにする。

北魏が初めて西域に使者を遣わしたのは『魏書』巻一〇二・西域伝・序に、

太延中、魏徳益以遠聞、西域亀茲・疏勒・烏孫・悦般・渇槃陁・鄯善・焉耆・車師・粟特諸国王始遣使来献。（略）於是始遣行人王恩生・許綱等西使、恩生出流沙、為蠕蠕所執、竟不果達。又遣散騎侍郎董琬・高明等多齎錦帛、出鄯善、招撫九国、厚賜之。

とあるように、太延年間（四三五―四四〇年）に亀茲など九国の西域諸国が北魏に朝貢し、それに対する返礼として、王恩生・許綱等が遣わされ、彼らが柔然に捕らえられると、再度、董琬・高明等を遣わしたことに始まる。しかしこれは、先学諸氏がすでに明らかにされたように、『魏書』巻四上・世祖紀上に記された西域諸国の朝貢記録を見ると、

太延元（四三五）年　二月　焉耆・車師
　　　　　　　　　　六月　鄯善
　　　　　　　　　　八月　粟特
太延三（四三七）年　三月　亀茲・悦般・焉耆・車師・粟特・疏勒・烏孫・渇槃陁
　　　　　　　　　十一月　破洛那・者舌

が朝貢しており、また、北魏による西域遣使の記録は、

太延元（四三五）年　五月　二十輩
太延二（四三六）年　八月　六輩

となっており、この『魏書』世祖紀上の記載に照らし合わせることによって、王恩生・許綱等の西域遣使が太延元（四三五）年五月、董琬・高明等の西域遣使が太延二（四三六）年八月のこととすることにより、九国の朝貢が北魏による西域遣使の原因となったのではなく、朝貢に対する返礼の意味を持たせるのであれば、太延元（四三五）年五月以前に朝貢した焉耆・車師に対するものであり、『魏書』西域伝・序にある九国の朝貢は董琬・高明等が招撫した結果となる(4)。

それでは、この西域遣使の原因となった、北魏にとっては最初の西域からの朝貢である焉耆・車師の朝貢は何故行われたのであろうか(5)。そこには当時の柔然と西域諸国との関係が影響を与えていたと考えられる。すなわち『通典』巻一九六・辺防一二・蠕蠕に、

其西北有匈奴余種、国尤富強、尽為社崘所并、号為強盛。其西則焉耆之北、東則朝鮮故地之西、北則渡沙漠、窮瀚海、南則臨大磧、其常所会庭則燉煌・張掖之北。

とあり(6)、これは柔然の社崘（丘豆伐可汗）時代（三九四―四一〇年）における柔然の勢力範囲を示しており、また『宋書』巻九五・索虜伝に、

西域諸国焉耆・鄯善・亀茲・姑墨東道諸国、並役属之。

とあり、これら西域諸国が柔然に役属していたのは大檀（牟汗紇升蓋可汗）の頃（四一四―四二九年）と考えられている(7)ことから、社崘時代、柔然の西域方面における版図は焉耆の北にまで及んでおり、後の大檀時代には、さらに勢力を拡大していることが知られる。しかし『魏書』巻一〇三・蠕蠕伝に、

〔神䴥〕二年四月、世祖練兵于南郊、将襲大檀。（略）大檀部落衰弱、因発疾而死。子呉提立、号勅連可汗、魏言神聖也。四年、遣使朝献。

とあるように、神䴥二（四二九）年の北魏による討伐の後、柔然は衰退し、さらに大檀が死に、可汗を継いだ呉提（勅連可汗）は一転して、神䴥四（四三一）年に北魏に朝貢している。これらのことから推察すると、大檀時代に柔然の勢力下にあった焉耆・車師の両国は北魏と柔然とが対立関係にあったため柔然に憚り、北魏に朝貢することができなかったが、柔然が北魏に朝貢したことによりその障害がなくなり、北魏に朝貢することが可能となったのである。すなわち、北魏と西域諸国との関係は、北魏と柔然との関係と大きな関わりを有していると考えられるのである。

2　北魏と柔然との関係

北魏と柔然との関係は『魏書』巻一〇三・蠕蠕伝に、

〔登国〕九年（略）、子啓抜・呉頡等十五人帰于太祖。

とあり、また『魏書』巻三・太宗紀に、

〔永興三年〕冬十二月甲戌、蠕蠕斛律宗党吐觝于等百余人内属。

とあるように、登国九（三九四）年に啓抜・呉頡等が、永興三（四一一）年には吐觝于等が北魏に内属したものの、おおむね討伐と入寇の繰り返しであった。(8) しかし、先にも述べたように、大檀が死ぬと柔然は衰退し、可汗を継いだ呉提は神䴥四（四三一）年に北魏に朝貢した。これ以後『魏書』巻一〇三・蠕蠕伝に、

延和三（四三四）年二月、以呉提尚西海公主、又遣使人納呉提妹為夫人、又進為左昭儀。

とあるような、二重の通婚関係や朝貢によって一応の和親が保たれていたが、この和親状態は太延二（四三六）年に柔然が北魏の塞を犯すことによって終わりを告げることになる。

太延二（四三六）年の柔然による一方的な和親の破棄に関して、『魏書』巻一〇三・蠕蠕伝には、

太延二年、乃絶和犯塞。

とあるのみで、その理由を示す記事は見られない。しかし、先に掲げた『魏書』西域伝・序に「於是始遣行人王恩生・許綱等西使、恩生出流沙、為蠕蠕所執、竟不果達」とあり、世祖太武帝によって遣わされた西域への使者が柔然に捕らえられるという事件が起こっている。王恩生・許綱等が西域に遣わされたのは太延元（四三五）年の

ことで、柔然にとっては、この北魏による西域遣使は見過ごすことのできない行為であり、翌太延二（四三六）年に和親を破棄することになった原因の一つと考えられる。(9)

一方の北魏は『魏書』巻四上・世祖紀上に、

〔延和元年〕六月庚寅、車駕伐和龍。詔尚書左僕射安原等屯于漠南、以備蠕蠕。

とあり、延和元（四三二）年に北燕の馮弘を攻めるとともに、安原等を漠南に駐屯させて柔然の入寇に備えさせている。この防備は『晋書』巻一二五・馮跋載記に、

〔太平九年〕(10) 蝚蠕大但遣使献馬三千匹・羊万口。

とあり、北燕の太平九（四一七）年に柔然の大但（大檀）が北燕に使者を遣わして馬・羊を献上し北燕と通じていたことから、北燕討伐に対する柔然の報復を危惧したためにとられたものと考えられる。(11)さらに『魏書』巻三〇・来大千伝に、

延和初、車駕北伐、大千為前鋒、大破虜軍。世祖以其壮勇数有戦功、兼悉北境険要、詔大千巡撫六鎮、以防寇虜。

とあり、延和（四三二―四三四年）の初め、来大千が所謂六鎮(12)を巡撫していることから、北辺に六鎮の設置が完了

し柔然に対して備えていることがうかがえる。すなわち、北魏と柔然とが和親状態にあった期間、柔然がこの和親をどの程度のものと考えていたのかは定かではないが、北魏にとっては、如何に和親状態にあるとはいっても、柔然に対して絶えず警戒していたと考えることができ、このような情勢の下で北魏は、先に述べた初めての西域遣使を行うことになる。

太延元（四三五）年五月に西域に遣わされた王恩生・許綱等は焉耆・車師の両国に向かったものと考えられるが、『魏書』巻一〇一・高昌伝に、

世祖時有闞爽者、自為高昌太守。太延中、遣散騎侍郎王恩生等使高昌、為蠕蠕所執。

とあり、彼らはまず高昌へと向かったが柔然に捕らえられることになり、目的を果たすことはできなかった。王恩生等が依然として柔然の強い影響下にあった高昌へと向かったことには、何らかの意味があったと考えられるが、ここでの北魏と柔然との関係を見ると、『魏書』巻四上・世祖紀上に、[13]

〔太延元年〕二月庚子、蠕蠕・焉耆・車師諸国各遣使朝献。

とあり、太延元（四三五）年二月に柔然は北魏に朝貢していることから、柔然も焉耆・車師と同様に北魏の返礼を受ける立場にあったと見ることもできる。しかし、先にも述べたように、北魏は柔然に対して常に警戒していたのであるから、王恩生等の遣使は単なる返礼ではなく、柔然を牽制する意味も含まれていたのではなかろうか。[14]

そして、それが失敗した後、董琬等が柔然の勢力下を避けて鄯善経由で西域へ向かった時には、明らかに柔然を

敵対勢力と意識していたと考えられる。

3　西域遣使の意義

それでは、北魏がこの時期、西域に使者を遣わしたことには、どのような意図があったのであろうか。もちろん先に述べたように、西域諸国の朝貢に対する返礼としての意味もあったのであろうが、柔然に対する戦略的な意味もあったと思われる。

当時、柔然が西域諸国に対してどれほどの影響力を有していたのかは定かではないが、『魏書』巻一〇二・西域伝・悦般に、

与蠕蠕結好、其王嘗将数千人入蠕蠕国、欲与大檀相見。入其界百余里、見其部人不浣衣・不絆髪・不洗手・婦人舌舐器物、王謂其従臣曰「汝曹誑我入此狗国中」、乃馳還。大檀遣騎追之不及。

とあり、初め柔然と通じていた悦般が大檀時代に柔然と敵対することになった経緯が記されている。また、先に掲げた『宋書』索虜伝の「西域諸国焉耆・鄯善・亀茲・姑墨東道諸国、並役属之」という記事を大檀時代のことと見なすと、これら西域諸国のうち、焉耆・鄯善・亀茲・悦般の四国が太延年間（四三五―四四〇年）に朝貢によって北魏と通じたことは先に述べた如くであり、これは推測ではあるが、北魏はこれら西域諸国の朝貢を機に、西域諸国と通じることによって柔然の西域諸国に対する影響力の削減を意図していたのではなかろうか。事実、北魏が西域諸国と通じている間は柔然による北魏への入寇・犯塞は見られず[15]、それ故、この後、北涼や西域諸国が北魏から離反して西域諸国との通交が途絶えると、離反した各国の討伐を積極的に行い、西域諸国との通交を

維持しようと努めるのである。(16)

三　麴氏高昌国をめぐる周辺諸勢力の情勢

1　世宗宣武帝の詔

以上のように、西域諸国との通交を維持することが北魏にとって対柔然政策において重要な課題であったと理解すれば、高昌の内徙請願に対する北魏の政策転換もその中に位置づけることも可能と思われる。

すなわち、高昌が置かれていた当時の国際関係について見ると、即位当初の高昌王麴嘉は前述したように柔然の那蓋、次いで高車に臣従することになるが、『魏書』巻一〇三・高車伝に記されている世宗宣武帝による詔(17)に、

蠕蠕・嚈噠・吐谷渾所以交通者、皆路由高昌、掎角相接。今高昌内附、遣使迎引、蠕蠕往来路絶、姦勢不得妄。

とあり、これによれば、柔然・嚈噠・吐谷渾が交通する場合はみな高昌を経由して、それぞれが互いに接していたが、高昌が北魏に服属したことで柔然の往来する路が途絶え、柔然は姦勢をふるうことができなくなった、というのである。さらに『通典』巻一九七・辺防一三・高車には、『魏書』高車伝の「蠕蠕往来路絶」の部分がより具体的に「蠕蠕既与吐谷渾路絶」(18)と記され、柔然・吐谷渾の交通路が断絶した、となっている。つまり高昌は、柔然・高車はもとより嚈噠・吐谷渾といった勢力とも交通路の要衝として密接な関わりを有していたのである。

2 柔然と高車の対立

北魏・高昌を含め、先の詔に挙げられた諸勢力の動向を、高車が自立した太和一一（四八七）年から高昌が北魏への三回目の内徙請願を行った神亀元（五一八）年までの間について表にすると表2のようになる。

表2 北魏・高昌および関係諸勢力の動向（表中の太字は皇帝・国王・可汗）
記号：◇＝朝貢 □＝別帥・部落の内属 △＝北魏への侵寇 ▽＝北魏による討伐
丸数字＝月（◇＝閏月、？＝不明）

	北魏	高昌	柔然	高車	嚈噠	吐谷渾
太和十一年（四八七）	**高祖孝文帝**	**闞首帰** ？**張孟明**	**豆崙** ⑧△ 豆崙は高車を伐つも敗戦、東方へ徙る	**阿伏至羅** 従弟の窮奇とともに柔然に背き自立 高昌王闞首帰兄弟を殺し敦煌人の張孟明を立てる		**度易侯** ④⑤◇
十二年			⑫□（伊吾戍主）			④⑨⑨◇
十三年			？□			③④⑨◇
十四年（四九〇）	高車に于提を遣わし虚実を観る			？◇		③◇ **伏連籌**

	高車に于提・可足渾長生を遣わし繍袴褶を賜う			?◇ 于提等に拝を強い、于提等が拒むと彼らを後三年間囚執する		
十五年（四九一）						①◇⑤▽ ⑤⑦◇
十六年（四九二）		?馬儒	⑧▽ 豆崘は叔父那蓋と高車を伐ち、豆崘は阿伏至羅に敗れ、那蓋は窮奇に勝つ 国人は固持する那蓋を主とするために豆崘の母子を殺し、那蓋も国人の意に従う **那蓋**			⑦◇
十七年						③◇
十八年						
十九年						⑤◇
二十年						
二十一年		⑫◇（請内徙）				
二十二年	高祖は高昌の内徙を納れ韓安保を遣わ					

（四九八）	すも内徒は果たせず					
二十三年	④ 世宗宣武帝					
景明 元年						⑦◇
二年（五〇一）		麴嘉 [柔然に臣従]	⑦△			⑩◇
三年						
四年						
正始 元年			⑨△・▽			
二年						
三年（五〇六）	柔然に報答せず		伏図 ⑩◇（請和）	跋利延		
四年			⑫□		⑩◇	②④⑧◇
永平 元年（五〇八）	世宗は高昌に孟威を遣わす 高車に対する詔 孟威は期を失い還る	？◇（請内徒）	⑨（請和） 蒲類海の北で柔然は高車を破る 伏図は孟威の軍を見て遁走、これを聞いた弥俄突は蒲類海の北で伏図を破る	国人は跋利延を殺し弥俄突を立てる 弥俄突 ④⑥⑦◇	弥俄突を高車王とするため高車を伐つ	⑧◇

	後、高昌の十余の遣使に優旨を賜うのみ重ねて迎えず	［伏図が高車に破れると高車に臣従］第二子を焉耆王とする	**醜奴**	高昌の胡人を焉耆に徙す	焉耆を破滅（焉耆は王を麴嘉に請う）	
二年		①⑥⑧◇			①◇	
三年（五一〇）	世宗は高昌に孟威を遣わし、麴嘉に詔してこれを労う			⑨□⑩◇		③◇⑤⑦◇
四年			⑨◇		⑨◇	⑦◇
延昌　元年	延昌中、麴嘉を持節・平西将軍・瓜州刺史・泰臨県開国伯とする	⑩◇			⑩◇	⑦⑧◇
二年		③◇			⑧◇	⑨◇
三年（五一四）			⑩世宗は馬義舒を遣わす（世宗崩→未発）		延昌中、粛宗は高徽を遣わす	⑨◇
四年	①**粛宗孝明帝**	⑨◇	⑦◇	⑫◇		⑧⑩◇
熙平　元年（五一六）	高昌の内徙請願に対する詔	④⑦◇	醜奴は弥俄突を破り、これを殺し、高車の余衆は嚈噠に奔入			②⑤◇
二年			⑫◇		④◇	③⑧⑨◇
神亀　元年	②柔然の使者の	⑤◇		**伊匐**	②◇	②③◇⑦

（五一八）	鞏顧礼等を引見 肅宗は高昌の内徙を許さず	冬、請内徙		⑤◇	神亀中、肅宗は高徽を遣わす	

内田吟風「柔然時代蒙古史年表」（『北アジア史研究―鮮卑柔然突厥篇―』同朋舎出版、一九七五年）・潘国鍵「北魏与蠕蠕関係簡表」（『北魏与蠕蠕関係研究』台湾商務印書館、一九八八年）を参考に、『魏書』本紀および各国の列伝をもとに作成。

太和二一（四九七）年に高昌王馬儒が北魏への内徙を図った背景には、従来から柔然と高車との高昌をめぐる争奪戦があったとされている(19)。

高車は『魏書』巻一〇三・高車伝に、

先是、副伏羅部為蠕蠕所役属。豆崘之世、蠕蠕乱離、国部分散、副伏羅阿伏至羅与従弟窮奇倶統領高車之衆十余万落。太和十一年、豆崘犯塞、阿伏至羅等固諫不従、怒率所部之衆西叛、至前部西北、自立為王。（略）豆崘追討之、頻為阿伏至羅所敗、乃引衆東徙。

とあり、太和一一（四八七）年に副伏羅部の阿伏至羅と窮奇が柔然の豆崘（伏古敦可汗）に背いて車師の西北で自立した。豆崘は阿伏至羅を追討したが、逆に敗れることになり、以後、柔然と高車とは対立関係が続くことになる。

柔然から自立した高車は『魏書』巻七下・高祖紀下に、

〔太和十二年〕十有二月、蠕蠕伊吾戍主高羔子率衆三千以城内附。

とあり、これは高車に敗れた柔然の勢力が東方に引き上げたため、その援護を失った高羔子が高車の勢力を避けるためにとった行動で、これにより太和一二（四八八）年一二月以前までには、その勢力が伊吾にまで波及していたことがうかがえ、『魏書』巻一〇一・高昌伝に、[20]

〔太和十二年〕[21]高車王可至羅殺〔闞〕首帰兄弟、以敦煌人張孟明為王。

とあり、太和一二（四八八）年に高車王の可至羅（阿伏至羅）が高昌王闞首帰兄弟を殺し、自らの傀儡として敦煌人の張孟明を立てて高昌をも支配下に入れたことが記されている。また『魏書』巻一〇三・高車伝に、

〔太和〕十四年、阿伏至羅遣商胡越者至京師、以二箭奉貢、云「蠕蠕為天子之賊、臣諫之不従、遂叛来至此而自豎立。当為天子討除蠕蠕」。高祖未之信也、遣使者于提往観虚実。阿伏至羅与窮奇遣使者薄頡随于提来朝、貢其方物。詔員外散騎侍郎可足渾長生復与于提使高車、各賜繍袴褶一具・雑綵百匹。

とあり、太和一四（四九〇）年に商胡を遣わして柔然を討つことを述べている。さらに付け加えれば、『南斉書』巻五九・芮芮虜伝に、

〔永明〕十年、丁零胡又南攻芮芮、得其故地、芮芮稍南徙。（略）先是、益州刺史劉悛遣使江景玄使丁零、宣国威徳。道経鄯善・于闐、鄯善為丁零所破、人民散尽。

とあり、南斉の永明一〇（四九二）年に高車の阿伏至羅[22]が柔然に侵攻し、それ以前には南斉の使者である江景玄が鄯善を経由して高車に赴いていることが記されている。すなわち、太和一一（四八七）年に柔然から自立した高車は、翌太和一二（四八八）年に高昌を支配下に入れ、伊吾の近くまでその勢力を拡大し、さらに太和一四（四九〇）年には北魏と通じている。また、南斉の永明一〇（四九二）年以前までには鄯善もその支配下に入れている。これに対して柔然は『魏書』巻一〇三・蠕蠕伝に、

〔太和十六（四九二）年〕豆崘与叔父那蓋為二道追之。（略）豆崘頻為阿伏至羅所敗、那蓋累有勝捷。

とあるように、高車を討つことになるが、これは高車の自立によって西域諸国に対する影響力を失うことを危惧したためであり、結果的にこの高車討伐は豆崘の敗北により失敗し、一時期、柔然は西域諸国への影響力を失うことになり、この間、柔然の北魏に対する入寇・犯塞は止むことになる。

しかし、この後も柔然と高車は高昌の支配をめぐって争うことになるが、『魏書』巻一〇一・高昌伝に、

〔張孟明〕後為国人所殺、立馬儒為王、以鞏顧礼・麴嘉為左右長史。

とあり、張孟明が国人に殺され、馬儒がその後を継いで高昌王となったと記されている。馬儒が王位に就いた年次は定かではないが[23]、この馬氏高昌国に関しては従来、高車の影響下にあったと見なされており、表1の①に掲げた内徙を柔然の圧迫から逃れるためとされている[24]。しかし、馬氏高昌国がたとえ『魏書』高昌伝の言う「国人」によって建てられたものであったとしても、高車の擁立した張孟明に代わって成立した以上、高車からの圧迫と

見ることも可能である。[25] すなわち、馬儒は柔然の支配下にあり、柔然と高車とが対立する中で自らの保身を図るために北魏への内徙を求めたのではないだろうか。

当時の柔然と高車の情勢は基本的に対立関係にあったと考えられ、柔然は『南斉書』巻五九・河南伝に、

〔永明三年〕遣給事中丘冠先使河南道、并送芮芮使、至六年乃還。

とあり、[26] 南斉の永明六（四八八）年まで南斉と通じており、高車は先に掲げた『魏書』高車伝に記されているように「当為天子討除蠕蠕」と述べ、初めは信じなかった高祖孝文帝も後に使者を遣わして繡袴褶などを下賜していることから、柔然は南斉と、高車は北魏との関係が強かったと考えられる。

それでは、高昌の立場はどうだったのであろうか。馬儒は太和二一（四九七）年に北魏への内徙を求めたが、結局、北魏への内徙は実現することはなく、馬儒を継いだ麴嘉は柔然の那蓋の臣となり、鞏顧礼と馬義舒は韓安保に従って洛陽に至っている。さらに鞏顧礼は『魏書』巻一〇三・蠕蠕伝に、

及臣兄（醜奴）為主、故遣鞏顧礼等使来大魏。

とあることから、如何なる経緯によるかは定かではないが柔然に入り、後に使者として北魏に遣わされ、また、馬義舒は『魏書』巻一〇三・蠕蠕伝に、

延昌三年冬、世宗遣驍騎将軍馬義舒使於醜奴、未発而崩、事遂停寝。

とあり、韓安保に従って洛陽に至った後も、そのまま北魏に留まり、延昌三（五一四）年には、世宗の崩御で「未発」ながらも柔然への使者となっている。

以上のことから考えると、柔然・南斉―高車・北魏という対立の中にあって馬儒の北魏への内徙は柔然に叛くものであって、結果的に麴嘉が即位して柔然の那蓋の臣となったことによって、柔然の高昌支配は維持されたことになる。鞏顧礼・馬義舒ともに柔然と関わりを持ち、特に鞏顧礼は柔然側の人物であったことも、柔然による馬氏高昌国支配を示していると考えられるのである。

3 嚈噠の東方進出

嚈噠が北魏に初めて朝貢したのは『魏書』巻五・高宗紀に見られる太安二（四五六）年一一月のことである。『魏書』巻一〇二・西域伝・嚈噠には、

自太安以後、毎遣使朝貢。

とあり、その後も朝貢関係が続いていたとも思われるが、『魏書』をはじめとする諸史料には正始四（五〇七）年になるまで朝貢の記録がなく、この間に北魏への朝貢が行われていたのかは判断できないが、西域諸国、特にタリム盆地地域に進出してきたのは、再掲になるが『魏書』巻一〇一・高昌伝に、

及蠕蠕主伏図為高車所殺、嘉又臣高車。初前部胡人悉為高車所徙、入於焉耆、焉耆又為嚈噠所破滅、国人分散、衆不自立、請王於嘉。嘉遣第二子為焉耆王以主之。

とあるように、焉耆に侵攻したことに始まる。

柔然の伏図が高車の弥俄突に殺されたのは、上記引用文に続いて、

永平元年、〔麴〕嘉遣兄子私署左衛将軍・田地太守〔麴〕孝亮朝京師、仍求内徙、乞軍迎援。於是遣龍驤将軍孟威発涼州兵三千人迎之、至伊吾、失期而反。

とあり、『魏書』巻一〇三・高車伝に、

先是、高昌王麴嘉表求内徙、世宗遣孟威迎之、至伊吾、蠕蠕見威軍、怖而遁走。弥俄突聞其離駭、追撃大破之、殺伏図於蒲類海北、割其髪、送於孟威。

とあることから、高昌王麴嘉が北魏に内徙を求めて、世宗宣武帝が孟威を遣わした永平元(五〇八)年のことで、この年、高車は再び高昌を支配下に入れ、さらに焉耆にも旧車師前部にいた胡人を移すなどして、天山南路の要所を手に入れることになった。[27]

嚈噠の焉耆侵攻は、『魏書』高昌伝の記載順序から見て、この後直ちに行われたものと考えられるが、そもそも高車の弥俄突は『魏書』巻一〇三・高車伝に、

歳余、嚈噠伐高車、将納弥俄突、国人殺跋利延、迎弥俄突而立主。

とあるように、嚈噠によって擁立されており[28]、嚈噠の東方進出も高車に対する影響力を基盤に行われたものであったと思われる。それ故、自らが擁立した弥俄突が焉耆に胡人を移すという行為を見逃すことはできなかったのであろう。

その後も嚈噠と高車とは深い関係が続いていたことが、『魏書』巻一〇三・高車伝に、

粛宗初、弥俄突与蠕蠕主醜奴戦敗被禽、醜奴繋其両脚於駑馬之上、頓曳殺之、漆其頭為飲器。其部衆悉入嚈噠。経数年、嚈噠聴弥俄突弟伊匐還国。

とあり、嚈噠の影響下にあった弥俄突が、伏図を継いだ醜奴（豆羅伏跋豆伐可汗）に殺されると、数年のうちに弥俄突の弟の伊匐を立てて国に還らせたことからもうかがえ、これは嚈噠が高車を傀儡として西域諸国の支配を継続させるために行ったものであった[29]。

4　高昌をめぐる国際関係

高車は柔然から自立すると、その勢力範囲であった高昌をその支配下に入れ、伊吾へも勢力を伸ばしていった。高車の勢力が伸張すると、太和一二（四八八）年には柔然の伊吾戍主であった高羔子が、翌太和一三（四八九）年には『魏書』巻七下・高祖紀下に、

〔太和十有三年〕是歳、蠕蠕別帥叱呂勤率衆内附。

とあるように、柔然の別帥であった叱呂勤が北魏に内附するなど、柔然からの離反が続いたが、柔然が再び馬儒を王として高昌を支配し、馬儒を継いだ麴嘉が引き続き那蓋の臣となると、柔然は北魏への入寇・犯塞を開始することになる。しかし、永平元（五〇八）年、柔然の伏図が高車の弥俄突に敗れ、高昌・焉耆が北魏とは朝貢関係にある嚈噠とその傀儡である高車の支配するところとなると、これ以後、柔然は北魏の滅亡まで大掛かりな敵対行動(30)を起こすことはなく、朝貢を繰り返すことになり、北魏はこれまでのように柔然と西域諸国との関係を打破するような政策をとる必要がなくなったのである。それ故、表1の②に掲げた永平元（五〇八）年の内徙請願に対して遣わされた孟威は、伊吾に至った時、柔然の伏図が高車の弥俄突に殺され、高昌の依存勢力が柔然から高車へと移るのを目の当たりにしたために、麴嘉の内徙を納れずに帰還したとすることも可能となるのである。

おわりに

以上、麴氏高昌国の成立と高昌王麴嘉の内徙請願について、それに対する北魏の政策をとくに北方の遊牧勢力との関係から見てきたが、高昌の内徙請願に関しては、高昌にとっては、従来から述べられているように、柔然・高車といった依存勢力の覇権の推移に翻弄された結果の内徙請願であったのであろうが、北魏にとっては、対柔然政策の一環として、柔然勢力の西域諸国への影響力の削減、および吐谷渾を通じて南朝との連携を打破するための対応であったと思われる。すなわち、高昌が北魏の敵対勢力である柔然の支配下にある場合は積極的にこれを迎えるが、その勢力が衰え、北魏と朝貢関係にある高車が高昌をその影響下に置くと高昌を重ねて迎えることはなくなるのである。

（1）麴氏高昌国の成立年次については、白須浄真「高昌王・麴嘉の即位年次について―呉震氏の新説をめぐって―」（小野勝年博士頌寿記念会編『小野勝年博士頌寿記念東方学論集』朋友書店、一九八二年）、王素『高昌史稿―統治編―』（文物出版社、一九九八年）第六章第一節・二「麴氏王国的成立」に詳述されており、両氏とも麴嘉の即位を五〇一年、翌五〇二年改元とされている。

（2）麴氏高昌国の成立を扱った専論としては、北条祐勝「麴氏高昌国の成立について」（『白山史学』第五号、一九五九年）がある。

（3）「柔然」とは『魏書』巻一〇三・蠕蠕伝に、

車鹿会雄健、始有部衆、自号柔然。

とあり、車鹿会の自称を漢字音訳したものである。他に「蠕蠕（『魏書』・『北史』・『南史』等）」・「芮芮（『宋書』・『南斉書』・『梁書』等）」・「茹茹（『周書』『隋書』等）」などと記されているが、本文中では「柔然」に統一した。なお、引用史料は原文のまま記載した。

（4）船木勝馬「魏書西域伝考㈠―成立と補綴と復原―」（『東洋史学』第二輯、一九五一年）六四―六五頁、内田吟風「魏書西域伝原文考釈（上）」（『東洋史研究』第二九巻第一号、一九七〇年）八七―八九頁、内藤みどり「『魏書』西域伝の構成について」（早稲田大学文学部東洋史研究室編『中国正史の基礎的研究』早稲田大学出版部、一九八四年）一五三―一五五頁。

（5）前田正名氏は、延和初（四三二）年から太延二（四三六）年の間にオルドス砂漠をめぐる諸鎮が設置され、この間に平城への朝貢路を妨げていた白竜を討伐して、太延元年から華麗な朝貢が開始された、とされている。『平城の歴史地理学的研究』（風間書房、一九七九年）一七一頁。

（6）『魏書』巻一〇三・蠕蠕伝には、

其西則焉耆之地、東則朝鮮之地。

とあるが、内田吟風氏は『通典』の記述に依るべきとされている。「柔然族に関する研究」（『北アジア史研究―鮮

卑柔然突厥篇―』同朋舎出版、一九七五年）二八三頁。

（7）松田寿男『古代天山の歴史地理学的研究・増補版』（早稲田大学出版部、一九七〇年）一四六―一四八頁。

（8）内田吟風「柔然時代蒙古史年表」（前掲書、本稿注（6））、潘国鍵『北魏与蠕蠕関係研究』（台湾商務印書館、一九八八年）附録㈠「北魏与蠕蠕関係簡表」参照。

（9）白須浄真「高昌・闞爽政権と縁禾・建平紀年文書」（『東洋史研究』第四五巻第一号、一九八六年）八五―八六頁。

（10）湯球『十六国春秋輯補』巻九九・北燕録による。

（11）『魏書』巻一〇三・蠕蠕伝に、

社崘与姚興和親。（略）天興五年、社崘聞太祖征姚興、遂犯塞。

とあり、柔然と通じていた後秦の姚興が天興五（四〇二）年に北魏の征討を受けると、それを聞いた社崘が北魏に侵寇していることから、北燕討伐に際して、北魏は柔然の侵寇を危惧していたと考えられる。

（12）この六鎮は、沃野・懐朔・武川・撫冥・柔玄・懐荒、を指す。内田吟風前掲論文（本稿注（8））三五四頁。

（13）拙稿「北魏の西域討伐をめぐって」（中央大学東洋史学研究室編『アジア史における制度と社会―アジア史研究第二〇号―』刀水書房、一九九六年）一〇五―一〇六頁。

（14）西域に通じる交通路には『魏書』巻一〇二・西域伝・序に、

其出西域本有二道、後更為四。出自玉門、渡流沙、西行二千里至鄯善為一道、自玉門、渡流沙、北行二千二百至車師為一道。

と記され、初め、玉門から西行して鄯善へと向かう道と、玉門から北行して車師へと向かう道とがあり、船木勝馬氏・内藤みどり氏は、北行して車師へと向かうものを王恩生等の遣使路、西行して鄯善へと向かうものを董琬等の遣使路とされている。船木勝馬前掲論文、六五頁、内藤みどり前掲論文、一五七―一五九頁。

（15）柔然の北魏への入寇・犯塞は、本文中に掲げた太延二（四三六）年の和親破棄の後、『魏書』巻一〇三・蠕蠕伝に、

〔和平〕五年（略）率部侵塞。

とある、和平五（四六四）年まで見られない。この時の侵塞を佐藤智水氏は、北魏による宋・吐谷渾・柔然への大攻勢に対して三者が連携して行ったもので、この時期、敦煌が頻繁に柔然の攻撃を受けたのは、強大化する北魏に対して柔然が吐谷渾を経て宋へと結ばれる交通の要所としての敦煌獲得を狙ったものとされている。「五胡一六国から南北朝時代」（『講座敦煌二　敦煌の歴史』大東出版社、一九八〇年）九〇・九七頁。

(16) 拙稿前掲論文参照。

(17) この詔は『魏書』巻一〇三・高車伝の

弥俄突既立、復遣朝貢。又奉表献金方一・銀方一・金杖二・馬七匹・駝十頭。〔世宗宣武帝〕詔使者慕容坦賜弥俄突雑綵六十匹。

という記事に続いて記されていることから、高車王となった弥俄突が北魏に朝貢したことに対して与えられたものであるが、これが何年のことなのか『魏書』高車伝には紀年が記されていないものの、内田吟風氏は、弥俄突が高車王となったのは永平元（五〇八）年のこととされている。前掲論文（本稿注（8））三七七頁。

すると、詔に述べられた「今高昌内附、遣使迎引」とは、前掲表1の②に掲げた二度目の内徙請願とそれに対する北魏の対応を指していると考えられる。

(18) 『通典』巻一九七・辺防一三・高車に、

蠕蠕・嚈噠与吐谷渾所以交通者、皆路由高昌国、犄角相接。今高昌内附、遣使迎引、蠕蠕既与吐谷渾路絶、姦勢亦危、於卿彼蕃、便有所益。

とある。

(19) 北条祐勝前掲論文、二二五—二二七頁。

(20) 白須浄真「高昌墓塼考釈㈢」（『書論』第一九号、一九八一年）一六二頁。

(21) 『魏書』の記載は「太和五年」となっているが、白須浄真氏の説にしたがって改めた。白須浄真前掲論文（本稿

注（20））一五八―一六四頁。

(22)『南斉書』にある「丁零」は高車のことを指している。内田吟風前掲論文（本稿注（8））三七三頁。

(23)『元和郡県図志』巻四〇・隴右道下・西州に、

太和二十年、〔張〕孟明、為国人所殺、立馬儒為王。

とあり、馬儒の即位を太和二〇（四九六）年としているが、白須浄真氏は『元和郡県図志』が如何なる史料に基づいてその年次を決定したのか不明であることから、無条件で採用することを躊躇されている。前掲論文（本稿注（20））一六八・一七〇・一七三頁。

一方、侯燦氏はこの年次を採用されている。『高昌楼蘭研究論集』（新疆人民出版社、一九九〇年）一二一―一二二頁。

(24)大谷勝真「高昌麴氏王統考」（京城帝国大学文学会論纂第五輯（特別号）『京城帝国大学創立十周年記念論文集（史学篇）』大阪屋号書店、一九三六年）四頁、嶋崎昌「遊牧国家の中央アジア支配と中国王朝」（『隋唐時代の東トゥルキスタン研究―高昌国史研究を中心として―』東京大学出版会、一九七七年）五六四―五六五頁、白須浄真前掲論文（本稿注（20））一六八頁。

(25)王素前掲書、三〇三―三〇四頁。

(26)『南史』巻七三・孝義伝上・丘冠先には、丘冠先が柔然によって殺されたという記事があるが、白須浄真氏は『南斉書』・『南史』のいずれかに拠るかは不可能であるとされながらも、『南斉書』の前後の記事から、丘冠先が殺されずに帰還したとしてもそこには矛盾は見いだせないとされている。前掲論文（本稿注（20））一六六頁。

(27)伊瀬仙太郎氏は、高車が胡人を焉耆に移したのは、通商の利潤を独占しようとしたためとされている。『中国西域経営史研究』（巌南堂書店、一九五五年）一三〇頁。

(28)内田吟風氏は、永平元（五〇八）年の項に掲げている。前掲論文（本稿注（8））三七七頁。

(29)潘国鍵氏は、嚈噠の政策が柔然勢力の削減を意図したものであったとされている。前掲書、一六四頁。

（30）『魏書』巻九・粛宗紀の正光四（五二三）年の記事に、柔然による北魏への入寇の記載が見られるが、これは『魏書』巻一〇三・蠕蠕伝に、

四年、阿那瓌衆大飢、入塞寇抄。

とあることから、この時の入寇は飢饉という非常事態が原因となって行われたものであると考えられる。

前近代中国王都論

妹尾達彦

はじめに——前近代都市と近代都市——

世界の都市の歴史を考える際に、都市の類型を、前近代都市と近代都市の二つに分類する場合が多い。たとえば、前近代国家の都市を、前産業型都市（pre-industrial city）ないし伝統都市（pre-modern city）とよび、近代国家の都市を、産業型都市（industrial city）ないし近代都市（modern city）と名づける考え方である。

この考えを代表する論考として、G・ショウバーグの名著『前産業型都市』(Sjoberg, Gideon, *The Pre-industrial City, Past and Present*, New York: The Free Press, 1960、倉沢進訳『前産業型都市—都市の過去と現在—』東京・鹿島研究所出版会、一九六八年）や、C・チャントとD・グッドマンの近著『前産業型都市と技術』(Colin Chant and David Goodman, *Pre-industrial Cities &Technology*, London : The Open University 1999）などがあげられよう。さらに、若林幹夫『熱い都市、冷たい都市』（東京・弘文堂、一九九二年）は、ショウバーグの論を批判的に継承した上で、新たに、前近代都市を「冷たい都市」、近代都市を「熱い都市」と命名して、前近代と近代の都市の違いを明快に分析している(1)。

若林氏のいう「冷たい都市」とは、都市にすむ人々の身体・物財・記号が、静態的な社会秩序に対応する前近代の伝統都市を意味し、「熱い都市」とは、人々の身体・物財・記号が、従前の社会秩序との対応を脱して動態的に再編される、近代特有の産業型都市を意味している。

上記の諸研究をふまえて、前近代都市の特色をまとめると、このようになる。すなわち、前近代都市は、なによりも技術の未発達によって特色づけられ、階層構造は非流動的であり、分業は相対的に未発達である。そのために、生得的な業績よりも生まれながらの身分が重視され、身分による棲み分けによって、都市の空間は分節構造をとっている。社会規範や宗教規範は、厳格であり、あらかじめ与えられたものとして存在して、人間個人が変えることは難しい。前近代国家の社会的権力は、都市、とりわけ王都（都城）に集中する。その結果、エリートは、多くが都市に居住する。建築景観からいえば、ユーラシア大陸の幹線陸路沿いの都市、とくに、農業―遊牧境界地帯の諸都市は、例外なく城壁都市となる。

一方、近代都市の特色は、技術の発達によって特色づけられ、階層構造は流動的であり、分業は発達している。そのために、身分よりも個人の努力による業績が重視され、業績や所得、社会的地位、職業、個人の欲望などにもとづく自由な居住地の選択が進み、都市の空間は分節化されずに均質的な構造をとっている。社会規範や宗教規範は、ゆるやかとなり、それらの規範が人間を規制する力は弱まる。近代国家の社会的権力は分散的であると同時に、どこに住もうが、個々人に浸透してゆく存在でもある。建築景観からいえば、都市は交通路によって周辺地域と機能的に連結して、城壁は撤去される。

同様に、社会学等の社会科学の分析にもとづけば、前近代社会と近代社会は、基本的に異なった社会となる。すなわち、前近代の人間世界の秩序は、異なる意味と価値に分節化され階層化した場所と対応しており、このような場所を生きることによって秩序が再生産されていた。前近代の場所と社会秩序の対応は、共同体によって伝統的に定められており、人間個人が主体的に変更できる存在ではなかった。

これに対して、近代社会は、前近代において分節化＝差異化されていた場所を、建築景観的にも社会構造的にも、連続して均質的なものに解体して再編する。その結果、人間が主体的に意味づけることのできる、可塑的な空間をつくりだした。近代社会の人間は、伝統的な価値や意味をはぎとられた、均質的であるがゆえに流動的な空間を生きることによって、新しい社会の秩序を自ら構築せざるを得ない存在になったのである(2)。

また、空間と同様に、前近代の時間も、身分・性差・職業・地域等の違いによって分節化されており、定められた異なる時と場所を人々が生きることによって、社会秩序が再生産されていた。近代になって初めて、地球上、誰でもどこでも同じ均質的な時間と空間が誕生するのである(3)。

前近代の分節化された場所・時間から近代の均質化された空間・時間への認識の転換は、一八世紀から二〇世紀にかけて、近代国民国家の形成や資本主義の生産システムの浸透、交通・情報機能の飛躍的進歩、身分から業績への階層構成原理の転換、大衆社会の成立などを梃子に、一挙に地球規模で拡大していった。それとともに、人間中心の理念が力を増し、人間界が自然界と超自然界から分離・独立していき、社会秩序も構造的に変化しだすのである。

以上の考えは、前近代の社会構造と近代の社会構造の不連続性に注目した考え方であり、近代社会を主な分析対象とする社会科学研究の分析傾向を示すものといえる。近代になって誕生した経済学や社会学等の社会科学は、近代社会そのものが研究対象である。

一方、歴史学は、前近代から既に存在しており、前近代と近代を通して分析するので、前近代と近代の連続性を論じる傾向が強い。そのために、以上のような二分法は、歴史学では、余り好まれないように感じる。ただ、一つの地域の歴史の歩みだけではなく、各地域の歴史の構造を比較分析しようとすると、分析の共通の枠組を設定して、複雑な現象を整理する必要が生じてくる。そこで、まず、時間軸を近代と前近代に分類した上で、次に、前近代と近代それぞれの時間の地域性や時期的特色を考察する方法が、有効になると思われるのである。

そして、各地域・各時期の歴史構造の比較をおこなっていくと、おそらく、前近代国家と近代国家は、それぞれ地域的・歴史的に大きな相違を内包しつつも、前近代国家同士や、近代国家同士は、それぞれが基本的に類似した性格を擁している、と考えられるようになるのではないだろうか。

このように、前近代都市と近代都市の違いを認めた上で、一般の都市と為政者の居住する都とは、どこがどう異なるのか、という問題や、前近代国家の都の比較と類型化は、どの程度可能なのか、また、前近代から近代にかけての都の変遷は、何時、なぜ、どのようなかたちでなされたのか、という問題等について、中国大陸を事例に、今後分析をしていきたいと考えている。

つまり、本章は、世界各地における前近代の王都の都市構造をめぐる従来の議論を整理し、中国大陸の王都の特徴を探っていく試みの一環をなしている(4)。本章の目的は、世界の前近代の王都の比較分析を進める前提として、中国を事例に、前近代の王都の意味を全体的に把握することにあり、個々の王都の具体的な分析については、改めて、別稿で順次考察していく予定である(5)。

なお、本章でいう王都とは、前近代における為政者（王や君主、政権担当者）の居住する都市のことをさしている。前近代の為政者の居住地を、「王都」とよぶ際に注意すべきは、中国語の「王都」の語が、皇帝の都ではなく、諸侯ないし王の爵位をもつ王国の都をさしていることである。つまり、中国においては、前近代の帝政期の都をよぶ歴史上の名称としては、皇帝の居住する都市をしめす「京城」「京師」「都城」「帝京」「帝都」等の呼称の方が適切である。ただし、本稿では、中国以外の世界各地の前近代国家の都を、広く中国の都とともに比較の対象とするために、比較の便を考えて、前近代の都の呼称を「王都」に統一することにしたい。

同様に、近代国家の政権所在地を示す語として、「首都」の他に「首府」「国都」等があるが、本章では、「首都」に統一することにする。首都の中国語は、前近代の中国に存在はしたが、都の意味で広く使われることばではなく、近代になって初めて、国家の元首と中央政府の場所として広く用いられるようになったことばである。

二〇世紀後半以後、地球を一体化する市場・情報圏が生まれていく中で、一九世紀から二〇世紀にかけて世界各地で生まれた近代国家の枠組みがゆらぎはじめ、近代国家とともに構築された学問体系自身が再検討されてきている。また、二一世紀の半ばには、世界の都市化率が七割を越えるとの予測がだされている（現在は約五割）。そして、地球各地において、拠点都市への人口・情報の集積が急速に進行する情勢のもとで、都市と政治権力をめぐる歴史を再考する機運がたかまってきた。同時に、環境問題の深刻化は、誰の目にも明らかな状況となっている。都市問題や環境問題という国境を越えた諸問題が、二一世紀の大きな問題として、地球にすむ私たちの前に立ちはだかってきたのである。

このような状況のもとで、二一世紀には、各国史にもとづく従来の近代歴史学の制約を超えて、人類規模の歴史学（グローバル・ヒストリー）を模索せざるを得ない状況が生まれてきた。人類という観点から歴史をふりかえると、空間的には、地球全体を考えざるを得ず、時間的には、人類の活動の始まる時期から現在までを対象とし、生態環境の中における人類、すなわち生態学的には霊長類のヒト科に属する動物である人類の位置づけを考えながら、人と環境の相互作用の変遷を考える必要がある。つまり、国境によって区切られた地域の歴史ではなく、地球にすむ生物全体を対象にして、前近代・近代・近代後の大きな時間軸の中で、為政者（王や君主）の居住する都市とその権力の関係を位置づける必要性が、今、生まれているのである。

本章では、以上の問題関心をふまえ、前近代の中国大陸の王都をめぐる本章の議論が、単に中国大陸の王都の問題にとどまらず、近代国家の都市や環境の問題を前近代国家の側から照射することによって、近代とは何か、という大きな問題を考える手がかりとなるように努力していきたい。同時に、前近代の王都の比較研究という本研究の課題が、現在の人類が直面する都市問題や環境問題等の現代問題を対象とする研究活動の一環を担えるように、努力してみたいとも思う。

一　建　築——王都と首都——

本章では、前近代の王都を分析する際に、「建築」「政治」「儀礼」という三つのことばをキーワードにしたい。これら三つのことばは、人間がつくりあげようとした、空間（建築）と組織《システム》（政治）、認識（儀礼）のあり方を凝縮しており、人間の活動の特色を他の生物との比較で考察する時に、有効な分析枠組と考えられる。このため、前近代と近代の都の諸特徴を、その表層と深層の両層から分析する際に、この三つのことばは、鍵となる概念になると思われるからである。「建築」「政治」「儀礼」という密接に関連することばを、前近代国家の王都と近代国家の首都をめぐる諸問題を考える共通の分析用語とすることで、従来以上に、複雑な現象が簡潔に説明できると思うのである。

建築とは何か？

都市の歴史を考える際に、目に見える建築が、重要な手がかりとなることが、近年、さまざまな研究によって明らかになってきた。なぜならば、建築《アーキテクチャー》とは、単に建造物《ビルディング》をつくることではなく、人間や社会の認識の様式をうつしだす建造技術の体系だからである。建築を手がかりにして、都市をめぐる複雑な問題に入っていくことができるのである。目に見える建築物は、つくられた時の人間や社会の認識を投影しているとともに、建築された後は、人間や社会の認識に深くはたらきかけ、絶えず再解釈されて新しい意味を生みだす存在でもある。その意味で、建築は、社会の変容を映し出すと同時に、社会の変容自体に働きかける存在でもある。

本章の目的の一端は、このような建築《アーキテクチャー》がもつ社会性《コンテクスト》の諸相を、前近代中国の王都建築の変遷を主な事例として、具体的に分析することである。前近代国家の王都は、政治権力の中心地であることを象徴するために、その時代や地域の文化を凝縮する建築的装飾に満ちている。同時に、王都は、異なる出身地や出自・種族・階層・身分の男女が多数集住するために、多様な機能と意味をになう建築群によって構成されており、建築の変容を通して、時代の変貌が最も先鋭的にあらわれる空間でもある。中国大陸の帝政時代（前二二一～後一九一一年）の王都は、そのような前近代国家の都の典型例の一つであった。

本章では、まず、中国の都を主な事例として、国家形成の集約的表現として都がつくられることをのべる。つぎに、政権の所在地である都《みやこ》の建築の機能と意味が、前近代国家と近代国家では異なることを指摘する。そのために、本稿では、前近代国家における都を「王都」とよび、近代国家における都を「首都」とよんで区別し、王都と首都をあわせてよぶ際に、都《みやこ》の語をもちいることにする。前近代の王都の特色を、近代国家の首都と比較することによって、より明瞭にしていくことを心がけたい。

続いて、都の建築と国家の主催する国家儀礼の変貌の具体例を論じる。都の建築を舞台に挙行される国家儀礼は、政治権力の正統性という抽象的な観念や、体制をささえる社会秩序を、具体的で目に見える動きに変換することで、人々の心身を律しようと試みた。

このことは、前近代中国、すなわち帝政期の王都と、近代中国、すなわち二〇世紀の中華民国期と中華人民共和国期の首都を比較するとわかりやすい。中国史の前期を代表する都が長安であり、後期を代表する都が北京であるので、隋・唐王朝の都である長安城（五八三～九〇四年）を、元・明・清王朝の都である北京城（一二七二～一

九一一年）と比較することで、前近代と近代の都の構造の特質が、より明快に分析することができると思われるのである。(6)

なお、都の場合と同様に、前近代において挙行される国家儀礼と、近代国家で挙行される国家儀礼の機能と意味も異なる。そこで本章では、前近代国家の国家儀礼を王権儀礼とよび、近代国家の国家儀礼を国民儀礼とよんで区別し、両者をあわせてよぶ際に、国家儀礼の語をもちいることにする。

なお、本章は、前近代の王都の建築構造と政治権力の関係を論じることを主目的としており、近代国家の首都の建築構造と政治権力の関係については、本章と対をなす別の拙稿をあわせて参照いただければ幸いである。(7)

都市の形成――都市はどこで、なぜ生まれたのか？――農業―遊牧境界地帯の歴史構造(8)――

都市誕生の要因に関しては一般に、交易・流通、軍事、宗教・祭祀、自然環境、生産条件等、さまざまな要因が複合的に重なり合っていると考えられてきた。ここで特に興味深いことは、異なる生態環境の境界に交易が生じて、交易の場所に、都市と王権と国家がセットとなって誕生する場合が多い経験的事実である。(9)扇状地の扇頂部分、川と陸の交差地、陸と海の境界、砂漠と草原・草原と農耕地との境界などの場所に、都市が必然的に生まれ、それらの都市のネットワークの上に、王権と国家が誕生する事例が多く見られるのである。そして、アフロ・ユーラシア大陸において、最も大きな生態環境の境界は、農耕地域と遊牧地域の境界を走る農業―遊牧境界地帯である。

つまり、アフロ・ユーラシア大陸における都市の形成と発展を考える際に、農業―遊牧境界地帯の存在が、一つの鍵をなすと思われるのである。ここでいう農業―遊牧境界地帯（遊牧―農業境界地帯）とは、農耕地帯と遊牧地帯の接する生態環境の境界地帯のことである。「半農半牧地域」とか、「農牧接壌地域」とよばれることもある。地球のさまざまな地域に存在するが、最も規模が大きく長大な面積にわたり、かつ地球の歴史の上で重要な役割を演じた境界地帯が、ユーラシア大陸の北緯四〇度前後を東西につらぬく一万キロをこす、農業—遊牧境界地帯である。地球全体から見ると、線のように東西に延びている。ユーラシア大陸東部では、幅一〇〇キロから三〇〇キロにもおよぶ。

この農業—遊牧境界地帯に隣接する、北緯三〇度～四〇度の農業地域の特色は、牧畜の強い影響をうけた農業がいとなまれていることである。ただ、この農業と遊牧の境界線は、地球の年平均気温の上下や遊牧民の南下、耕地化の進展などによって、歴史的に、南北数百キロにわたって移動しており、一定していない。現在は、地球温暖化の影響を受けて、北緯四〇度以北において、植物の繁茂期間が長くなり、緑の密度が濃くなってきており、農耕地域がかつての遊牧地帯の中に広がっている。

この農業—遊牧境界地帯に接する農耕地域をながめると、遊牧地帯の政治拠点地域と農耕地域の政治拠点地域が対応して誕生していることがわかる。すなわち、ユーラシア大陸西部における「ギリシャ・ローマ対スキタイ」（BC・八世紀頃～BC・六世紀頃に誕生）、中央部における「ペルシャ対サカ（サカはスキタイのこと。ギリシャ人がスキタイとよぶ遊牧民をペルシャ人はサカと呼んだ）」（BC・六世紀頃～BC・四世紀頃に誕生）、東部における「秦漢対匈奴」（BC・四世紀頃～BC・三世紀頃に誕生）の敵対関係である。

農業—遊牧境界地帯に隣接する農業地域・遊牧地域は、農業と遊牧という異なる生業が接触する地帯であるために、それぞれの地帯の異なる産物が交易され、多様な人々が交流して情報と富の集積する場となる。その交流を保証・調停し、蓄積する情報と富を管理・防衛する必要が生じ、農業—遊牧境界地帯に隣接する農耕地域に、多くの都市と政治権力が発生するにいたったと考えられる。

この農業—遊牧境界地帯の周縁には、都市が連鎖しており、その都市間を東西につなぐ陸路が、ユーラシア大陸の幹線陸路となっている（シルク・ロード）。そのために、農業―遊牧境界地帯に接する地域は、古くから、東西や南北の物産が交易される、高度に商業化した地域でもあった。

なお、農業―遊牧境界地帯に隣接する農耕地域は、上記のように、北緯三〇度から四〇度あたりだけに存在するのではない。イラン高原の南部や、アフリカ大陸のサハラ砂漠の北縁と南縁にも、帯状に、農業―遊牧境界地帯に隣接する農耕地域はつづいている。

特に、サハラ砂漠南縁の農業―遊牧境界地帯に隣接する農耕地域には、ユーラシア大陸と同じ構造によって、古くから政治権力をもつ統一王国が繁栄していた。縁《ふち》やヘリを意味するサヘルとよばれる、サハラ砂漠南縁の東西にのびる帯状の地域である。このアフリカ大陸のサハラ砂漠南縁の農業―遊牧境界地帯の歴史構造は、中国大陸における農業―遊牧境界地帯の歴史構造を考える際に、一つの比較の好事例を提供してくれる。両地域の比較をもとに、農業―遊牧境界地帯の都市と歴史の構造の一般モデルを構想することができるように思われるのである。(10)

要するに、農業―遊牧境界地帯に隣接する地域では、牧畜文化の影響を受けた農耕文化、ないし、農耕文化の影響を受けた牧畜文化を共有しているのである。この農業―遊牧境界地帯は、一五、一六世紀以後に、ヨーロッパ勢力の進出を直接の契機に、ユーラシア大陸における交易と情報交換の主な媒介地域が、ユーラシア大陸沿海部の湾岸都市に完全に転換するまで、政治と文化の中核地域でありつづけた。そして、現在においては、土地の乾燥等の環境の劣化によって、いわゆる環境問題が最も熾烈な地域の一つになってしまった。

中国の歴史を考える際に、この農業―遊牧境界地帯に多くの都市が、古くから数珠繋ぎになっていた事実に注目する必要がある。中国史を代表する二つの都である長安と北京は、この農業―遊牧境界地帯の都市網の中で最も人口規模の大きな都市である。長安の立地した関中平野や、北京の立地した華北平原の北縁部は、ユーラシア大陸東部における、農耕地域と遊牧地域の境界に位置するゆえに、農牧複合にもとづく中国の古典文化の発祥地のひとつとなり、数千年にわたる重層的で複雑な歴史的展開の舞台となったのである。同じ立地条件によって、上記のサハラ砂漠南縁のサヘルに立地した、トンブクトゥ等の都市は、北京や長安と類似した歴史を有している、と思われる。

中国大陸における都市の誕生

中国の都市の成立の正確な時期は不明であるが、紀元前一五〇〇年頃の殷王朝に、すでに大規模な都が存在していたことは疑いない。現在では、殷の前の夏王朝の時期の都市の実在が確かめられつつある。前二〇〇〇年頃から前一六〇〇年頃にかけて、黄河中流域から下流域に一群の都市網が生まれてきたことが明らかになってきた。河南省で発掘された複数の中国最初期の王都の建築構造は、王の住まいである宮殿部分と、王の祖先をまつった場所である宗廟《そうびょう》の二つの極からなっており、中国の都市が、祭祀建築を核に生まれたことを暗示する。(11)

中国大陸において、紀元前一五〇〇年頃以後に、黄河中下流域に一群の都市網が生まれた理由は、この地域が、ユーラシア大陸の北緯三〇度～四〇度前後に東西にのびる農業―遊牧境界地帯の沿線に位置しており、異なる生態系の産物と人間が交通・衝突する場所であるために、軍事と交易・宗教の拠点としての都市が次々と建築されたからであろう。

絹と馬、毛皮・宝石類の交易に代表されるように、前近代の生態環境を異にする南北交易（南の産物と北の産物の交易）と、生態環境を同じくする東西交易（西の産物と東の産物の交易）によって、前近代のユーラシア大陸の交易の体系が成立していた。都市は、人間の交通の産物であり、異なる生態環境の媒介地に発生しやすく、地域間の対照が顕著であるほど媒介者としての都市の意味は大きい。前近代のユーラシア大陸の都市の多くが、農業―遊牧境界地帯に隣接する水の得やすい地に立地していた理由はここにあるだろう。

農業―遊牧境界地帯に隣接する地域の都市の共通の建築構造は、外敵、特に騎馬軍団の襲撃を防ぐために例外なく城壁をもつ囲郭都市であり、城内の各居住地区自体も壁に囲まれる場合が多い。個々の住居も壁に囲まれて、等しく中庭から光をとる形式となっている。中国の場合、この建築構造は、改良を加えながら、基本的に、中華人民共和国の成立する二〇世紀半ばまで存続した。

都市のネットワークの存在する、農業―遊牧境界地帯に隣接する水の得やすい地域は、等しく乾燥地帯に立地する。乾燥地帯の空間は植生が疎なために人間の移動が容易であり、商業・軍事活動や統治力の浸透、文化の波及が速やかに行われたことも、都市の形成を促した要因である。(12)

初期王権の形成――王都はどこで、なぜ生まれたのか?

人類最初の都市文化と王都は、前四〇〇〇年紀にメソポタミアの地で、都市国家のネットワークが形成されるとともに誕生したといわれている。なぜ、メソポタミアなのか、という問題に関して、政治・経済・自然環境等の要因から、さまざまな解釈が行われているが、上記のように、「異なる生態環境の境界に交易と人々の交流が生じた結果、様々なものが交差する媒介地の上に、都市と王権と国家がセットとなって誕生する」という観点から、系統的に説明できるのではないだろうか。メソポタミアは、アフロ・ユーラシア大陸において、東北から西南にかけて帯のようにつづく砂漠が切れて、南北・東西両方の交易路が交差する、ほとんど唯一最大の回廊をなしていたのである。

ただし、メソポタミアの各都市国家の統治範囲は、ときに数百平方キロメートル程度の比較的せまい空間だった。前三〇〇〇年紀に入り都市国家間の統合が進み、都市国家群の中核となる都市が王都としての求心力を強め、王権が強化されていくのである。(13)

メソポタミアの都市国家の王都は、それぞれの地域の守護神をまつる神殿を核に建築された神殿都市であり、王宮やエリートの邸宅、職人や商人、近隣に農地を持つ農民の住居、市場等によって構成され、城壁に囲まれていた(14)。王権儀礼の中で最も重要なまつりの一つは、王都の神殿の建築を祝う神殿建築祭だったという。それは、神殿の建築が、天地創造の反復と考えられていたからといわれている(15)。

王都の形成が祭礼施設の建築を核になされる、このようなメソポタミアの事例は、メソポタミア以外の地域でも同様だった。

紀元前三〇〇〇年頃の初期王朝時代のエジプトでは、統治範囲の大きな領域国家をつくった点で、メソポタミアのような都市国家の多極的な競合とは状況が異なるが、王都が、地域の神をまつる神殿を核に建設された点は、基本的に同じである。また、前二六〇〇年頃から前一八〇〇年頃にかけてインダス川流域に生まれた都市をはじめ、前二〇〇〇年頃から前一三〇〇年頃に生まれた中国大陸の王都や、西暦二五〇年から九〇〇年頃にメソアメリカに生まれた都市国家群からも、王都は、等しく祭礼建築を核に誕生したと考えられている(16)。

このように、人類の初期王権の王都が、祭礼建築を核に誕生する理由は、初期王権が、自然界(山川・草木・海など動植物の生きる世界)・超自然界(神や天など自然の理法を超えた存在の世界)・人間界(人の生活する世界)の交差する位相の中でのみ、成立し得たからであろう。初期王権では、近代社会のように、超自然界の存在が否定されて人間界が自然界を支配する関係にはなく、自然界・超自然界・人間界は渾然として未分化であり、人間の力のおよぶ範囲はごく限られていた。

そのために、政権の統治者である王は、聖性をもつ神聖王として存在し、神々や自然そのものをまつることで、神々の世界や自然界と人間界とを媒介して、王自らの身体に超越的な力をよびよせて支配を正統化しようと試みた。同時に、大宇宙である自然につながる王の身体は、王の肉体的衰えが自然の産出力の弱体化を導くと考えられやすく、王の身体の消滅を乗り越えて、王権の永続化を演出するための王権儀礼が発達した[17]。

この意味で、初期王権の王は、政治・軍事の最高権力者というよりも、文化的な象徴的中心であった。王は、王都の神殿や宗教施設、宮廷を舞台に、伝統的規範にのっとり、王朝の正統性を演じる王権儀礼を主催し披露する主演者だった。王都は、王が君臨して王権儀礼の主要舞台となり、聖なるものに連結していると人々に観念されることで、初めて王都になりえたのである[18]。

人類社会が、支配と被支配関係の重層化にあわせて、複雑な政治組織や軍事組織を必要とするようになり、その政治・軍事の機能的な中枢として、王都を必要としたのは確かである。しかし、前近代の為政者にとって王都とは、なによりも、超越的存在をまつることで政権を正統化し、支配のための社会秩序を構築するための主要舞台であった。王権儀礼の主要舞台になることによって、王都は一般の都市とは区別されるのである。

部族連合の段階にとどまっていた人類の初期社会から、政治権力をもつ王と王国（国家）が誕生し、王都が成立するとともに、支配階層・官僚制・法律・文字・天文学・年代記・神話・正統観念・市場・灌漑施設なども、王都を核に系統的に構築され整備される。

このようにして誕生した初期王権の王都は、聖なる都 sacred city として、いくつかの差異を超えて以下のように共通の特徴を見いだすことができる[19]。

(1) 宇宙の都。王都は宇宙の鏡としてつくられる。王都の都市計画は、宇宙の秩序を反映しているのである。地上の人間の世界は、天上の北極や星座、太陽、月、惑星等に対応すると考えられていたために、天上の聖なる秩序を模倣することで、地上の人間社会の階層秩序が決められた。

(2) 中心へと高まる階層秩序の視覚化。そのために、王都は階層化された社会秩序を視覚化する。王都は、高度に階層化された社会秩序を、各種の建築を通して目に見える形で表現する装置である。したがって、王を頂点とする、各種の身分や階層によって分節化された場所となる。王都は天と地を結ぶ世界の中心であり、中心性を誇示する建築物として、黄泉の世界への入り口や宇宙の山、聖堂、宮殿などが存在する。

(3) 王の身体と統治システムの対応関係。階層秩序の頂点にたつ王は、聖なる王（神聖王）として世界の中心・王都に御座する。王は、自らの身体を通して、神聖な力を宇宙や超自然界から地上に中継する唯一の存在であるとともに、王国の幸不幸の責任を負わねばならない。したがって、王の身体と王国の政治機構は、不可分の関係となる。

異なる地域と時期の王都が共通の特徴をもつ理由は、前近代の人間、とりわけ為政者は、人工のものは、宇宙の自然秩序に即しているゆえに正統性をもち安全性を獲得できる、と考えたからであろう。王都は、異なる種族や文化伝統をもつ人々を統括し集める場所であるゆえに、共通の普遍的な原理をとりわけ必要とし、聖なる都という理念が、人々を結びつける原理として普遍性をもっていたのである。

王都の場所、首都の空間

都《みやこ》は、政治権力の中枢の役割を担わされている点で、政治権力を象徴する建築に満ちている。この点は、前近代国家と近代国家の都に共通している。都は、他の都市と区別するために、特有の建造物——王や元首の宮殿や官庁、中核的な政治・宗教建築—をもち、城壁や街路、倉庫、市場、政府高官の邸宅、娯楽施設等も、都以外の都市と比べて、その規模や景観が隔絶する大きさと威厳、衝撃力をもつように、つくられている。(20) ただし、前近代国家と近代国家の都では、目に映る建築や事象の意味と機能が異なっている。

冒頭で述べたように、前近代の人間世界の秩序は、異なる意味と価値に分節化され階層化した場所と対応しており、このような場所と社会秩序の対応は、共同体によって伝統的に定められており、人間個人が主体的に変更できる存在ではなかった。これに対して、近代社会は、それぞれの場が伝統的に異なる意味をもつ分節化された前近代の場所を、連続して均質的なものに解体して再編していき、人間が主体的に意味づけることのできる、空間をつくりだした。

前近代の分節化された場所・時間から近代の均質化された空間・時間への認識の転換は、一般に、ルネッサンス期の地中海世界において一六、一七世紀に始まったとされている。しかし、調査の時間・空間の範囲を広げていくと、このような変化自体は、都市化の進展と交通・情報技術の改革とともに、他の地域においても同様に認められるのではないだろうか。おそらく、人類の歴史において、都市化がある一定の段階に達した時点において、人間中心の理念が次第に力を増し、人間界が自然界と超自然界から分離・独立していき、社会秩序も構造的に変化しだすのである。

このような伝統的な場所から近代的な空間への転換は、一八世紀から二〇世紀にかけて、近代国民国家の形成や資本主義の生産システムの浸透、交通・情報機能の飛躍的進歩、身分から業績への階層構成原理の転換、大衆社会の成立などを梃子に、一挙に地球規模で拡大していった。

その結果、前近代都市にみられる、生まれながらの分身や種族、職業にもとづく居住地区の分節化は消えていき、その替わりに、後天的に得た業績や実績にもとづく近代都市の機能的な居住区分が生まれてゆく。前近代の王都が、偉容をほこる宮殿等の為政者の私的な場所によって特色づけられるとすれば、近代の首都は、機能的な公共空間によって特色づけられるのである(21)。

王都の景色、首都の景観

景観とは、無機質の地表の事象を、人間が主体的に選択して認識する地表認識のことである。景観は、風景や環境、空間の語と同じく、自己と自己をかこむ事象とを区別することで人間の主体性を創造しようとする、近代社会になって初めて生まれた認識の一つである。(22)この景観に対して、地表面の事象を、人間だけの力でつくりかえることのできない、あらかじめ定められた自然（すでにあるもの）と考える前近代の地表認識を、本章では景色とよんで、景観の語と対比させることにする。

前近代国家の王都の景色は、身分や階層の違いによって構造化されている点は共通しているが、具体的な個々の景色は、宗教や宇宙論、歴史・伝統、建築材質の相違を背景に、地域的にも時期的にも多種多様である。一方、近代国家の首都の景観は、建築材質的にも機能的にも、地球どこでも画一的である点に特色がある。

近代国家の都である首都は、その国の中央政府があり、一国の元首の居住する都市のことである。首都は、経済的機能も集中している場合が多いが、なによりも、軍事・政治の中枢管理機能が一極に集中した場所である。これは、近代国家が、常備軍としての国民軍の形成を背景に誕生しており、軍隊と警察を独占する存在であるからである。首都は、諸機能の中で、国内的・国際的な軍事・政治機能が突出していることで、他の都市と区別されるのである。

したがって、首都に特有の景観として、司法・立法・行政の三権をになう建築物と、中央軍の司令部、警察機関等の中央官庁、外国大使館等があげられる。これらは、首都の都心部に集中的に建築されており、国民（民族）の集う国民広場や大規模な公園、鉄道やバスの中央駅や終着駅《ターミナル》等に隣接している。これらの建築群が、国家によって建築された、近代における記念的建造物であり、国家が国民を統合する基盤として機能した。

近代国家の正当性は、国民による支持と他の複数の近代国家の承認に由来する。(23)そこで、近代国家の首都の中枢部に、国民という観念をうみだすために、「われわれ国民」という意識をつくりだす国民広場、ないし、公共空間が不可欠となり、国民行事の主要舞台となったのである。たとえば、中華人民共和国の首都・北京の天安門広場（一九五〇年代末から六〇年代にかけて建築）や、アメリカ合衆国の首都・ワシントンＤ・Ｃ・のモール（The Mall）とよばれる緑地帯（二〇世紀初頭に建築）などが、その典型例である。日本では、皇居前の皇居（宮城）前広場と隣接する日比谷公園が、国民広場といえるだろう。

一方、前近代国家の政権の正統性の論拠は宗教的宇宙論や神話学にあり、政権の正統性は、神や天などの超越的存在と、他地域の政治権力との友好関係（朝貢など）に由来する。前近代国家の政権の正統性は、王都の都市計画や宮殿・王の庭園（禁苑）・宗教施設・城壁・街衢・市場・倉庫等の建築形態と機能に直接示されている。王都の建築は、王権の正統性をしめす伝統理念を視覚化させるとともに、王権の存在を人々の日常生活の景色とすることで、人々の心の中に権力の正統性を再生産させる装置だった。

これらの建築は、各地域や各時期において多種多様の建築形態をとりながらも、共通して、政治・宗教・経済の各機能における王都の中心性を誇示しようとしている。たとえば、前近代の王都の倉庫は、王権の現物経済と再分配機能を保障し象徴する存在であり、王都の重要建築物だった。宗教権力と世俗権力が未分化の初期王権の王都では、倉庫が宗教施設（神殿）と合体している例も多い。

王都の景色は、宇宙の秩序や文化の価値を映しだす鏡であった。『周礼』考工記に記された中国の古典的な理想王都が、宮殿や官庁・市場・宗教施設の位置を、当時の聖なる秩序観によって定めていたように、前近代国家の王都の景色は、あらかじめ伝統的な価値観によって分節化され構造化されている。六世紀末に建築された隋唐の長安城は、その典型例の一つであるといえよう。[24]

二　政　治――正統性と正当性――

王都の正統性、首都の正当性

ここでいう正統性（英語のorthodoxyとlegitimacyを兼ねた概念）とは、今日の価値判断にかかわらず、血統や家系、伝統、しきたりなどが正しい系統と認められる状態をさすのに対して、正当性（legitimacy）は、法的・倫理的基準に照らして正しいと認められる状態にあることをさす。

前近代国家の政治支配は、伝統的価値観にもとづき支配にそれなりに筋が通っていると感じられる場合には、今日の価値判断から見て正しくなくても、正統性があると認められる。これに対して近代では、法的・倫理的に正しいという、国民・市民を納得させうる価値判断が無ければ、政治の正当性は認められない[25]。

本章では、前近代の政治支配（伝統的支配）と近代の政治支配（合法的支配）の形態の差異にもとづき、正統性の語を前近代社会に用い、正当性の語を近代社会に用いて区別することにする。

一般に、政治権力の支配は、前近代でも近代でも同様に、被支配者の側から、その支配が正統／正当であると見なされるときにのみ、正統性／正当性をおびることができ、権威あるものになる。たとえ、軍事力によって支配の貫徹がはかられても、被支配者に支配が正統性／正当性をもつと思われなくては、政治権力は安定できない。

ただし、前近代と近代では、政治権力が都を必要とする理由が違う。それは、前近代の政権の正統性が、対内的には神や天の超越的存在に由来して、対外的には他の王国の友好関係に由来するのに対して、近代の政権の正当性は、国内的には国民や市民の支持に由来し、国外的には他の近代国家の承認に由来するためである。政治支配の正統性／正当性を視覚化するために、前近代の王都は、為政者が神や天とのつながりを強調するのに対して、近代の首都は、国民や市民の空間であることを強調したのである。

中国の正統論

中国語の正統とは、正しい血統をもつ嫡系の子孫や、正しい道にもとづく王朝、正しい継承関係にある学派や党派などを、広くさすことばである。ただし、正統論とは、中国歴代王朝のうち、正しい系統（正統《せいとう》）の王朝と正しくない系統（閏統《じゅんとう》）の王朝を定める論のことである。(26)

前近代中国の支配の正統性の主要な論拠は、支配者が天命を授かっていること、すなわち、受命者であるということであった。したがって、天命を受けた天子の王朝が正統であり、そうでなければ閏統の王朝となる。この受命の思想は、殷から周への王朝交代のときに生じ、歴代の王朝で継承されてきた。(27)

為政者が受命を証明することは、王朝の主催する儀礼行為の全体を通しておこなわれた。受命を証明する手段として、(a) 政治哲学としての正統論の議論の整備や、(b) 政治的象徴《ポリティカルシンボル》の操作がおこなわれ、特に、(c) 受命を確認する王都の王権儀礼の挙行が、重要な役割をはたした。(28)

(a) 儒教の政治哲学としての正統論の議論は、上述のように、天命を受命した正統な王朝がどれかを決める正閏論のかたちをとる。司馬遷の『史記』以来、新しい王朝が前代の王朝の正史を編纂するという、正史編纂のかたちをとって支配の正統性を創造しようとした。そして、この考えは、現在の中華人民共和国の政権にも継承されている。(29)

王朝の正統性を決める基準としては、感生帝説（土・木・金・火・水の五行に対応する五つの星座（五帝座）の一つと、天に選ばれた聖なる女性との間に生まれた者が、王朝の始祖になるという説。中国古来の陰陽五行説を基礎に生まれた）や、五徳終始説（上述の五行の循環にのっとり、土徳の黄帝→木徳の夏王朝→金徳の殷王朝→火徳の周王朝……のように、五行に対応して王朝の交替が法則的に生じるという説）等がつくられた。この考えが、易姓革命論（天命を失った天子は新たに天命を受けた天子に交代しなければならない、という皇帝の姓を易《か》える王朝交代の論）や、天人相関説（天の運行と地上の人事が天子―皇帝を媒介に対応するという説）、天譴論《てんけん》（天人相関説にもとづき地の災いは天の譴責であるという論）と結びついて、王朝の正統性を決定する政治哲学となった。

(b)政治的象徴《ポリティカルシンボル》の操作とは、天命の所在を示す河図《かと》・洛書《らくしょ》等の符命、図讖《としん》、祥瑞《しょうずい》などの前兆を創造することである。これらは、政治的正統性を示す象徴と考えられて、王朝の創業期や新皇帝の即位に際して、さかんにつくられ利用された。

たとえば、隋末の混乱期には、唐王朝の建国を示す政治的象徴《ポリティカルシンボル》が次々とつくられた。天子の存在を意味する輝く光や紫の気が発生して、「洪水」（李淵の「淵」にちなみ唐の高祖・李淵をさす）が、「黄楊《つげ》」（楊隋＝楊氏の隋王朝をさす）を水没させ、「李《すもも》の樹《き》」（李唐＝唐朝を意味する）が堂々と立つ（つまり唐の建国を意味する）という謡讖《ようしん》（予言の歌）が流行し、受命をしめす祥瑞としての白雀・青亀・嘉禾《かか》が献呈されたことなどである。これらのねつ造された前兆は、李淵による唐の建国に重要な機能を果たしたという（温大雅『大唐創業起居注』巻三の記述を参照）。

一方、(c)中国の王権儀礼は、漢代に基礎ができ、魏晋南北朝時代に分裂した中国を再統一した隋代に体系化が試みられ、次の唐代に集大成された。[30] 開元二〇年（七三二）に編纂された唐朝の儀礼書『大唐開元礼』一五〇巻によれば、王権儀礼は重要度に応じて、大祀・中祀・小祀の三ランクに分けられ、儀礼行為の種類に応じて、吉礼（天や地の超自然的神々と祖先をまつる最重要儀礼）・賓礼（外国賓客への儀礼）・軍礼（軍事行動についての儀礼）・嘉礼（皇族や臣下のめでたい儀礼）・凶礼（葬送儀礼）の五礼に分けられる。

王権儀礼は、上記の儒教の正統論を論拠にして、具体的には、天と地の祭祀である郊祀や王朝をまもる神々の祭り、皇帝の即位儀礼、祖霊礼拝、葬送儀礼、視察旅行（巡幸）、封禅《ほうぜん》、暦の発布、外国使節の朝貢儀礼などによ

って構成されている。(31)

最重要の天を祭る円丘の南郊儀礼は、天子–皇帝のみに許された儀礼であり、この儀礼を挙行することで、支配者は、自分こそが天命を受けた天子であり、超自然的な諸力と交流し地上の統治の中心地に位置していることを、王朝内外に具体的に顕示したのである。

ただ、ここで注意すべきは、上述の儒教以外に仏教や道教も、王権儀礼として断続的に重要な働きをしたことである。中国が分裂期に入った四世紀以後、仏教が中国社会に浸透しだし、八世紀にいたるまで王権儀礼にも大きな影響を与えてゆく。自らを転輪聖王《てんりんじょうおう》になぞらえた隋の文帝や、弥勒菩薩になぞらえた周の武則天のような皇帝が生まれた。遼・金・元・清等の非漢族政権も、一貫して仏教を政権正統化の重要な論拠とした。(32)

仏教や儒教に対抗して道教も力をのばし、一一世紀の王権儀礼には、道教の要素が色濃く入り込んでいる。老子の廟への拝礼が重要儀礼となり、道教の神である玉皇大帝《ぎょくこうたいてい》が、儒教の最高神の昊天上帝《こうてんじょうてい》と同格にまつられるようになった。(33)

しかしながら、儒教は、時期的な強弱はありながらも、前近代の中国大陸において一貫して政治理論として力を持ち続けた。その理由の一つは、儒教のみが、中国固有の祖先崇拝と人類に普遍的な天への崇拝とを、政治哲学として連結させることに成功したからであろう。仏教は、元来、血縁や世俗権力を否定する考えをもち、中国社会に浸透するためには、ほとんど強引に、漢族の祖先崇拝の考えを採り入れざるをえなかったし、一方、道教は、漢族独自の世界観に執着しつづけた。

中国においては、被支配者側のより広い支持の醸成のために、天の信仰を独占することで支配者が超越的存在をめざす一方、天の信仰と祖先崇拝を結びつけることが試みられたのである。聖なる力の根源としての天は、その力を、祖先への崇拝を通して現世に伝えると考えられていた。(34)

このことは、上記の受命の概念と感生帝説との結びつきに、象徴的に示されている。円丘における天の祭祀においても、円丘の最上段には、天の最高神・昊天上帝を象徴する位牌が北側に置かれ、皇室の祖先の位牌が東側に置かれた。中国の王都は、超自然的存在と血縁の二種の原理に主拠して、正統化をはかっているのである。

要するに、王都は、超越的な神々や宇宙の諸力と直結する王権の所在地であり、政治的象徴《ポリティカル・シンボル》の集う場所であり、また、皇族や臣下の冠婚葬祭の儀礼の舞台であった。このようにして、王都は、支配の正統化を目指す儀礼の都として機能することで、他の一般都市との差別化をはかったのである。

以上の中国の事例のように、一般に、王朝の正統性は、神や天との関係を独占する王の身体そのものと、王の身体の隠喩である王国の制度にあった。王の身体と制度を正統性の論拠とした理由は、前近代には、軍閥の蜂起によって王都の陥落がくりかえされる状況下で、王都という場所に正統性の根拠をおくことで政権の正統性が断絶してしまう危険を、回避するためであろう。唐朝の開元二〇年（七三二）に編纂された、従前の王権儀礼を集大成する書『大唐開元礼』の儀礼は、固有名詞をもつ特定の場所の儀礼ではないために、長安城でなくても、また唐王朝でなくても挙行でき、実際に、宋代から明清にかけての各王朝の王都の儀礼の規範となったのである。

前近代国家がしばしば複数の都をもつことが常態だったのに対して、近代国家の首都はただ一つであり、また、正当性が首都の元首の身体にあるわけではない。その意味で、近代国家の形成は、前近代国家の王の身体に委ねられた正統性が剥奪されてゆく過程ともいえる(35)。

右に述べたように、近代の首都は、軍事・政治・経済機能が集中することによって、政権の正当性の根拠が、中央政府の所在地と密接にむすびつきやすく、首都への攻撃は特別の意味を帯びることになる。たとえば、一九四〇年六月一九日のドイツ軍によるパリ占領と、一九四四年八月二五日のパリ解放のもつ象徴的意味や、一九四九年四月二三日の人民解放軍による南京解放の重要性等を想いうかべるとわかりやすい。現在の北京の天安門広場に立つ人民英雄紀念碑のレリーフの最終場面は、「勝利して長江を渡る」である。この場面は、人民解放軍による中華民国の首都・南京の陥落＝中国の解放を意味しているのである。

三　儀　礼——天と国民——

王権は、前近代における為政者の権力（人を強制する力一般）のことであり、前近代の国家権力の特徴を考える際に鍵となる。前近代における王権の特徴を探ることで、われわれの生きる近代国家／ポスト近代国家の権力のあり方—国家や権力が、人々にどのように作用し浸透するのか—も、あぶり出される。

「王権」という問題設定は、前近代における世界各地域の為政者の権力の比較分析を可能にし、比較によって共通性と相違性が明確になることで、各地域の特徴が浮かび上がる。比較という行為は、実験による仮説検証のできない人文科学にとって、自然科学の実験検証法に類する因果関係の解明を可能にする。そのために、比較分析を前提とする「王権」という問題設定により、なぜ、この事象がこのような展開をたどるのか、なぜ、この地域とあの地域の展開が共通し、また異なるのか、という問題を追求する道が開ける。同時に、因果関係に還元されない、類型《パターン》や範型《パラダイム》の摘出や相互関係の分析も、進めやすくなるのである。

儀礼は、「反復される形式的行動」であり、儀礼という行為と権力の生成が密接な関連にあることが、近年盛んに分析されている。人を強制する力（権力）は、反復される形式的行動（儀礼）によって作られ維持・強化される。形式的行動は視覚化されるために、儀礼は、抽象的な権力を目に見えるかたちに換え、知識の共有（という観念）を人々に可能にする（「人々がその事を知っている」ということを皆が知っていることを可能にする。これは人々の対立を緩和させる）。

このうち、国家と儀礼の関係は、「国家は儀礼を通して表現される。それ以外に国家を全的に表現する手段はない」（青木保『儀礼の象徴性』東京・岩波書店、一九八四年）、「儀礼の執行を通して国家が作り出される」（山下晋司『儀礼の政治学—インドネシア・トラジャの動態的民族誌』東京・弘文堂、一九九七年）という考えがある。人々は、儀礼行為を通じて、支配されているという感覚をもつことなく、権力の生成に自ら参加する。あるいは、人が主体的に動いているようにみえて、実は権力の枠組によって動かされる状況を、儀礼行為は比較的容易につくることができる。前近代中国の王権儀礼の場合は、「礼」という規範にもとづく反復される形式的行動であることに、儀礼の特色がある。

前近代における為政者の権力を生成させる国家儀礼は、なによりも王権儀礼として機能し、近代国家の国家儀礼である国民儀礼と対照的な関係にある。つまり、王権儀礼とは、前近代国家の国家儀礼であり、為政者が行為の主体をなし、皇帝儀礼や皇后儀礼等の役割の違い、宮廷儀礼や郊外儀礼等による舞台の違い、即位儀礼や葬送儀礼等の内容の違い等が存在する。国民儀礼とは、近代国家の国家儀礼のことである。国民が主体となり、公共空間の形成を前提とし、またそれを創りあげるために機能する。まとめると、国家儀礼＝〔王権儀礼、国民儀礼〕となる。

もともと反復される形式的行動である儀礼は、その一方で、絶えず、時代状況に合わせて変化する存在でもある。むしろ、儀礼は、伝統的・恒常的である、という観念を創り上げることで、実際におきている変化を正統化／正当化する文化装置ともいえる。その際に、儀礼の可変部分と不変部分のせめぎ合いを明確にすることで、社会の変貌を把握しやすくなる。この儀礼史の方法をふまえ、歴史の反復構造と出来事の一回性のかねあいを、中国大陸を事例に探っていきたい。

王権儀礼と国民儀礼

右に述べたように、儀礼は、一定の法にのっとった礼式のことで、国家の主催する国家儀礼は、その一つである。本章では、上述の前近代国家と近代国家の機能の違いにもとづき、前近代の国家儀礼(state ritual)を王権儀礼(royal ritual)とよび、近代の国家儀礼を国民儀礼(national ritual)とよんで区別することにする。

王権儀礼は、(a)儀礼をおこなう主体の違いによって、皇帝儀礼や皇后儀礼等があり、(b)儀礼舞台の違いによって、宮廷儀礼や郊外儀礼等があり、(c)儀礼内容によって祭神儀礼・即位儀礼・婚姻儀礼・軍事儀礼・葬送儀礼等があり、(d)儀礼の重要度に応じて大・中・小等のランクづけがなされる。

政治支配の正統化/正当化には、暴力や理論による直接的・威圧的・知的支配よりも、儀礼や象徴の操作を駆使する間接的・規範的・情動的支配の方が、より効果的であり、また永続性をつくりやすい。儀礼や象徴の力による王都の中心性の強調は、比較的おこないやすく、しかも政治権力の正統性の創造に際して効果的だった。

ただ、支配をおこなう際に体系的な政治哲学を必要とする社会と、体系的政治哲学を必ずしも必要としない社会がある。前近代の中国やイスラーム社会、キリスト教ヨーロッパなどは前者であり、一八世紀の江戸政権の日本や一九世紀のバリ島、八世紀のメソアメリカの社会等は後者であったと思われる。前者の場合、王権儀礼は民間の諸儀礼とは隔絶した体系性をもつのに対して、後者の場合、王権儀礼と民間儀礼の区別はあいまいとなり、王と一般民を総動員する劇場国家となりやすい傾向がある。

一八世紀の江戸政権の場合は、渡辺浩氏の叙述によれば、「体制全体の論理的弁証がいかに曖昧、薄弱であろうと、現に身分格式の序列は、あらゆる場面でまことに目に明らかな「事実」として演出されていた。身分格式を印象づける象徴的事物と儀礼・儀式・祭典等の種々の象徴行為が、永い「泰平」の内に異常なまでに発達し、上位者を見えざる光背で包んでいた。都市・建築物・家具・従者・荷物・衣装等のすべてが、舞台装置・大道具・

小道具となって威信の系列を表象し、それを自他に公示し、相互に確認する儀式が至るところで念入りに執行されていた。理屈より心に、知性よりも諸感覚と感性に訴える諸現象が、不断に機能し、体制維持の一助になっていた」のである。[36]

同じく、一九世紀の東南アジアのバリ島の王権の都や、八世紀のメソアメリカの王都も、王権を正統化する体系的なイデオロギーをもたなかったかわりに、王権儀礼の挙行を通して、王都を超自然的秩序の小宇宙として演出していた。[37]猪俣健氏の叙述によれば、「官僚的統治機構が比較的未発達であったマヤ社会では、王と貴族の主要な役割は、劇場的パフォーマンスであり、彼らの行った政治的会合や戦争も劇場的性格を強くもっていた」[38]のである。

相対的に単純な種族構成をもち複雑な歴史をもたない社会は、支配の正統化のために普遍的で体系的な論理よりも、細かい儀礼細則の実行により権威の位階を可視化することの方が、支配の正統化に効果的であったといえよう。したがって、体系的政治哲学をもつ政権も、統治空間の縮小と対外関係の悪化によって種族構成や歴史を単純化できる場合には、劇場国家化する場合がある。たとえば、中国大陸においては、唐後半から宋にかけての時期が、そのような時期だったと思われる。

また、相対的に大きな統治空間と複雑な民族構成をもつ国家は、さらに、一神教のイスラーム教国家・キリスト教国家と、多神教の中国の国家やインドのヒンズー教国家とに、二分類できるかもしれない。一神教の王都が、宗教建築を核に都が建築されるのに対して、多神教の都市は、世俗権力の宮殿が核となり宗教建築が付随する形式をとり、多神教の宇宙論に対応する都市建築の視覚化がなされやすい、といえるかもしれない。[39]

王権儀礼の意味と機能

以上の論をふまえて王権儀礼の一般的機能をまとめれば、以下のようになるだろう。(40)

①宇宙論・世界観の劇化・視覚化。宇宙の秩序と地上の秩序の対応を説く観念論を、劇的な形式で視覚化する。

②権力の生成への参加。あからさまな権力の暴力的発動に頼ることなく、被支配者の支持と敬意を醸成して、支配の正統化を促す。

③社会統合。国家内部の対立を緩和・隠蔽して、支配者と被支配者同士の社会的統合をもたらす。

④排除による共同体の維持。儀礼をおこなう集団の社会的統合と連帯を醸成する一方で、集団の外部の存在を明確にし、時には暴力的に排除する。

⑤支配者への批判装置。支配者が遵守しなくてはならない公的な儀礼規範や伝統観念の存在により、支配権力自体に一定の制約を加える。

⑥統治空間内のコミュニケーション。都（中央）と地方都市をつなぐ、共通の規範・情報の伝達機能をもつ。

次に、前近代の中国、すなわち中華帝国期（旧中国）の王都の都市構造と王権儀礼の理論的根拠をなす政治哲学、すなわち当時の宇宙論（宇宙の生成や構造をめぐる思想）の特徴を整理してみよう。

一般に、前近代の王国期や帝国期における王権の正統性は、超越的な力の根源である神ないし天によって保証される。王権は、みずからを宇宙の中心とし、王都を価値と道徳の源泉とみなした。正統性の根拠が神ないし天の超越性・普遍性にあったために、王国・帝国には国境という観念は存在せず、王都からの距離に応じて文化の高低が存在するだけであった。

王都を主舞台にくりひろげられた王権儀礼の機能は、宇宙の秩序と地上の秩序の対応を説く観念論（すなわち帝国の宇宙論）を、劇的な形式で視覚化・具象化することで、言語化しにくい人間の認識を、全体的に一挙に感得させることにある。そして、演劇化された儀礼に、被支配者が参加するかたちをつくることによって、権力への一体感を生みだし、被支配者の心の中に支配の正統性を植えつけようと試みるのである。

ただし、国家儀礼は、社会情勢や政治哲学の変化に対応して変容するものである。とりわけ大きな変化は、前近代国家から近代国家への転換期に生じている。すなわち、国民国家とナショナリズムの形成期になると、従来の王権儀礼が否定ないし再編され、新しい国民儀礼や国民行事が生まれて、儀礼が大規模化するという共通の特徴を指摘することができる。そして、この変化に対応して、都の建築構造も変貌していくのである。

すなわち、近代国民国家期と、前近代国家期の国家儀礼は、政治哲学や舞台空間、儀礼演出の方法、儀礼参加者の相違などにおいて、区別すべきである。最も基本的な相違は、儀礼への国民（ないし市民・大衆）の参加の有無にある。近代国民国家成立期に国によって組織された国家儀礼の目的が、他国と違う独自のアイデンティティーを共有する「国民」を創造するためであるのに対し、前近代の帝国期の王権儀礼の目的は、種族性や地域性を超越する普遍的宇宙論を視覚化するためのものである。したがって、前近代では、参加することで共同体の一員であることを意識することのできる儀礼は、国家儀礼としては重要視されなかった。

広大な領土に異なる種族・宗教・言語・風土・慣習を内包する帝国の宇宙論は、どうしても抽象的で普遍的・体系的な形をとらざるをえない。この点で、中華帝国期の昊天上帝を祭る南郊祭天が、諸王朝で実施され続けた原因も、基本的に、帝国の宇宙論のもつ抽象性・形式性・普遍性・体系性にあるといえよう。一方、国境によって区切られた領土に、民族＝国民の国家を創造しなくてはならない国民国家の時代に入ると、空間や種族を超越する帝国の宇宙論は、政権正統化の思想ではなくなる。体系的政治哲学が国家儀礼の論拠をなす必要性はなくなり、政治シンボルの活用や大衆的示威運動などの劇的行為の必要性が高まり、地理的・精神的に排他的な共同体をつくりあげ、民族＝国民を創造することが、緊急の政治目的になる。

近代国家の首都において、等しく市民の集う公共空間が建築され、公共空間の中核に市民の集まることのできる市民広場、すなわち、国民広場が建築されたのは、人々が参加することで民族＝国民意識が醸成される儀礼やイベントが、政権の正統化のために不可欠となり、その儀礼の空間が必要となったためである。近代国民国家の首都における国家儀礼の空間は、国民の参加する儀礼となる以上、当然、前近代の王都の中核をなす、閉ざされた宮殿等の空間から、街路や広場等の開かれた公共空間に拡大していき、儀礼の内容は、より世俗的、視覚的となり、儀礼に参加する人数は大規模化していくのである。以上の論をまとめると、表1「国家儀礼の二つの類型と中国における事例」となる。

中国の祭天儀礼の変遷

中国の王権儀礼に関する研究は、現在、急速に進展している。[41] しかし、儒教（宗廟）や仏教・道教との関係には、まだ不明な部分が多い。中華帝国の場合、王朝儀礼の核心をなすものとして、血縁の宗廟と、天地の祭りがある。宗教学者のエリアーデは、世界各地の初期王権では、一般的に、当初は血縁が重視され、後に政治権力の拡大とともに、天と地などの自然界や超自然界の抽象的な神々の祭祀が重視されるようになるという。この点は、中国史においても同様と思われる。

中国では、王都の北郊の地壇と南郊の天壇で挙行された、天と地の神々を祀る王権儀礼が、宗廟でおこなわれる為政者の祖先崇拝とともに、最重要の国家儀礼をなしていた。地上の統治者に天命をくだす天の最高神を、昊天上帝（天帝・上帝）[42] といい、昊天上帝の命を受ける受命の儀礼が王都の南郊であったために、南郊の祭天儀礼が、郊祀の中核をなした。

前漢末の紀元前一世紀に祭祀体系を整えた郊祀は、遊牧民の政権による中断期をふくみながらも、皇帝制度の存続とともに、皇帝制度が廃され近代国民国家建設の模索が始まる二〇世紀初頭に至るまで、二〇〇〇年近くも持続した。郊祀は、中華帝国期の王朝儀礼を代表する存在であり、なによりも、その持続性に特徴がある。普遍

表1　国家儀礼の二つの類型と中国における事例

比較項目 ＼ 国家儀礼の二つの類型	普遍的な宇宙論の必要性が高い儀礼	普遍的な宇宙論の必要性が低い儀礼
空間（中国史における王朝名）	大きな統治空間 大中国（唐・元・清）	小さな統治空間 小中国（宋・明）
地域（各地域の古典的王朝の名称）	中国華北（漢王朝）・イラン高原（ペルシャ王朝）・地中海北岸（ローマ帝国）	日本・東南アジア・メソアメリカ
時間	前近代（帝国・王国）	近代（領土国家・国民国家）
儀礼の主体となる階層	エリート階層	国民・市民・大衆
国家儀礼の類型	王権儀礼	民衆儀礼
文化の類型	普遍的・形式的・抽象的・象徴的・唐型文化（唐王朝の文化類型）	個別的・実質的・具体的・機能的・宋型文化（宋王朝の文化類型）
種族構成	多民族・多種族・多宗教社会	「単一民族」主義
統治者の思想（国家が信奉する宗教の傾向）	普遍的体制イデオロギー（世界宗教）	民族主義的イデオロギー（民族宗教）
対外認識	普遍思想（中華思想）	差異思想（華夷思想）

的な天と個別的な血縁の祭紀は、王権儀礼の二大柱であった。

中華帝国期に郊祀が長期にわたって存続した理由は、郊祀が、抽象的な観念としての宇宙論を、具体的な地上の王権（天子―皇帝の権力）に結びつけるための、最も効果的で洗練された手段の一つであったからであった、と考えられる。郊祀の挙行によって、天命の所在が具現化し、地上の権力者の正統性が証明されると観念されたのである。

郊祀は、王都の伝統的な建築構造のもつ機能と同じく、王朝や皇帝の変化によって、正統性が断絶して既存の制度が崩壊してしまう危機を回避する、新しい政権の正統性を保障する文化装置として、機能しているのである。伝統中国に特有の祭天儀礼・郊祀が、国民国家の形成の模索が始まる中華民国期に、王権儀礼から国民儀礼につくりかえられようとしたことは、興味深い。すなわち、中華民国総統・袁世凱が一九一二年に郊祀をおこなった際、従来、皇帝と限られた者のみに許されていた郊祀への参加を改め、政府公報で、各家庭に祭壇をおいて国民全員が袁世凱と同時に祭天儀礼をするようよびかけるという、前代未聞の試みがなされたのである。しかしながら、皇帝の受命を正統化する郊祀と、共和国の理念とが合致するはずはなく、結局、この時を最後に郊祀は廃止される。(43)

郊祀廃止以後は、国民の参加を前提とする国家儀礼やイベントの挙行が模索されてゆく。中華民国建国後に、帝国期の宮殿や皇帝の祭祀空間が、つぎつぎと公園として北京内外の一般民衆に開放されていくことは、公共空間の拡大によって市民の集う場をつくり、市民の支持を得ようとする新政府の意向をよく示している。(44)

中華民国の南京遷都期（一九二八―四九年）に、南京を国民国家の国都にふさわしく改造する都市計画がたてられたが、日本軍の侵略の拡大などによって中断した。中国における国民国家の首都建設の計画は、国共内戦をへて、一九四九年に中華人民共和国が建国され、北京が再び中国の首都となった後に、もちこされることになった。(45)

近代国民国家の成立時における政治儀礼の変貌ほど明確なものではないが、前近代の王朝においても、統治空間の縮小と対外勢力の強大化等の対外的政治環境の変化によって、統治階層の知識人に危機の一体化が生じる時や、交通・商業網の進展によって、統治空間内の住民の意志の疎通が格段と容易になる時などには、国家儀礼に同様の変化が生じる場合がある。

中国の王朝史の例で言えば、(1)唐から宋、(2)元から明、(3)清から中華民国への交替期が、以上の時期に相当し、北宋や明の王朝儀礼は、中華民国期の国家儀礼と類似した面をそなえていると思われる。ただ、まだ研究成果は限られており、中国儀礼史の流れを総括し得る見通しを述べるには、危険が多すぎるだろう。きめ細かい議論を進展させるためには、今後、一層の事例研究を積み上げていく努力が必要になることは、いうまでもない

おわりに――前近代国家の王都と近代国家の首都――

本章では、近年の都市論の成果をふまえ、近代国家の都市と対比しながら、前近代国家の都市の特色について、中国を事例に分析した。その際に、前近代と近代の中国の都市の違いを二項対立の図式に還元するのではなく、前近代国家における都市の変貌の諸相や前近代都市と近代都市の連続性にも注意しなければならない。また、都市の立地する場所や各都市の文化、政治組織の複雑度の相違等にも、十分な注意をはらうべきである。ただし、本章では、従来の問題点を整理することに主眼をおいたために、図式的な類型化の度合いが強くなっている点は否めない。

そこで、本章での議論にもとづき、前近代社会から近代社会への移行期の問題について、最後にふれておきたい。前近代から近代にかけての変化が、中国では、いつ、どこで生まれ、どのように変化してゆくのか、という

問題である。この複雑な問題にふれることで、本章の前近代・近代という図式的解釈の一面性の欠点を補ってゆきたい。

まず、「前近代」「近代」のことばの定義が問題となる。「前近代」とは、伝統社会や前産業型社会の時期をさすとともに、人間の認識のあり方に注目すれば、「自然界・超自然界・人間界の三つの世界が未分化な時期」としても定義できると思われる。そして、「近代」は、「人間界が自然界・超自然界から独立した時期」をさすことになる。

ここでいう自然界とは、山川や草木、海など、人間をかこむ動植物の生きる世界のことである。超自然界とは、神や天など自然の理法や人間のすむ社会を超越するものの世界のことである。人間界とは、人間のすむ世界のことである。

前近代では、この自然界・超自然界・人間界の三つの世界は、密接につながっており、分離不可能であった。たとえば、動物の頭と人間の体を持つ王とか、人間の顔と動物の体をもつ神が存在し、動植物や山川・草木にも神が宿り、ある種の人間は神ないし神の使いとされたのである。しかし、近代では、人間界が世界の主役となって、超自然界は否定または軽視され、自然界は人間界の下位におかれ、前近代のような三つの世界の混交は存在できなくなる。この意味において、人間が自然界を支配するために生じた環境問題は、近代化の産物なのである。

すると、「近代化」とは、世界が自然界・超自然界・人間界が未分化で相互関連的に構成される時期から、人間界が独立して世界の主役となってゆく過程のこととなる。そして、近代化を促す要因は、さまざまなものが考えられるが、やはり、都市化の進展や生産・流通・消費技術の改革が主なものになるだろう。

都市化とは、都市に特有な生活様式の普及のことである。都市の住民は、人間の造り上げた人工の環境に囲まれているために、現実的・合理的であり、自然界・超自然界から比較的自由になる。また、交通・運輸や、生産・消費についての科学技術の改良は、人間の活動領域を拡大し、自然界に対する優位と、超自然界への疑問を生じさせた。

このように考えると、都市化の進展や生産・流通・消費技術の改革が生じるところであれば、地球のどの地域にも前近代と近代は存在し、近代化も存在することとなり、ヨーロッパの近代は、地球に生まれた複数の近代の一つに過ぎない、と考えることができるようになる。

この観点から、ヨーロッパの近代の特色を比較分析すると、たとえば、ヨーロッパの近代世界システムは、複数存在した世界システムの一つになることから、なぜ、ヨーロッパの世界システムが、他の世界システムと競合しながら結果的に圧倒した力を持つことができたのか、という問題を、比較史の問題として問うことができるようになる。

また、以上の近代化の定義によれば、世界で初めて近代化した地域は、都市化の先進地域として、メソポタミアやイラン高原の古典文化を華開かせたユーラシア大陸中央部ということになるだろう。特に、七世紀から一〇世紀にかけてのイスラームの陸海両面における拡大が、その空間規模と活動の内容から、アフロ・ユーラシア大陸において、初めて「近代世界システム」がつくりあげられた事例になるのではないだろうか。(46)

一方、中国大陸では、今までの多くの研究成果を参照し、また残された情報を再整理してゆくと、九世紀から一三世紀になって近代化が進行し始める、と考えられる。唐王朝(六一八―九〇七)から宋王朝(九六〇―一二七九)にかけての時期のことである。この時期に中国史の画期をみとめる考え方が、いわゆる「唐宋変革論」である。なお、地中海世界は、十字軍をへた一三世紀になって、人間主義を謳うイタリア・ルネッサンスを生みだす近代化の動きが、徐々に始まってゆく。

このような、ユーラシア大陸の各地における複数の近代化の存在は、宮崎市定氏(一九〇一―九五)が、すでに、さまざまな論考において先駆的に指摘されていることである。[47] 今後、ユーラシア大陸の比較史を目ざす際には、宮崎氏の見通しを再検討しながら、各地域の研究の進展をふまえて、より深い議論を積み上げてゆかなくてはならないだろう。

要するに、中国大陸においては、唐王朝の後半期から宋王朝にかけて、徐々に、近代化の過程が始まってゆくと考えられる。この近代化は、政治・経済・文化・社会の各面における時間差と地域差、階層間等の差異をふくみながら、宋代には全体的に展開しだし、その後も進行してゆく。現在の筆者の感触では、この変化は、地域的には唐代の王都において始まり、時期的には、芸術分野から最初に変化が始まり、経済活動の変化をへて、最終的に政治制度の変革に、段階的に移行してゆくのではないか、と考えている。[48]

前近代の王都の特色を考える際に、右で述べた近代化へのプロセスが、王都の中に集約的にあらわれることに注意すべきである。前近代における王都は、支配エリートが集住して、社会権力の中心であるとともに、前近代においては例外的に多数の消費人口をかかえた都市であるために、情報・文化・経済の中核地として機能していたからである。

中国王都の歴史をかえりみる時、九世紀から一三世紀にかけての王都、すなわち、長安・洛陽・開封・臨安の変遷が、重要と思われる。

すなわち、六世紀末から一〇世紀初における唐代長安城の変遷には、前近代から近代への移行を、萌芽的にうかがうことができる。[49] 洛陽の場合は、五世紀末の隋王朝に建築されて一二世紀の北宋の末まで、ほぼ継続して都の一つでありつづけたために、都市社会構造の変遷過程から、長い時間軸の中での変遷を、より明確にすることができる。[50]

また、北宋の王都である開封や、南宋の王都の臨安の都市構造は、それ以前の王都の構造と相違する点が多く、相違点と類似点を検討することで、中国史の展開の一端を、具体的に明らかにすることができるだろう。ただ、中国大陸の展開は、ユーラシア大陸東部の大きな変遷の中の一部を構成しているので、中国の問題は中国外部との関係によって生じる場合が多い。そのために、ユーラシア大陸規模での変遷の中に、中国の変遷を位置づけ、王都の歴史を位置づけてゆかなくてはならない[51]。

総合的な分析への道は険しいが、問題の全体像の仮説的な設定と、部分の緻密な実証分析の両者を組み合わせることによる他に、進む道はないだろう。本章は、このような考えにもとづき、きわめて粗い見通しであることを承知した上で、筆者が中国の都の歴史について現在想定している問題点を、簡潔に整理しようとした試みである。

（1）　G・ショウバーグは、このように論じている。「前産業型の諸都市は、いずれも――中世ヨーロッパの都市も、中国やインドなどの伝統的社会の都市も――みなきわめて類似しており、そして他方、近代の産業型都市とは著しく異なっている、というのが、われわれの主要な仮説である。たいていの学者は、産業型都市と前産業型とを区別して物事を考えていない。それゆえ、近代アメリカの産業社会の事実のみから導かれた多くの社会学的常識は、前産業型都市のデータによって否定される憂目にあうのである。（中略）前産業型都市は、どれを取っても社会構造や生態学的構造がきわめて似ている。それもたんに特定の文化内容が似ているというのではなく、基本的様式が似ているのである。各文化に固有の価値があって、そのため独特の都市形態が若干みられるのは事実である。しかし各文化の特異性がこれまであまりに強調されたきらいがある。とくに人文主義の伝統に染まった学者にこの傾向がある。特定の都市や農業集落に固有の性質だと信じられたものが、実はかなり一般的なものであったという例は多い。厳密には、対照すべき普遍的基準があってはじめて、独自だとかそうでないということができるはずである（ショバーグ著・倉沢進訳『前産業型都市』四頁、五頁）。

（2）社会科学の膨大な研究の中で、筆者が目を通すことができた論者は限られているが、筆者が読んで特に明快と感じたのは、Anthony Giddens, *The Nation-State and Violence*, Polity Press, 1985（アンソニー・ギデンス著、松尾精文・小幡正敏訳『国民国家と暴力』東京・而立書房、一九九九年）の議論である。また、前近代の場所と近代の空間の不連続性については、若林幹夫による体系的で明晰な分析がある。本文で引用の若林幹夫『熱い都市 冷たい都市』（東京・弘文堂、一九九二年）第三章 熱い都市、冷たい都市 一五六～二二六頁や、同「空間・近代・都市」（松本康他編『二一世紀の都市社会学四 都市の空間 都市の身体』東京・勁草書房、一九九六年）、同『都市の比較社会学─都市はなぜ都市であるのか』（東京・岩波書店、二〇〇〇年）は、ショバーグ等の先行研究を批判した上で、前近代都市と近代都市の違いを論じ、前近代社会と近代社会の特質全体を分析している。

（3）Benedict Anderson, *Imagined Communities, Reflections on the Origin and Spread of Nationalism*, Revised Edition, London New York: Verso, 1991 (First Edition, 1983), pp. 22–36（ベネディクト・アンダーソン著、白石さや・白石隆訳『増補 想像の共同体』東京・NTT出版、一九九七年、四七─六四頁）、前近代中国の時間の分節化の特色については、北田英人による分析がわかりやすい（北田英人「都市の「とき」と農村の「とき」」佐藤次高・福井憲彦編『地域の世界史六 ときの地域史』東京・山川出版社、一九九九年）。

（4）王都の比較研究に関する筆者の既刊の論稿は、以下の通りである。①妹尾達彦「アジアの都城─中国都城の思想と形態─」（『イスラムの都市性研究報告 研究報告編』88、文部省科学研究費重点領域研究「イスラムの都市性」事務局、東京・東京大学東洋文化研究所、一九九〇年、一─六〇頁）、②同「帝国の宇宙論─中華帝国の祭天儀礼」（水林彪・金子修一・渡辺節夫編『王権のコスモロジー』東京・弘文堂、一九九八年、二三三─二五五頁）、③同「中国の王都と東アジア世界」（鈴木博之他編『都市・建築・歴史』東京・東京大学出版会、二〇〇五年出版予定）。本稿は、以上の諸論考をふまえて、新たに、前近代の王都の一般的特質を、中国の事例を手がかりに論じるものである。

（5）個別の王都の分析としては、筆者は、特に、前近代の隋唐王朝期における長安と洛陽、近代の北京を主題材に分析を進めている。長安に関しては、妹尾達彦『長安の都市計画』（東京・講談社、二〇〇一年、二五一頁）、洛陽に関しては、同「唐代洛陽城の官人居住地」（『東洋文化研究所紀要』一三三、東京大学東洋文化研究所、一九九七年、六七―一一一頁）、同「唐代洛陽―新しい研究動向」（ソウル大学校東亜文化研究所編『中国都市構造と社会変化』東アジア学術研究叢書二』（ソウル・ソウル大学出版部、二〇〇三年、五三―一〇四頁）、北京については、同「首都と国民広場―現代北京における天安門広場の建築」（関根康正編『〈都市的〉なるものの現在―文化人類学的考察―』（東京・東京大学出版会、二〇〇三年、二六九―三一二頁）を参照。

（6）この試みについては、妹尾達彦、注（5）「首都と国民広場―現代北京における天安門広場の建築」と、同「中国の王都と東アジア世界」での分析を参照。

（7）妹尾達彦、注（5）「首都と国民広場―現代北京における天安門広場の建築」参照。

（8）以下の問題は、妹尾達彦『長安の都市計画』（東京・講談社、二〇〇一年）の論を、最近の研究をふまえて、より簡潔に書き改めたものである。

（9）この考えについては、e la Blanche, Paul Vidal, *Principes de géographie humaine*, 1922（ブーランシュ著・飯塚浩二訳『人文地理学原理』上下巻（東京・岩波書店、一九七〇年〈初出一九四〇年〉）二四五頁、二四八頁、フィリップ・カーテン著、田村愛理他訳『異文化間交易の世界史』東京・NTT出版、二〇〇二年、四八―四九頁、フェーヴル著、田辺裕訳『大地と人類の進化　下巻（全二冊）』東京・岩波書店、一九七二年、二〇二頁等の叙述を参照。

（10）この考えについては、妹尾「長安とトンブクトゥ―アフロ・ユーラシア大陸における都市の形成と変貌―」（中央大学人文科学研究所公開講演、二〇〇四年三月三日）で論じている。また、嶋田義仁「トンブクトゥ―サハラ南端の交易・イスラム都市」（『月刊地理』三五―七、一九九〇年、四五頁、赤阪賢「原初の都市トンブトゥ」（関根康正編『〈都市的なるもの〉の現在　文化人類学的考察』東京・東京大学出版会、二〇〇四年）七六頁を参照。

（11）中国大陸における都市の形成に関しては、岡村秀典『夏王朝―王権誕生の考古学』（東京・講談社、二〇〇三年）、同『中国古代王権と祭祀』（東京・学生社、二〇〇四年）、宮本一夫『中国古代北疆史の考古学的研究』（福岡・中国書店、二〇〇〇年）、江村治樹『春秋戦国秦漢時代出土文字資料の研究』（東京・汲古書院、二〇〇〇年）、初期王権研究委員会編『古代王権の誕生Ｉ　東アジア編』（東京・角川書店、二〇〇二年）等の研究が、最新の発掘をもとに、問題点を明らかにしている。

（12）ユーラシア大陸の乾燥地帯における都市の形成に関しては、木内信蔵『都市地理学研究』（東京・古今書院、一九五一年）、同『都市地理学原理』（東京・古今書院、一九七九年）における分析を参照。

（13）前田徹『都市国家の誕生』（東京・山川出版社、一九九六年）二一—六五頁。

（14）Paul Lample, *The Cities, NewIllustrated Series Cities and Planning in the Ancient Near East*, New York: Columbia University, 1968（ポール・ランプル著、北原理雄訳『古代オリエント都市—都市と計画の原型』東京・井上書院、一九八三年）二五—三三頁、R. N. Adams, *Heartland of Cities, Surveys of Ancient Settlement and Land Use on the Central Floodplain of the Euphrates*, Chicago: University of Chicago Press, 1981.

（15）Mircea Eliade, *Histoire des croyances et des ides religieuses I*, Payot, Paris: 1976（荒木美智雄・中村恭子・村松一男訳『世界宗教史Ｉ　石器時代からエレウシスの密議まで』東京・筑摩書房、一九九一年）六七頁。

（16）人類の初期王権の都市と祭礼施設との関連は、Bruce G. Trigger, *Early Civilizations, Ancient Egypt in Context*, Cairo: The American University in Cairo Press, 1993（B・G・トリッガー著・川西宏幸訳『初期文明の比較考古学』東京・同成社、二〇〇一年）によって、系統的な分析がなされている。また、前田徹『メソポタミアの王・神・世界観』（東京・山川出版社、二〇〇三年）も参照。

（17）ここでいう神聖王とは、キリスト教世界の神聖王のみならず、聖性をもつ王を広くさしている。神聖王の概念の今日的意義については、小馬徹「王のカリスマ性」（網野善彦他編『岩波講座　天皇と王権を考える　宗教と権威』東京・岩波書店、二〇〇二年）を参照。

（18）このような初期王権の王都の特質は、近代国家が形成されるまで、地域間の差をもちながらも世界の各地に残存した。この点に関しては、P・ホウィットリー氏のロンドン大学教授就任講演（Paul Wheatley, *City as Symbol*, An Inaugural Lecture delivered at University College London, H. K. Lewis & Co Ltd London, 1967）の議論や、同じP・ホウィットリー氏による、中国の初期王権（殷・周）の都市を、世界の初期王権の都市と比較分析した、Paul Wheatley, *The Pivot of the Four Quarters, A Preliminary Enquiry into the Origins and Character of the Ancient Chinese City*, Edinburgh, Edinburgh University Press, 1971（特に pp. 225–476）を参照。

（19）聖都の一般的特色は、Jeffrey F. Meyer, *The Dragons of Tiananmen Beijing as a Sacred City*, Columbia, South Carolina, the University of South Carolina Press 1991, pp. 147–183, Diana L. Eck, "The City as a Sacred Center," in Bardwell Smith and Holly Baker Reynolds (eds.), *The City as a Sacred Center, Essays on Six Asian Contexts*, Leiden: E. J. Brill, 1987, pp. 1–11 を参照。東南アジアの聖都については、岡千曲「都城の宇宙論的構造」（上田正昭編『日本古代の探求・都城』東京・社会思想社、一九七六年）、聖都としての中国の王都の分析は、大室幹雄『劇場都市―古代中国の世界像』（東京・三省堂、一九八一年）、地中海世界を中心とする聖都に関しては、Joseph Rykwert, The Idea of a Town, The Anthropology of Urban Form in Rome, Italy and the Ancient World, London: Faber and Faber, 1976（ジョーゼフ・リクワート著、前川道郎・小野育雄訳『〈まち〉のイデア―ローマと古代世界の都市の形の人類学―』東京・みすず書房、一九九一年）を参照。

（20）古今東西の都（王都と首都）の特色については、少し古いが、Arnold Toynbee (ed.), *Cities of Destiny*, New York: McGraw-Hill Book Company, 1967 所収の諸論考が、現在も参考になる。

（21）近代国家の首都の特色を分析する試みとして、横山昭市『首都』（東京・大明堂、一九八八年）、Lawrence J. Vale, *Architecture, Power, and National Identity*, New Haven Yale University 1992, Eve Blau and

Monika Platzer, *Shaping the Great City, Modern Architecture in Central Europe, 1890–1937*, Munich: Prestel Verlag 1999. 三宅理一『都市と建築コンペティションI—首都の時代』（東京・講談社、一九九一年）等がある。また、新谷洋二・越澤明監修『都市をつくった巨匠たち—シティプランナーの横顔—』（東京・ぎょうせい、二〇〇四年）、Neill, William J. V., *Urban Planning and Cultural Identity*, London and New York: Routledge, 2004. も参照。

（22）オギュスタン・ベルク著、篠田勝英訳『日本の風景・西洋の景観—そして造景の時代—』（講談社現代新書、東京・講談社、一九九〇年）五四—五八頁。また、同著、篠田勝英訳『都市のコスモロジー　日・米・欧都市比較』（東京・講談社、一九九三年）、Berque, Augustin, *Le sauvage et l'artifice-les japonais devant la nature*, Paris: Gallimard, 1986, オギュスタン・ベルグ著、篠田勝英訳『風土の日本・自然と文化の通態』（東京・筑摩書房、一九八八年）、Relph, Edward, *Place and Placelessness*, Pion Limited, 1999（エドワード・レルフ著、高野岳彦・阿部隆・石山美也子訳『場所の現象学』東京・筑摩書房、一九九九年）、荒山正彦・大城直樹編『空間から場所へ—地理学的想像力の探求』（東京・古今書院、一九九八年）、Camporesi, piero, *Le belle contrade, Nascita del paesaggio italiano*, Milan: Garzanti Editore, 1992,（ピエーロ・カンポレージ著、中山悦子訳『風景の誕生—イタリアの美しき里』東京・筑摩書房、一九九七年）などの議論も参照。

（23）猪木孝「権力の国際関係」（同著『地球政治の構想』東京・NTT出版、二〇〇二年〈初出一九九六年〉）は、近代国家の正当性が、国際的な承認に由来する点を論じている。

（24）妹尾達彦『長安の都市計画』（講談社選書メチエ、東京・講談社、二〇〇一年）一四四—一四七頁。

（25）政治の正当性に関しては、Jean-Marc Coicaud, *Legitimite et Politique*, Paris: Press Universitaires de France, 1997（J・M・クワコウ著、田名治男・押村高・宇野重規訳『政治的正当性とは何か』東京・藤原書店、二〇〇〇年）が近年の論議をまとめており、わかりやすい。

（26）中国の正統論の流れについては、饒宗頤『中国史学上之正統論』（上海・上海遠東出版社、一九九六年〈初出一

九七七年〉）一一八〇頁、Hok-lam Chan, *Legitimation in Imperial China, Discussions under the Jurchen-Chin Dynasty (1115–1234)*, Seattle and London: University of Washington Press, 1984, pp. 1–48を参照。

（27）豊田久「周王朝の君主権の構造について—〝天命の膺受〟者を中心に」（松丸道雄編『西周青銅器とその国家』東京・東京大学出版会、一九八〇年）。

（28）唐王朝建国期の王権儀礼全体の詳細な分析を行った、H・J・ヴェックスラーは、中国の正統性に関する問題を簡潔に整理している。Howard J. Wechsler, *Offerings of Jade and Silk, Ritual and Symbol in the Legitimation of the T'ang Dynasty*, New Haven and London: Yale University Press, 1985, pp. 9–36を参照。本書については、妹尾達彦の書評（『社会文化史学』二六、一九九〇年、五三—六九頁）も参照。

（29）中華人民共和国が、歴代王朝の事例にならって、現在、国家事業として、清代の歴史書『清史』の編纂事業にとりくんでいることは、現在の政権にとっても、前政権の正史を編集する事業が政権の正統化に有効であると、政権担当者が考えていることを示している。『清史』編纂事業は、「清史編纂工程」とよばれ、二〇〇二年八月に準備が始まり、国家清史編纂委員会のもとで、二〇〇四年から二〇一三年までの一〇年間を編集期間に充当し、中央政府から六億人民元前後（日本円約七八億円）の予算が計上される予定の一大国家事業である。完成の暁には、全九二巻、三、〇〇〇万字を越す分量の大冊となり、かつて、中華民国期に編纂にとりかかって中断したままになっている『清史稿』を凌駕して、真の『清史』になるという。

（30）中国王権儀礼史の簡潔な概観には、胡戟『中華文化通志・教化与礼儀典　礼儀志』（上海・上海人民出版社、一九九八年）がある。また、後注(41)も参照。

（31）中国古代の王権儀礼を集大成した唐代の王権儀礼については、金子修一『古代中国と皇帝祭祀』（東京・汲古書院、二〇〇一年）を代表的成果として、近年、研究が急速に進展している。妹尾達彦「唐長安城の儀礼空間—皇帝儀礼の舞台を中心に—」（『東洋文化』七二、一九九二年）、任爽『唐代礼制研究』（長春・東北師範大学出版社、一

九九九年）、章群『唐代祠祭論稿』（台北・学海出版社、一九九六年）等も参照。

（32）妹尾達彦「帝国の宇宙論―中華帝国の祭天儀礼―」（水林彪・金子修一・渡辺節夫編『王権のコスモロジー』東京・弘文堂、一九九八年）。

（33）山内弘一「北宋の国家と玉皇―新礼恭謝天地を中心に―」（『東方学』六二、一九八一年）、同「北宋時代の神御殿と景霊宮」（『東方学』七〇、一九八五年）を参照。

（34）中国における祖先崇拝と天の信仰の関連については、池澤優『「孝」思想の宗教学的研究―古代中国における祖先崇拝の思想的発展―』（東京・東京大学出版会、二〇〇二年）五五―六四頁を参照。

（35）この点は、松浦義弘「フランス革命と王権―王の身体表象の変化を中心にして―」（網野善彦他編『岩波講座天皇と王権を考える　二統治と権力』東京・岩波書店、二〇〇二年）の分析が参考になる。

（36）渡辺浩「「御威光」と象徴」（同著『東アジア王権と思想』東京大学出版会、一九九七年〈初出一九八八年〉）一九頁。

（37）バリ島については、Clifford Geertz, *Negara, the Theatre State in Nineteenth-Century Bali*, Princeton: Princeton University Press, 1980（クリフォード・ギアツ、小泉潤二訳『ヌガラ―一九世紀バリの劇場国家』東京・みすず書房、一九九〇年）、メソアメリカについては、Simon Martin and Nikolai Grube, *Chronicle of The Maya Kings and Queens*, London Thames and Hudson Ltd, 2000（サイモン・マーティン、ニコラス・グルーベ著、中村誠一監修、長谷川悦夫・徳江佐和子・野口雅樹訳『古代マヤ王歴代誌』東京・創元社、二〇〇二年）を参照。

（38）猪俣健「よみがえるマヤ王朝」（『神秘の王国マヤ文明展』東京・TBS）、二〇〇三年、七二頁。

（39）この考えは、羽田正「都市の壁―前近代ユーラシア王都の都市プランと象徴性―」（東京大学東洋文化研究所編『アジア学の将来像』東京・東京大学出版会、二〇〇三年）四三一―四五六頁での分析を参照にしている。

（40）国家儀礼の一般的特徴に関しては、以下の論著の分析を参照。David Cannadine and Simon Price (eds.),

Rituals of Royalty, Power and Ceremonial in Traditional Societies, Cambridge: Cambridge University Press, 1987, pp. 1–19, Joseph P. McDermott. *State and Court ritual in China* Cambridge, Cambridge University Press 1999, pp. 1–19. 妹尾達彦「唐長安城の儀礼空間—皇帝儀礼の舞台を中心に—」（『東洋文化』七二、一九九二年）二頁。また、富沢寿勇『王権儀礼と国家—現代マレー社会における政治文化の範型』（東京・東京大学出版会、二〇〇三年）、清木場東「吉凶礼の構造」（『久留米大学産業経済研究会　産業経済研究』第四五巻第一号、二〇〇四年）、今村真介『王権の修辞学—フランス王の演出装置を読む』（東京・講談社、二〇〇四年）も参照。

（41）既に挙げた論考以外に、以下の論著が代表的なものである（発行年順）。陳戍国『中国礼制史』全六巻（湖南教育出版社、一九九一—二〇〇二年）、康楽『従西郊到南郊—国家祭典与北魏政治』（台北・稲禾出版社、一九九五年）、張鶴泉『周代祭祀研究』（台北・文津出版社、一九九三年）、謝謙『中国古代宗教与礼楽文化』（成都・四川人民出版社、一九九六年）、葉国良『古代礼制与風俗』（台北・台湾書店、一九九七年）、林素英『古代祭礼中之政教観—以《礼記》成書前為論』（台北・文津出版社、一九九七年）、胡戟『中華文化通志—礼儀志』（上海・上海人民出版社、一九九八年）、傅亜庶『中国上古祭祀文化』（長春・東北師範大学出版社、一九九九年）、雷聞「祈雨与唐代社会研究」（袁行霈主編『国学研究』第八巻、北京・北京大学出版社、二〇〇一年）、李書吉『北朝礼制法系研究』（北京・人民出版社、二〇〇二年）。唐王朝の王権儀礼に関しては、高明士氏や姜伯勤氏、呉麗娯氏、甘懐真氏、雷聞氏等も、優れた研究を公刊している。

（42）妹尾達彦、注（31）「唐長安城の儀礼空間—皇帝儀礼の舞台を中心に—」。

（43）妹尾達彦「帝国の宇宙論—中華帝国の祭天儀礼—」（水林彪・金子修一・渡辺節夫編『王権のコスモロジー　比較歴史学体系1』東京・弘文堂、一九九八年）。

（44）中華民国期における公共空間の形成に関しては、David Strannd, *Rikishaw Beijing, City People and Politics in the 1920s*, University of California Press, 1989, 史明正『走向近代化的北京—城市建設与社会変革』

(北京・北京大学出版社、一九九五年)を参照。また、陣内秀信・高村雅彦『北京—都市空間を読む—』(東京・鹿島出版会、一九九八年)は、一九九三年と一九九四年の北京調査にもとづく北京の都市構造の分析であり、中華民国から最近におよぶ近代北京の都市構造の変化の特質を明らかにしている。九〇年代後半以後、現在に至る北京の都市建築の大改造は、改造の進む前の北京の記録としての同書の価値を高めている。

(45) より詳しくは、妹尾達彦、注(5)「首都と国民広場—現代北京における天安門広場の建築」を参照。

(46) イスラーム商人が、八、九世紀後につくりあげた商業ネットワークについては、桑原隲蔵『蒲寿庚の事蹟』(東京・平凡社、東洋文庫五〇九、一九八九年、初出一九三五年)、家島彦一『イスラム世界の成立と国際商業』(東京・岩波書店、一九九一年)、同『海が創る文明—インド洋海域世界の歴史』(東京・朝日新聞社、一九九三年)を参照。

(47) 宮崎市定『宮崎市定全集1 中国史』(東京・岩波書店、一九九三年)、同『宮崎市定全集2 東洋史』(東京・岩波書店、一九九二年)、同『宮崎市定全集18 アジア史』(東京・岩波書店、一九九三年)に所収の諸論考を参照。

(48) この見通しについては、妹尾達彦「都市の生活と文化」(谷川道雄他編『魏晋南北朝隋唐時代史の基本問題』東京・汲古書院、一九九七年)、同「中華の分裂と再生」(『岩波講座世界歴史第9巻』東京・岩波書店、一九九九年)において、簡単に述べているが、当然ながら、詳細な分析は将来にゆだねられている。

(49) 妹尾達彦、注(5)『長安の都市計画』を参照。

(50) 妹尾達彦、注(5)「唐代洛陽城の官人居住地」、同「唐代洛陽—新しい研究動向」を参照。

(51) ユーラシア大陸の歴史の中で中国の王都が変遷したことは、王都の立地の変遷を顧みるとわかりやすい。中国の王都は、(a)ユーラシア大陸東部における遊牧地域の主要勢力の移動、(b)ユーラシア大陸をつつみこむ交通体系の変遷(特に陸路から海路への主要幹線路の転換)、(c)中国大陸における穀倉地帯の変遷などによって、立地を移動してゆく。移動の画期は、やはり、九世紀から一三世紀の間にあり、長安に多くの都がおかれていた時代状況から、北宋の開封をへて、北京（大都）に王朝の都がおかれる時代状況に転換してゆく。この立地の移動と王都の内部の都市構造の変化とが、どのように関連するのかは、今後、より詳細に分析してゆかなくてはならない。妹尾達彦、前注（4）「アジアの都城―中国都城の思想と形態」、同「中国の五つの都―ユーラシア東部の歴史を投影する都の変遷」（『月刊しにか』二〇〇二年七月号）を参照。

首告の世界
――明代疑獄事件の一側面――

川越泰博

はしがき

中国史上の疑獄事件（疑案ともいう）は、日本史にいう政治問題化した利権関係事件と異なり、罪の有無の疑わしい裁判事件を意味する。『礼記』巻五、王制に、「疑獄はひろく衆とこれを共にし、衆疑うときはこれを赦す」とあるのは、古い用例の一つである。その疏に、「疑獄は事の疑うべきも断じ難き者を謂う」とある。

五代後晋の和凝父子が編纂した『疑獄集』全四巻は、まず最初に、唐朝創業の功臣李靖が謀反を企んでいると密告されたが、御史が取り調べた結果、それが誣告であることがわかり、李靖は無罪、密告者は誅殺されるという事件を扱っている（御史奏状）。『疑獄集』には、以下多くの疑獄の事例が載せられている。その後も、明の張景が続編全六巻を編纂し、清の金鳳清は「疑獄三十則」を増輯して、事例の数は増加した。しかしながら、各王朝・各時代、疑獄事件は無数に起きているのであり、これらに載せられている事例は、中国史上に起きたあまたの疑獄事件のうちのごく一部でしかない。むしろ収載されていない事例のほうが圧倒的に多かったのである。

夥しく起きた疑獄事件のうち、最も著名なのは、明代の胡惟庸の獄（胡惟庸党案）と藍玉の獄（藍玉党案）とを併称した「胡藍の獄」である。これらが疑獄事件とよばれる所以は、実態・真相にあまりにも不明確な点が多く、太祖洪武帝が文武の功臣たちの勢力を一挙に弾圧するために発動した政治的謀略とみられるからである。

まず、洪武一三年（一三八〇）の胡惟庸の獄は、中書省左丞相の胡惟庸が計画したとされる謀反に端を発する。中書省左丞相汪広洋が太祖に逆らい、死刑に処せられたあと、左丞相の地位に昇った胡惟庸は、太祖の信任も厚く、在任期間も長くなってくると徒党を組み、絶大な権限を有するようになった。日本やモンゴルに使者を送り、外部から約束を取り付けて謀反を企てたが、密告によってその計画が発覚し、首謀者たちは一網打尽され、ことごとく誅殺された。それに連座した者は、一万五千人にのぼったといわれている。裏切って胡惟庸・陳寧等の謀反および先に誠意伯劉基を毒殺した件を密告したのは、計画の不成功を予見した御史中丞涂節という人物で、密告は四日前の正月二日のことであった。涂節は密告はしたものの、しかし助命されることなく誅殺された。この事件が疑獄と呼ばれるのは、露見したのが二日、処刑されたのは六日と、きわめて短期間にあまりに敏速に事件の処理がなされたことの他に、たとえば、功臣の陸仲亨や費聚が謀反に加担したとされるものの、それがばれたのは事件後一〇年経ってからであること、また日本やモンゴルへの協力要請のことも数年後に発覚したことなど、真相に不可解な点が多々あるからである。

一方、洪武二六年（一三九三）の藍玉の獄は、錦衣衛指揮の蔣瓛なる人物が、藍玉が景川侯曹震・鶴慶侯張翼・舳艫侯朱寿・東莞伯何栄・吏部尚書詹徽・戸部侍郎傅友文等とともに二月一五日における洪武帝の藉田（皇帝みずから田を藉して宗廟に祭る穀物を作る儀式）の機会を狙って事を挙げようとしたと告発したのを機に発生した。それによって、藍玉を中心に明朝の重臣たちが次々に捕縛されて下獄していった。逮捕されたのは、重臣たちにとどまらず、かれらに繋がりにあるものたちも芋づる式に捕縛され、その数は厖大なものとなった。藍玉の獄で殺された人数は、胡惟庸の獄と同様に一万五千人ともいわれ、藍玉と曹震・張翼・朱寿・何栄・詹徽・傅友文等の高官が大量に誅殺されたのは二月一〇日、それから、ほぼ一カ月を経た三月一七日には、会寧侯張温と中軍都督府都督僉事の蕭用が、四月八日には瀋陽侯察罕が、六月一八日には、左軍都督府都督の馬俊が誅殺された。このように、錦衣衛指揮の蔣瓛の告発によって、藍玉等の処刑から始まった本事件の処理は、およそ四カ月にしてようやくけりがついた。

胡惟庸の獄、藍玉の獄によって双方併せて三万人という犠牲者がでたのは、明代疑獄事件が内包するメカニズムに起因するところが大きかった。そのメカニズムの一端を考察し、あわせて、明代疑獄事件の一側面を解明するのが、本章の目的とするところである。

一　首告者それぞれ

二〇〇一年六月、『中国明朝档案総匯』という一〇一冊からなる史料集が、中国第一歴史档案館・遼寧省档案館による編纂の手を経て、広西師範大学から刊行された。これは、中国に現存する大量の明朝档案を影印したもので、明代史研究の進展に多大な寄与をなす画期的な出版であった。従来、明清史研究は、数多くの明朝および清朝の档案によって、飛躍的な発展を遂げてきた。しかしながら、厳密にその内実をいうと、清朝档案は大量に利用されて、清代史に関する質の高い成果を次々と生み出してきたが、明朝档案は、部分的に利用されるのみで、その成果は、清代史に比べて、実に寥々たるものでしかなかったのである。これが、現実であった。そのような研究状況に一大変革を起こさせるにたる出来事が、『中国明朝档案総匯』（以下、『明朝档案』と略記する）の刊行であったのである。『明朝档案』は、その言が決して過言でないほど、参差錯落というか、千姿万態というか、ともかく多種類な内容と形態からなる档案を豊富に収載しているのである。(1) 明代史研究においては、将来、その研究動向がものされるとき、『明朝档案』以前と以後という時代区分がなされてしかるべきほど、『明朝档案』の出版は、重要性を帯びたものであった。

筆者は、軍事史研究の分野において、『明朝档案』を積極的に活用し、これまで、いくばくかの論稿を付印してきた。(2) これら一連の研究過程において気づいたのが、疑獄事件における犠牲者数の拡大原因・メカニズムにかかわると思料される手掛かりの存在であった。事例は、さほど多くないので、その全事例を掲出して、逐次吟味しつつ、本章の課題にアプローチしていくことにしたいと思う。

＊

【事例一】『明朝档案』七十二、『羽林左衛選簿』二三二頁

楊華は、定遠県の人。叔楊栄有り、府軍左衛の軍に係る。洪武十七年、華、役に補せらる。二十六年、本衛所の総旗周全の党逆を首し、総旗に陞せられ、本年十一月、羽林左衛中所世襲百戸に除せらる。

これは、南京の親軍衛の一つである羽林左衛の衛選簿の楊葵の条に記載された一節である。定遠県（南直隷）の人である楊華は、洪武一七年（一三八七）、叔父楊栄が退役したのに替わって、府軍左衛（親軍衛）の軍となった。軍とは、明代中国の国軍組織の基幹をなす衛所の組織の中にあって、最下部に位置した。(3) その軍であった楊華が、総旗、そして官品を有する武官職に陞進する契機となったのは、洪武二六年（一三九三）のことで、それは、府軍左衛の総旗であった周全が党逆であることを首告（告発）したためであるという。

洪武二六年（一三九三）と党逆、この二つを繋ぐものはなにか、これが、さきに述べた藍玉の獄である。つまり、府軍左衛の軍であった楊華は、藍玉の獄が発生したとき、同じ府軍左衛の総旗周全が藍玉党であると密告して、その功によって、軍から総旗に陞進し、さらに同年の一一月には、羽林左衛中所の百戸に陞転したのであっ

た。

以上に述べたように、楊華が陞進・陞転の糸口をつかんだのが、藍玉の獄の際の首告であったことは、疑いないことであるが、首告の的にされた周全もまた、藍玉の獄で逮捕された一人であることは、別な史料から明確になる。それは、『二十二史箚記』の著者として令名高い趙翼が、清の嘉慶年間刊行の、該書の巻三十二、胡藍之獄の中で、「胡獄に昭示奸党録有り、族誅、三万余人に至れり。藍獄に逆臣録有り、族誅、万五千余人に至れり。今二録、考する可からず、而して胡藍二伝は、備さに其の数を載す」と述べている『逆臣録』である。趙翼が生きた清代の乾隆・嘉慶年間になると、この『逆臣録』は、もはや存在しないと思われていたか、あるいは参看することが甚だ困難であったようであるが、近年になって新しく世に出現した。その『逆臣録』(4)は、北京大学図書館所蔵の明鈔本を排印したものであるが、最後の一頁半の欠損を除けば、ほぼ完全な善本であるということである(5)。この北京大学図書館本は、五巻本で、『明史』巻九十七、芸文志二に伝える巻数と同じである。この『逆臣録』は、藍玉の獄に連座した藍玉党の処刑が進行する過程において、取り調べの記録書、すなわち爰書をもとに編纂されたもので、太祖洪武帝は、これに洪武二六年(一三九三)五月朔日(一日)附の序を刻して頒布した。該書には、藍玉党と目された千人あまりの人々の供状が、口語文体で収録され、その供状の前には、それぞれその姓名・年齢・籍貫・身分などが簡単に紹介されているので、いかなる人が、いかなる理由付で、この藍玉の獄において逮捕されたかが判明する(6)。

藍玉党である告發された周全については、その『逆臣録』の周全の項に、

一名、周全、淮安府桃源県の人。府軍左衛の総旗に充てらる(一三三頁)。

とあり、楊華が藍玉党である告発した周全と所属衛所・武官職が一致するから、同一人物であることは明白である。その周全の項には、さらに、

今、本所の軍人王古道等の告發を被《こうむ》る（一三四頁）。

とあるから、周全を告発したのは、楊華だけではなく、府軍左衛の軍士が複数告発したようである。ともあれ、告発者複数のうちの一人であった楊華は、これによって、親軍衛たる府軍左衛の總旗に陞進し、やがて同じく親軍衛の一つである羽林左衛に移衛し、武官職も百戸に陞進したのであった。かかる首告が切っ掛けとなって羽林左衛の百戸に陞転することを得たあとは、万暦年間まで、この南京羽林左衛の百戸職が後裔によって世襲されていったのであった。

ただし、楊華の死は、尋常のものではなかった。楊華からその嫡長男楊勝に百戸職が世襲されたが、その世襲記事に、

永楽十年二月、楊勝、年十五歳、羽林左衛中所の事を為して監に在りて故《し》せる世襲百戸楊華の嫡長男に係る。

とあるからである。楊勝が世襲したのが、永楽一〇年（一四一二）、世襲の必要性が生じたのは、父の楊華が収監中に死去したためであった。何故に、収監されていたのかというと、「事を為して」とあるから、罪を犯したためであることがわかる。軍務に関連して罪が問われたものを「為事官」というが、その罪の範囲は広く、倉糧の横領や戦闘中の失策もその中に含まれている。楊華の「為事」の内容については、関説する記事がなく、不明ではあるが、その「為事」が原因をなして収監され、その最中に死去したことは右の史料から読み取れる。なお、付言すれば、楊勝の襲職は、永楽一〇年（一四一二）で誤りないであろうが、楊華の死去をも永楽一〇年（一四一二）と見なすことはできない。なぜならば、楊勝の襲職は、一五歳になるのを待って実施されたともみられるからである。それを示唆するのは、四輩楊俊の項である。これに、

景泰元年十一月、楊俊は年十五歳、南京羽林左衛中所故世襲百戸楊敬の嫡長男に係る。先に年幼に因りて已に優養を与う。今幼を出て襲職す。

とある。明代衛所官の世襲制度においては、衛所官の前任者が死亡あるいは病気・老などで承継することになったとき、その承継すべき人物が幼小であった場合、叔父など親族の年長者が一時的に継いだ。これを「借職」といった。しかし、借職するべき人物がいなければ、幼小であっても、当の本人が世襲した。その場合、実務は免除され、当該衛所官職に対応した俸給が与えられた。それを「優給舎人」という。優給される年齢の上限は、一四歳もしくは一五歳で、その年齢の年末までであった。年が明けると、つまり一五歳あるいは一六歳になると、実務に就くことになったのである。借職の場合も、この優給の年齢と連動した。叔父その他の続柄のものが借職していても、本来承継すべき人物が、一五歳あるいは一六歳になれば、叔父その他の続柄のものの借職は終了したのである。楊俊が年一五歳で百戸の職を世襲したのは、父楊敬の死去によって、一四歳まで優給をうけていたからである。優給の最終年齢─世襲年齢に関して、このように一四歳─一五歳と、一五歳─一六歳の二通りが存在したが、前者に該当する者は「旧官」と呼ばれ、後者に該当する者は「新官」と呼ばれた。このような差異が生じたのは、靖難の役の終息によってであった。靖難の役とは、周知のように、第二代皇帝建文帝の削藩政策に対して、北平（現在の北京）に封ぜられていた叔父の燕王が奉天靖難の軍を起し、首都南京を陥れて帝位についた、明代中国のいわば南北戦争であった。帝位に即いた燕王は、その年号に依拠して永楽帝と呼称されるが、永楽帝は、奉天征討つまり靖難の役において、自軍に参加して功をえて陞職したものを新官とし、建文軍に就いたもの、および洪武中に陞職したものを旧官とした。そして、新官の子孫は一六歳で襲職し、しかもそのとき襲・替いずれであっても、比試を免ぜられた。これに対して、旧官の子孫は一五歳で襲職し、比試の合格を義務づけられた。永楽元年以後功をえたものは、旧官と同じ扱いとしたのであった。(7) このように、新官は、靖難の役の所産であった。

以上を要するに、優給舎人に関して、いわゆる新官の子孫の場合は、一五歳で全俸優給が終り、比試がなく、ただちに一六歳で襲職、旧官の子孫の場合は、一四歳で全俸優給が終り、一五歳で比試をうけ、その合格を待って襲職するということになり、両者の間には大いなる区別がつけられていたのであった。このような優給制からみて、楊俊の家は、旧官であったことが明白である。『羽林左衛選簿』一三二頁に載せられた楊氏の記録では、一輩から八輩までの襲職における承継者の年齢をみると、最年少に属するのは一五歳で、四例ある。「今幼を出て襲職す」と明確に優給舎人であったことを示す事例は、前述の楊俊のケースだけであるけれども、一五歳や一六歳の襲職は、押しなべて優給終了後の襲職であることが多いので、楊氏における一五歳襲職も、優給をうけたのちの襲職と見なし得る可能性が高い。

以上の状況から見て、永楽一〇年（一四一二）における楊勝の襲職は、数年間の優給期間を挟んでのことと思われる。しかも、父楊華の収監時の死去によって、その優給が開始されたわけであるから、楊華の死去は、少なくとも永楽一〇年（一四一二）より以前のことであったはずである。

いずれにしても、一軍卒にすぎなかった楊華が百戸職を得、「為事」によって収監され、しかもその最中に死去しても、その子の楊敬が優給をうけて、その官職が保全されたのは、総旗の周全を藍玉党であると首告したことに、すべてが起因したのであった。

【事例二】『明朝档案』七十三、『錦衣衛選簿』一五四頁

李応登は、年四十七歳、南京錦衣衛屯田千戸所百戸に係る。原籍は山東青州府博興県の人。始祖李昇は、旧名李山児、洪武十八年、収集せらる。十九年、瀋陽左衛前所の軍に撥せらる。二十六年、併もて小旗に陞せらる。本年、本衛百戸葉林の軍器を隠蔵し、藍玉と交結し、反を謀ると首し、擒拿するに功有り、総旗に陞せらる。本年四月、錦衣衛屯田所実授百戸に陞せらる。

南京親軍衛の一つである錦衣衛の衛選簿に載せるこの記事によって、李昇が、洪武一八年（一三八五）に収集

（民間の一家五丁あるいは三丁から一丁を徴集）されて、軍籍に入れられ、南京の京衛の一つである瀋陽左衛（左軍都督府所属）の前所の軍に配置されてから、同二六年（一三九三）に錦衣衛屯田所の百戸に陞進するまでの道筋を知ることができる。

李昇は、二六年（一三九三）の一年間に、より正確にいえば、同年の上半期の期間だけで、軍から百戸にまで一気に陞進したのである。その始まりは、併、すなわち併鎗によって小旗に陞進したことによる。併鎗とは、総旗・小旗・軍士の補役の際の武芸の優劣格付けのことである。ついでながら、これに対して、衛所官職襲替の際の能力認定試験は比試という。李昇は、この併鎗の成績がよく、小旗に陞進したのである。通常であれば、陞進は、いったんこれ止まりであるけれども、李昇に幸いしたのは、藍玉の獄の発生であった。李昇は、自らが所属する瀋陽左衛の百戸葉林が軍器を隠し持ち、藍玉と交結して、謀反を企図していると告発し、かつ葉林を擒獲したのである。その功で、小旗から総旗に陞進し、さらに四月には錦衣衛屯田所の百戸に陞転したのである。

李昇が首告し、かつ擒獲した瀋陽左衛百戸の葉林は、『逆臣録』によると、蘇州府常熟県の人で、首告したのは軍人の許閙住、擒獲したのは総旗の夏驢児等であったという(8)。李昇の名は見えない。しかし、擒獲した者は夏驢児等とあるから複数であったようであるので、その中の一人であったものと思われる。首告したものもまた、厳密に言えば、「軍人許閙住」一人ではなく、複数の人物が絡んでいたのではないかと推察される。いずれにせよ、李昇は、首告ならびに擒獲の功によって、まず藍玉の獄が起きた二月に小旗から総旗に陞進し、さらにその二カ月後には百戸に陞進したのであった。このようにわずか半年弱の間に一気に陞進した李昇であるが、その生涯の閉じ方は悲惨であった。首吊り自殺であった。その間の事情について、『錦衣衛選簿』には、

事を為して逃に在り。永楽一八年、自縊《じい》して故す。

とある。犯罪の内容は不明であるが、罪を犯して逃亡中の永楽一八年（一四二〇）、縊死して果てたのである。藍

玉の獄から二七年後のことであった。

しかし、李昇は、藍玉の獄における首告と擒獲とによって百戸の職を得たため、その職は世襲されていった。

右の記事に続けて、
曽祖李雄は、幼名咬住、嫡長男に係る。宣徳九年六月、襲ぎ、比す。

とあり、李昇の嫡長男李雄は、宣徳九年（一四三四）に襲職している。李雄の項には、
正徳九年二月、李雄は、幼名咬住、年十五歳、錦衣衛屯田千戸所の事を為して逃に在りて自経するの世襲百戸李昇の嫡長孫に係る。

とあり、世襲の時期と続柄に関して、右の記事と相異する部分があるけれども、李雄の襲職の年齢は一五歳であったことが知られる。まず、襲職の年次である正徳九年（一五一四）については、宣徳九年（一四三四）の単純ミスであると見なしても全く問題ない。李雄の後は、その嫡長男である李仁が継いでのであるが、右に続く記事では、それを天順七年（一四六三）としているからである。つぎに、李雄の続柄が嫡男であったのか、それとも嫡長孫であったのかについて明確に断定することは難しい。李雄が襲職したのが宣徳九年（一四三四）で一五歳であったことに誤りがなければ、その生年は永楽一八年（一四二〇）である。李昇が収集されて軍に補されたのは洪武一八年（一三八五）であったから、それを勘案すると、かなり年を食ってからの子ということになり、嫡長孫の可能性もなしとはしないが、しかしながら実子である可能性を否定することもできない。

そのいずれであったにしても、明確なことは、永楽一八年（一四二〇）に生まれたばかりの李雄は、同年における李昇の自死によって、宣徳八年（一四三三）の一四歳まで、百戸職の俸給をうけて、翌宣徳九年（一四三四）、一五歳になると、百戸職を襲職したのである。そして、李雄の後は、李仁（李雄の嫡長男）→李贇（李仁の嫡長男）→李応登（李贇の嫡長男）→李鏊（李応登の嫡長男）→李允教（李鏊の嫡長男）→李以譲（李允教の嫡長男）と、錦衣衛屯田

千戸所の百戸職が世襲されていき、李昇は逃亡中に自殺して果てたものの、その子孫は、衛所官の家として、万暦の末年まで存続したのであった。

【事例三】『明朝档案』七十三、『錦衣衛選簿』一八〇頁

孫貴は、河内県の人。兄孫大有り、洪武二年、軍に充てられ、故す。孫盛、役に補せらる。二十六年、王保子等の謀逆の事の為にし、総旗に陞せられ、二十六年、錦衣衛屯田千戸所世襲百戸を欽除せらる。二十七年、故す。兄に男無し。二十八年、襲ぐ。

孫栄は、孫貴の嫡長男に係る。孫玘は、孫栄の嫡長男に係る。父、老し、玘、景泰四年、替りて南京錦衣衛水軍所世襲百戸を授けらる。

洪武二六年（一三九三）、藍玉の獄を契機に総旗に陞進し、さらに錦衣衛屯田千戸所の百戸に陞進した孫盛が、軍に補せられたのは、洪武二年（一三六九）に軍にされた兄の孫大が、その後に死去したためであるという。兄に代わって軍に補せられた孫盛が、藍玉の獄に際会して陞進したのは、「王保子等の謀逆の事の為にし」たためであった。原文は、「為王保子等謀逆事」に作る。この「……の事の為にす」という形式の文言は、上奏文のそれである。とすれば、孫盛は、王保子等の謀逆を上奏し密告したことで、その功をもって、総旗、そして百戸に陞進したと見なすことができる。

『逆臣録』によると、

八名、劉保児・王保児・李十三・呉安八・蔣鎖住・路小五・方真保・武通保、倶に金吾前衛の総・小旗。状招は、陳勝と相い同じ（七九頁）。

という記事がある。孫盛によって、藍玉党と首告された王保子が、この王保児と同人物であるならば、親軍衛の一つである金吾前衛所属の総旗、もしくは小旗であったことになる。

安慶府（南直隷）宿松県の人である金吾左衛の小旗陳勝と自白内容が同じという劉保児等八人を首告した人物については、『逆臣録』は触れていない。王保子と王保児とが同一人物であるとすれば、首告者は孫盛、そして、孫盛が軍として補せられていた衛所は金吾前衛であったという蓋然性が高くなる。

その孫盛は、翌二七年（一三九四）に死去した。その時に、子がいなかったので、孫貴が、孫盛獲得の百戸をついだのであった。しかしながら、その百戸は、錦衣衛屯田千戸所のそれではなく、同じ錦衣衛の水軍千戸所の百戸であった。そのことは、二輩孫貴の項に、

二十八年十一月、孫貴は、旧名四児、錦衣衛屯田千戸所の故世襲孫盛の房弟に係り、本衛の水軍所の世襲百戸に欽除せらる。

とあることによって知られる。それとともに、孫貴は、孫盛の親弟（実のおとうと）ではなく房弟であったことも知ることができる。それは、【事例三】の記事に、「二十七年、故す。兄に男無し」とあるように、孫貴に子がいなかったことは明白であるが、親男だけでなく、親弟もいなかったということであろう。

ともあれ、孫盛のあとをついだ孫貴の直系の子孫によって、錦衣衛水軍所百戸の職が承継されていき、万暦年間には、署副千戸となっている。かかる孫氏の百戸への陞進、つまり衛所官の身分獲得は、一軍卒たる立場にいたにすぎない孫盛の首告に起因するのであった。

【事例四】『明朝档案』七十三、『天策衛選簿』二四一頁

李旺は、旧名保保、蕪湖県の人。伯父に李伴勇有り、丙申年、従軍、戊戌年、陣亡す。旺は年幼にして、洪武十九年、役に補せらる。二十六年、本所千戸陳銘の父陳得の藍玉と結交し、軍器を私造し、反を謀るを聴候（うかがいまつ）すと首し、四月、天策衛水軍所世襲副千戸に欽除せらる。李皐は李旺の嫡長孫、祖は、永楽七年、西洋等に公幹して功有り、本衛所の正千戸に陞せらる。十四年、老疾し、父李清、宣徳二年、替職

す。正統六年、故す。皐は、七年、天策衛水軍所正千戸を襲ぐ。李勲は、李皐の嫡長男に係る。父は、成化二年、故す。勲は、三年、天策衛水軍所正千戸を襲ぐ。

これは、前軍都督府所属の京衛の一つである天策衛の衛選簿に見える記事である。藍玉の獄において、首告により、天策衛水軍所副千戸という衛所官の地位を獲得したのは、李旺のときであった。李氏が衛所軍に付せられたのは、伯父李伴勇が、丙申年（至正一六・一三五六）に、太祖（朱元璋）の軍に従ったことに起因する。この年は、太祖にとって、一つの重要な節目の年であった。その動向を簡単に述べると、春二月二五日、太祖軍は元の蛮子海牙を采石において大いに撃破した。三月三日、集慶に進攻し、陳兆先（陳埜先のおい）を擒え、その部衆三万六千人を投降させた。一〇日、太祖軍は再び元兵を蔣山において攻め破った。元の御史大夫福寿は力戦したが、ここで亡くなった。蛮子海牙は、遁走して張士誠に帰附した。太祖は、集慶城に入ると、集慶路を改めて応天府したのである。応天府とは、「天授に応える」という意味である。太祖は集慶を攻略したとき、城郭を周覧し、「金陵は倹固なり。古の所謂長江天塹にして、真の形勝の地なり。倉廩実ち、人民足る。吾、今これを有せり」と言った。これに対して、徐達は、「今、此を得るは殆ど天授なり」と応えたのであった（『太祖実録』丙申三月辛卯の条）。命名の由来は、このやり取りにあったと思われる。

さて、以後、この応天府を根拠地とした太祖は、ますます勢力を拡大していくことになり、七月には諸将に推戴されて呉国公になった。李伴勇が太祖軍に従ったのは、このような年であった。蕪湖県（南直隷太平府）は、長江に沿って応天府の上流に位置し、采石にほど近いから、太祖軍に従うようになったのは采石の攻略前後のことであったのではないかと思われる。あるいは、集慶攻略の前哨戦において得た陳兆先の部衆三万六千人の中の一人であったかもしれない。太祖は、この中から、驍健なる者五百人を麾下においたところ、その五百人が、生き延びることができるのかという疑念を抱いていることを覚ったので、日暮になると、もとからの部下を全部外に出して、馮国用だけを留めて榻（細長く低い寝台）の傍らに侍臥させ、太祖自身は、よろいかぶとを脱ぎ、無防備のまま朝までぐっすり寝た。この様子を見て、はじめ殺されるのではないかと疑心暗鬼していた連中も疑念が晴れ、「既に我を活す、又腹心を以て我を待す、何ぞ力を尽くして報いを図らざるべけんや」と語りあった。そして、つぎの集慶進攻の際には、多くが先陣を争い、陣没したという（『太祖実録』丙申三月辛巳の条）が、李伴勇も、太祖軍に従うようになって二年後の戊戌年（至正一八・一三五八）に陣亡している。姪《てつ》である李旺（李伴勇の弟の子）が、そのあととして軍に補せられたのは、洪武一九年（一三八六）であった。「年幼にして、洪武十九年、役に補せらる」とあるのは、「洪武一九年になるまで年幼であったので、洪武一九年になってようやく役に補せられた」という意味であろうと思われるので、洪武一九年（一三八六）に一五歳になるのを待って軍役に補充されたと考えられる。とすれば、李旺が、二六年（一三九三）の藍玉の獄の際に、「本所千戸陳銘の父陳得の藍玉と結交し、軍器を私造し、反を謀るを聴候（うかがいまつ）す」と首告して、天策衛水軍千戸所の副千戸に陞進したときには、まだ二二歳にすぎなかったことになる。

李旺によって、藍玉との繋がり、軍器を私造、謀反の時期を待っていることなどを首告されたのは、陳銘の父陳得ということであるが、『逆臣録』には陳得の名は見えないものの、陳銘の名は、

一名、陳銘は、北平府宛平県の人、錦衣衛鎮撫に任ぜらる（一六六頁）。

とある。陳銘について、【事例四】では「本所千戸」としているから、鎮撫と千戸とでは職官名が合致しない。それに、前提なしに「本所」と書かれていれば、通常は当該衛選簿の衛所名を指す。もし、この文言に先だって錦衣衛の名があり、それを前提とした記事であれば、記録全体が『天策衛選簿』であっても、「本所」もしくは「本衛」が錦衣衛と見なさなければならないが、【事例四】でいうところの「本所千戸」の場合は、その前提がないので、「天策衛のいずれ千戸所の千戸」であった陳銘ということになり、李旺が首告した陳得の子である陳銘と同一

人物と見なすことには躊躇せざるをえない。

さて、首告によって天策衛水軍千戸所の副千戸となり、衛所官の地位を得た李旺は、永楽七年（一四〇九）に「西洋等に公幹して功有り、本衛所の正千戸に陞せらる」とあることから知られるように、(9) 鄭和の南海遠征に随行し、それによって正千戸に陞進したのである。この南海遠征は、九月に出発して、九年（一四一一）六月に帰国した第三回目のものであった。藍玉の獄が起きた洪武二六年（一三九三）に二二歳であったとする推定に誤りがなければ、第三回目の南海遠征に従事したときには三八歳、老疾によって退職した一四年（一四一六）には四五歳であったことになる。嫡長男の李清が、そのあとをついだのは、宣徳二年（一四二四）、とすると、その間の一〇年は、李清は正千戸としての俸禄の優給のみを受けて実職には就かずにいて、ようやく本年（宣徳二年）になって正千戸を承継し、実務を担当するようになったということになる。それは、父の李旺が退職したときには、李清はまだ四歳で年幼であったために、このように優給の制が適用されたのであった。永楽以後の襲替においては、優給後の襲職年齢には、一五歳と一六歳の二種類があったことは先に触れた。李清の場合は、旧官としての処遇である一五歳をもって襲職したと見なされる。そのように見なし得るのは、五輩李政の襲職記事に、

成化二十一年五月、李政は、年十歳、蕪湖県の人、南京天策衛水軍所縊故世襲正千戸李勲の嫡長男に係る。全俸の優給を欽与せられ、成化二十五年終に至りて支を住《とど》む。

とあるからである。李政は、父正千戸であった李勲の縊死による自殺の後、年一〇歳であった成化二一年（一四八五）から二五年（弘治二・一四八九）まで、優給をうけたという。とすれば、成化二五年（弘治二・一四八九）には一四歳であり、李政の優給終了年齢は一四歳、襲職年齢は一五歳であったことになる。李政に関して、このような優給年齢・襲職年齢に齟齬がないことは、続けて、

弘治三年八月、李政は、年十五歳、蕪湖県の人、南京天策衛水軍所縊故世襲正千戸李勲の嫡長男に係る。優

給し、幼を出でて、職を襲ぐ。

とあることによって明確である。

以上の考察により、首告によって天策衛水軍千戸所の副千戸となり、衛所官の地位を確保し、第三回目の鄭和の南海遠征に随行し、それによって正千戸に陞進した李旺が老疾が原因で退職したために、嫡長男の李清があとを継いだのは、四歳であったという推定に問題ないであろう。

ともあれ、藍玉の獄における首告によって衛所官の地位を得た李旺のあとは、李清（嫡長男）→李皐（嫡長男）→李勲（嫡長男、縊死）→李政（嫡長男）→李昂（庶長男）→李応鶴（嫡長男）→李応鳳（親弟）→李承祖（李応鳳の嫡長男）→李先揚（嫡長男）、と崇禎年間まで南京天策衛水軍所の正千戸の職が承継されていった。

【事例五】『明朝档案』七十三、『天策衛選簿』一一五四頁

始祖雷彬は、洪武六年、府軍前衛中右所の軍に充てらる。二十二年、九江衛中所に調せらる。二十六年、謀逆高俊指揮を拿するが為に虎賁右衛右所總旗に陞せられ、本年、天策衛水軍千戸所世襲實授百戸に欽除せらる。

雷彬の場合は、藍玉黨の指揮高俊を拿捕した功績で、前軍都督府に直隷した外衛の九江衛中所の軍から、京衛の虎賁右衛右所總旗に陞進し、さらに同年中に同じく京衛の一つである天策衛水軍千戸所の百戸に陞転・移衛したことがわかる。雷彬が拿捕したという指揮高俊とは、『逆臣録』に、

一名、高俊、廬州府合肥縣金城郷の人。見任の江陰衛指揮僉事なり（二二八頁）。

とある江陰衛指揮僉事の高俊のことであろう。江陰衛は、後軍都督府に属する京衛である。雷彬が拿捕した指揮高俊と江陰衛指揮僉事高俊とが同一人物であるとすると、九江衛は、指揮系統が前軍都督府下に直属する直隷衛であるといえ、設置場所は、江西九江府であったから、そこから南京まで赴き、江陰衛指揮僉事の高俊を拿捕し

たことになる。無論、その時点では、雷彬は一軍士にすぎなかったから、雷彬単独の行動ではなかった。上官に率いられての出動であった。それにもかかわらず、藍玉黨の拿捕に参加したことで、雷彬は、いわゆる一軍卒にすぎない軍士から虎賁右衛右所總旗、さらには天策衛水軍千戸所の百戸に陞転・移衛したのであった。

高俊が逮捕されたのは、『逆臣録』中の高俊記事に、

軍人孫長等に告発せられて官に到り、罪犯を取問せらる（二二九頁）。

とあるから、軍人孫長等の首告を受けてのことであった。雷彬がかかわったのは、「官に到り」の部分であろう。雷彬の場合は、藍玉黨の首告ではなく、拿捕にかかわって陞進した事例であるが、万暦年間まで、百戸の職を承継していったことが、『天策衛選簿』によって知ることができる。

【事例六】『明朝档案』七十三、『天策衛選簿』二六四頁

始祖白玉は、洪武二十二年、軍に充てらる。二十六年、楊威等の党逆の事実を首告し、総旗に陞せられ、続いて百戸に陞せらる。三十三年、副千戸に陞せられ、朝見して正千戸に陞せらる。老疾す。祖白忠、疾す。曾祖白璟は、玉の嫡長孫に係る。未だ生まれず、始め叔祖白成、借職し、副千戸を革授せられる。疾す。忠、続いて曾祖白璟を生む。職を取り、優給せられ、替る。故す。

白玉は、忻州（山西太原府）の人。軍戸に入れられたのは遅く、洪武二二年（一三八九）であった。しかし、その四年後には、南京天策衛全椒屯田千戸所の百戸に陞進したのである。それは、「二十六年、楊威等の党逆の事実を首告し」とあるように、楊威等を藍玉党と首告した功によってであった。

白玉によって藍玉党と首告されたという楊威は、『逆臣録』に見える楊威と同一人物であろうか。千戸であったのか百戸であったのか、その職官が判然としないが[10]、楊威は水軍右衛（右軍都督府所属・京衛）の衛所官で、毛貴・岳景・王義等とともに藍玉党として逮捕されている。かれらが誰の首告で捕らえれたのか、『逆臣録』からは、そ

の人物を特定することはできない。

　ともあれ、白玉は、首告によって、衛所軍の身分を脱して衛所官の地位を獲得した。その後の履歴をたどると、「三十三年、副千戸に陞せられ、朝見して正千戸に陞せられる」とあるように、靖難の役の真っ最中にまず副千戸、ついで正千戸に陞進した。三三年とは、建文二年（一四〇〇）のことで、靖難の役が勃発して二年目のことであった。それでは、白玉は、建文軍、それとも燕王軍、そのいずれに属して靖難の役に参加したのであろうか。白玉は、建文帝、それとも燕王のどちらに「朝見」したかと言い直すこともできるが、結論を先に言えば、それは建文帝に対する「朝見」であり、白玉は建文軍の一員として、靖難の役を戦ったのであった。

　それを示す手掛かりは複数あるが、まず一つ目は、三輩白璟に関する、

　景泰伍年四月、白璟は、忻州の人。南京天策衛全椒屯所の正千戸白玉の嫡長孫に係る。曾祖は原《もと》、百戸に係るも、革除年間、副千戸に陞せられ、後朝見するに因りて、前職に陞せらる。病故す。

という記事である。これに、白璟の曾祖父（祖父？）にあたる白玉、つまり首告によって百戸に陞進した白玉が、その後、副千戸から正千戸に陞進したのは、「革除年間」のことであったと記している。「革除年間」とは、建文元年（一三九九）から四年（一四〇二）までの建文帝の全治世を指称する。燕王は、建文元年（一三九九）七月四日に挙兵すると同時に、改元使用されはじめて七カ月がすぎたばかりの「建文元年」という年号を使うことをやめてしまった。建文の正朔を奉ずることが、建文朝に服属することを意味するとするならば、それに反旗を翻して、帝位奪取という大いなる賭けに出た燕王が、建文という元号を使用することは論理的に矛盾を来すこととなり、使用をやめるのは蓋し当然のことであった。そこで、太祖崩御年の洪武三一年（一三九八）の後は、洪武の年号をそのまま引き続いて用いて、洪武三二年・三三年・三四年・三五年としたのであった。そして、三五年（建文四・一四〇二）六月一七日に、奉天殿で皇帝位に即くと、その翌年正月から永楽という年号を建て、洪武三一年―永楽

元年の間に存在した建文元年・二年・三年・四年の四カ年を全く革除してしまい、その間の建文帝治世の歴史をも全く抹殺してしまったのである。したがって、「革除年間」に陞進したことは、換言すれば、「建文□□年陞□□」ということにほかならず、建文朝によって功が認められて陞進したということを意味するわけで、まさにその立場をデリケートに表現していると言えるのである。(11) 以上によって、まず、白玉は、建文軍側に付して靖難の役に参加したことが知られ、併せて白玉が朝見した相手も燕王ではなく、建文帝であったことも明確になる。

つぎの手掛かりは、新官・旧官の区別によるものである。八輩白守祖に関する記事として、

万暦十一年六月、白守祖は、年四歳、忻州の人。南京天策衛全椒屯所故副千戸白璧の嫡長男に係る。例に照らして、全俸を与えて優給し、万暦二十一年終に至りて支を住む。

とある。白守祖は、副千戸の俸禄を万暦一一年(一五八三)四歳のときから二一年(一五九三)まで優給されたという。とすると、その終了年齢は一四歳ということになる。一四歳優給終了と一五歳終了のうち、前者は旧官の子孫に対する処遇であるから、白玉は、靖難の役においては、燕王軍に付して活動したのではないことの確認ができるのである。

なお、白守祖の記事には、

万暦二十一年六月、白守祖は、年十五歳、忻州の人。南京天策衛全椒屯所故副千戸白璧の嫡長男に係る。幼を出て職を襲ぐ。比、二等に中《あた》る。

とあり、白守祖の優給終了が一四歳で終了し、一五歳で襲職したことを示しているが、襲職の年次を万暦二一年(一五九三)とするのは誤記である。万暦一一年(一五八三)に一一歳であったならば、一五歳のときは、二二年(一五九四)でなければならない。

以上、贅語を重ねてきたが、これによって、藍玉の獄に際会すると、首告によって衛所官の地位を獲得した白

玉は、靖難の役においては、建文軍に付して参加し、正千戸に陞進したことが判明した。しかしながら、その後に承継された職官は正千戸ではなく、副千戸であった。それは、右に掲出した万暦年間の白守祖の事例をみても明確である。正千戸から副千戸へ降格させれたのは、白玉が建文軍の一員であった故であった。

白玉以後の承継の事情については、【事例六】の冒頭に掲げた史料によって、大体のところを知ることができる。白玉のあとは、子の白忠が継ぐべきであったが、残疾のため、それが不可能であった。しかも、白玉からみれば嫡長孫、白忠の嫡男もまだ生まれていなかったので、やむなく白忠の弟であった白成が借職することになったが、永楽政権では、その際に、白玉の正千戸は建文軍に付しての陞進であったので、副千戸に「革授」したのである。白玉の嫡長孫に当たる白璟が生まれて、叔白成から職官を返還してもらったときも、副千戸のままであった。以後、副千戸の職は、万暦年間に至るまで承継されていったのである。

【事例七】『明朝档案』七十三、『豹韜衛選簿』三六九頁

劉本は、萊陽県の人。兄劉平有り、洪武二十四年、軍に充てらる。二十六年、党逆の事を首告し、帯刀総旗に充てられ、世襲百戸に除せられ、広洋衛に調せらる。故す。児無し。本は親弟に係る。永楽元年、職を襲ぐ。

萊陽県（山東登州府）の人であった劉平は、洪武二四年（一三九〇）に軍籍に入れられ、その二年後には藍玉党首告の功によって帯刀総旗、ついで百戸に陞進し、広洋衛（中軍都督府所属・京衛）に移衛したという。しかし、子なしのまま死去したので、その親弟の劉本が百戸の職を襲いだのであった。劉本の嫡長男劉彬のときに豹韜衛に移衛し、その後は、万暦年間に至るまで一貫して、豹韜衛に所属したことを、『豹韜衛選簿』に見える諸記事によって知ることができる。

【事例八】『明朝档案』七十四、『留守後衛選簿』一七八頁

王春は、高郵州の人。父王福成有り、丙午年、軍に充てられ、虎賁左衛に撥せらる。洪武元年、河南に克つ。十四年、雲南大理等処を征《う》つ。二十年、金山一迷河等処を征つ。二十二年、併鎗もて本衛前所小旗に充てらる。二十六年、本所の千戸馬栄の党逆の事を首し、金吾前衛に欽撥し総旗に充てらる。四月、羽林左衛前所世襲百戸に陞除せらる。三十年九月、留守後衛滄波麒麟門所世襲副千戸に欽陞せらる。父は老疾、春は嫡長男、三十四年、准《ゆる》して替職せしめ、仍お留守後衛滄波麒麟門所世襲副千戸を授けらる。

高郵州（南直隷揚州府）の人である王福成の首告とその前後の陞進の状況は、右の記事によってきわめて明確である。王福成が太祖軍に入れられたのは、丙午年（至正二六・一三六六）、明朝成立の二年前のことであった。最初に配属されたのは虎賁左衛（親軍衛）であった。虎賁左衛の軍士の地位を脱して、本衛前所の小旗に陞進したのは二二年（一三八九）のことであった。しかも、それは、併鎗によるものであった。併鎗は、さきに説明したように、總旗・小旗・軍士の補役の際の武芸の優劣格付けのことで、王福成は、この併鎗の成績がよく、小旗に陞進したのであった。軍士となって以来、二二年の日子を経ていた。極めて遅い陞進であった。かかる王福成をして一気に陞進の機会を与えたのは、藍玉の獄における首告であった。王福成は、虎賁左衛前所の千戸馬栄を藍玉党であると首告したのである。王福成は、これによって、まず、金吾前衛（親軍衛）に移衛し、その総旗に陞進した。同年四月には、同じく親軍衛である羽林左衛前所の百戸に陞進、三〇年（一三九七）九月には、留守後衛（後軍都督府・京衛）の滄波麒麟門所副千戸に陞進している。老疾のため退いた王福成に替わって副千戸の職をついだのは嫡長男の王春で、その交替は三四年（建文三・一四〇一）、ちょうど靖難の役の最中であった。

ところで、王福成が陞進のきっかけをつかんだのは、虎賁左衛前所の千戸馬栄を藍玉党であると首告したことによるものであったことは右にふれた。馬栄については、『逆臣録』に、

一名馬栄、鳳陽府徐州蕭県の人、虎賁左衛千戸（一四八頁）。

とある。王福成が首告したという馬栄と所属衛・職官の点でともに一致するから、同一人物とみなしても、誤りないであろう。『逆臣録』には、馬栄について、さらに、

涼国公の家に前去（でむ）きて、内に飲酒し、謀逆を商議す。期せずして奸党敗露す。総旗董正等に罪犯を首出せらる。

とある。首告したのは、総旗の董正等であったという。王福成も虎賁左衛の小旗であったから、董正だけではなく、本衛の総旗・小旗が複数、馬栄を首告したものと思料される。

さて、馬栄を首告した一人として、王福成が得た衛所官の地位は、嫡長男王春以後、万暦年間まで、子々孫々によって承継されていった。そのことは、『留守後衛選簿』によって明白であり、同時に、永楽政権成立後、王家に対する処遇は旧官であったことも知ることができる。(12)

（未完）

（1）『明朝档案』の内容を総覧・検索するさいには、岩渕慎『中国明朝档案総匯総目録』（私家版、二〇〇三年）が便利である。また、甘利弘樹氏には、『明朝档案』の書評（「貴重な明代の档案史料集」『東方』第九七号、二〇〇二年）と、『明朝档案』発行以前の明朝档案に基づく研究状況を回顧した「明朝档案を利用した研究の動向について―『中国明朝档案総匯』刊行によせて―」（『満族史研究』第一号、二〇〇二年）がある。

（2）「麹祥とその一族―倭寇による被虜人衛所官の世襲問題をめぐって―」（『人文研紀要』〔中央大学人文科学研究所〕第四八号、二〇〇三年）、「『全浙兵制考』の撰者侯継高とその一族―とくにその素性・履歴をめぐって―」（『明清史論集―中央大学川越研究室二〇周年記念―』国書刊行会、二〇〇四年）、「世襲という名の軛―年齢傾向からみた明英宗親征軍の性格―」（『中央大学文学部紀要』史学科第四九号、二〇〇四年）、「藍玉党案と蜀王朱椿」（『中国史

学』第一四巻、二〇〇四年)。

(3) 一介の布衣から身をおこし、ついに天下統一をなしとげ、全中国の新たな支配者となった明の太祖洪武帝は、その三一年に亙る治世の間に様々な制度を確立し、王朝盤石の土台を築いたのであるが、それら諸制度の中で、軍事制度の基幹をなすものとして創設したのが衛所制度であった。衛所制度は、百戸所(一一二軍)を基礎単位として、その百戸所を一〇あつめて千戸所(一一二〇軍)を形成し、五つの千戸所で一衛を組織するというのが基本的原則であった。しかし、その原則と異なる衛所も多々見られたが、それはともかくとして、その統括には、衛は指揮使、千戸所は正千戸、百戸所は百戸があたり、それぞれ配下の軍兵を統べたのである。さらに細かく言えば、指揮使─指揮同知─指揮僉事─千戸─副千戸─百戸─試百戸─総旗─小旗─軍という指揮系統からなっており、指揮使の下には指揮同知・指揮僉事があり、正千戸の下には副千戸があり、百戸の下には試百戸があり、さらにその下に総旗がおり、小旗がいたのである。総旗は五小旗、つまり五〇人の軍士を率いていた。一小旗はその五分の一の軍士一〇人を率いていたのである。このように、総旗にしろ小旗にしろ、全くの一軍卒という訳ではなかったが、しかし衛所制度にあっては、衛所官と呼べるのは官品を有するものだけであった。つまり、上は正三品の官品を有する指揮使から、下は従六品の百戸までであって、したがって、これら以外の総旗・小旗ならびに単なる軍士は官品も有せず、世襲者のいない場合の退休後の経済的保障制度ともいうべき優養制などの恩恵に与かれなかったのである。

(4) 明・太祖勅録、王天有・張何清點校『逆臣録』(北京大学出版社、一九九一年)。

(5) 同右書、「點校説明」一頁。

(6) 拙著『明代中国の疑獄事件─藍玉の獄と連座の人々─』(風響社、二〇〇二年)「〔付Ⅱ〕『逆臣録』所載藍玉党人名一覧」は、『逆臣録』に収載された人々を五十音順に整理して、氏名・事項・巻数・頁数を提示したものである。なお、『明史』太祖本紀には、藍玉の獄について、「二十六年春正月戊申、天下耆民の来朝を免ず。辛酉、天地を南郊に大祀す。二月丁丑、晋王棡、山西・河南の軍を統べて塞を出ず。馮勝・傅友徳・常昇・王弼等を召して還らしむ。乙酉、蜀王椿、来朝す。涼国公藍玉、謀を以て反す。并せて鶴慶侯張翼・普定侯陳桓・景川侯曹震・舳艫侯朱寿・東莞伯何栄・吏部尚書詹徽等、皆な坐して誅せらる。己丑、逆臣録を天下に頒つ」とある。『逆臣録』の頒布を二月己丑（一四日）としている。しかしながら、この日付については、はなはだ疑問である。というのは、藍玉が本事件の首謀者として逮捕され、誅殺されたのは、二月一〇日のことであった。果たして、その四日後に『逆臣録』の頒布することが可能であろうか。これは素朴な疑問であるが、頒布時期が二月己丑（一四日）ではないことを証明するのは、『逆臣録』に付せられた太祖の序の日付である。それは、三カ月後の五月朔日（一日）となっているのである。

（7）以上、借職および新官・旧官の問題については、拙著『明代中国の軍制と政治』（国書刊行会、二〇〇一年）「前編第二部第六章　借職制」・「第五章　新官と旧官」を参照。

（8）前掲『逆臣録』一九二―一九三頁。

（9）「公幹」とは、「公務を果たす」という動詞である。その用法ならびに実態については、拙稿「明代西域奉使団考」（『人文研紀要』（中央大学人文科学研究所）第三一号、一九九八年）参照。

（10）前掲『逆臣録』二〇五頁。

（11）「革除年間」という文言については、拙著『明代建文朝史の研究』（汲古書院、一九九七年）「第九章　靖難の役と衛所官Ⅱ―建文帝麾下の衛所官―」参照。

（12）王福成の子孫が旧官として処遇されたことは、六輩王鸞の項に、「嘉靖三年十月、王鸞は、年十五歳、高郵州の人。南京留守後衛中所世襲副千戸王英の嫡長孫に係る。伊《そ》の父宣は、残疾にして優養せらる。続いて本人を生む。優給せられ、幼を出て職を襲ぐ」とあり、優給を受けていた王鸞が一五歳で襲職したことによって明白である。なお、王鸞の父王宣が残疾のために受けていた優養については、拙著『明代中国の軍制と政治』（前掲）「前編第二部第七章　優養制」参照。

ザビエルの「東洋布教」構想試論
――日本開教事業の跡から（一五四九―五一）――

清水紘一

はじめに

本章ではフランシスコ・ザビエル Francisco de Xavier（一五〇六―五二）の東洋布教構想について、日本における伝道事業の過程から、その一端を素描する。ザビエル（中国名「方濟各・沙勿略」）は、周知のようにイエズス会 Societas Jesus 創立期の主要メンバーである。宣教師となり、一五四二年五月以降インド、モルッカ諸島で布教し、ついで東アジアに渡航。日本におけるキリスト教の開祖、あるいは中国伝道に先鞭をつけた東洋の使徒として著名である。日本には天文一八年（一五四九）から同二〇年まで滞在し、インドに帰還。ついでマラッカを経て一五五二年（嘉靖三一）八月末、広東港外の上川島《サンチャン》に上陸。同地で本土入りの機会を窺ったが、同年一二月三日病没した。

ザビエル研究の重要文献として、周知のようにゲオルグ・シュールハンマー G.Schurhammer 師らが収集し一九四四年以降ローマで発刊した書簡集 Epistolae S. Francisci Xaverii.vol. 2（略称EP）がある。[1] またザビエルの基本的な研究書として、上記の史料集を駆使した、シュールハンメル師自身の大著 Francis Xavier（全四冊）

がある。[2]

ザビエルに関する研究は、日本の学界においても諸先学による伝記や史料類を含め多くの蓄積がある。[3]シュールハンマー師編刊の「EP」については、同上の訳注本が河野純徳《こうのよしのり》師により『聖フランシスコ・ザビエル全書簡』として刊行されており、[4]本報告でも、主として同労業を準拠とした。

ほかザビエル研究の近業として、一九九八—九九年上智大学で開催された「ザビエル渡来四五〇周年記念」国際シンポジウムがあり、同成果としての論文集『「東洋の使徒」ザビエル』（全二巻）が発刊されてきている。[5]うち本章が課題とする「ザビエルの東洋布教」ないし「中国布教構想」については、遺憾ながら発題されてはいない。けれども日本における布教事業については、結城了悟師の論説「ザビエルと日本」が提出されている。[6]右の報告で結城師は上洛したザビエルについて、「日本全国での宣教許可を願う」ため「内裏、後奈良天皇との謁見」を望んだが、「内裏の門を開くに充分な献上品を携えていない」ため受け入れられなかったとする。右の指摘は伝統的な解釈にそったものであるが、ザビエルがマラッカで用意した献上品をなぜ京都に携行しなかったか、その理由を吟味する必要があろう。

ほか岸野久氏から「日本人とキリスト教」と題する論説が提出され、宣教師の経済活動への関与として「堺商館の設立」について言及がなされており、同氏はザビエルが「国家の経済活動にかかわるエージェントのような働き」をしていると指摘する。[7]右は政教提携の一形態としてのパドロアド padroado に関連するこれまた伝統的な解釈に立脚するものといえるが、「堺のポルトガル商館」と「日本国王」との関係性の追求が捨象されている感が残る。本章ではザビエルが関心を示した「日本国王」と「勘合」に注目しながら、布教事業の現実の過程で蓄積された「東洋布教」構想を考察し素描する。

一　ザビエルの東洋布教構想

ザビエルの「東洋」に関する言及は、記録上一五四六年のことである。ちなみに中国（大明帝国）に関するザビエル書簡の初見は、一五四六年五月一〇日付のもの（EP五五15）で、ザビエルはその頃マラッカで一ポルトガル人と会談し「シナの宮廷から来たたいへんまじめなシナ人」（EP五五15）の話などを聴取している。また日本に関する記録は、一五四八年一月二〇日付の書簡（EP五九15）に記されており、マラッカの町で信頼しているポルトガル人が「つい最近発見された日本と呼ぶ島」de poco tiempo a esta parte descubiertas,las quales se llaman las yslas de Japon について情報をもたらしたことや、アンジロウ Angero と呼ぶ一日本人と会見したことなどを伝えている。以降のザビエルは、日中両国への布教実現に腐心することとなる。たとえば、一五四八年四月二日付でコーチンの友人に宛てた書簡では次の記述を残している。

【史料二】一五四八年四月二日付ゴア発信、コーチンのディエゴ・ペレイラあて（EP六五1、3）

私のところには、日本へ行けば聖なる信仰を広め、成果を挙げることができるというさまざまな情報が入っていますので、一年後に日本へ行きたいと思い、真実の友、心からの友であるあなたと旅行や旅程について話し合って、喜びと満足を味わいたかったのですが（これができないのは、まことに残念なことです）。（中略）あなたがシナへ出発する前にお会いできたら、どんなに嬉しかったことでしょう。（というのは）マラッカやシナでの交易では、少しも意識されていないきわめて高価な商品を（積み込んでもらうよう）お頼みしたかったからです。それは霊魂の良心という商品です。（マラッカやシナで）ほとんど知られていないのは、商人たちすべてが、良心の交易では破産してしまうと信じこんでいるからです。他の人たちは良心の不足のために自滅してしまいますが、私と親しいディエゴ・ペレイラ（だけは）たくさん良心を運んで行って利益を上げるだろうと主なる神において希望しております。（＊本章ではザビエル書簡についてEP所収書簡の順序数を漢数字で、文節の小見出しを算用数字で表示した。例「EP五五15」の場合、EP所収のザビエル書簡「第五五号15節」を意味する。以下、同じ。）

右からザビエルは一年後の日本渡航を伝えているほか、中国には「霊魂の良心という商品」a consciencia da anima の運送をペレイラに願っていることが知られる。ディエゴ・ペレイラ D. Pereira は、シャム・中国間で通商活動に従事した篤実なポルトガル人貿易商である。右の書面からザビエルは、友人としてペレイラに信頼を寄せていたことが知られる。

さて日本については、ザビエルが布教地として着目した理由と、「一年後」a hum anno の日本への「旅行予定」の意味が注目される。ザビエルが日本に着目した理由については、インドにおける布教事業の困難性と新天地日本に対する希望感にあろう。ザビエル書簡では「この地のインド人に頼っていては、私たちの会を恒久的に継続できないことは明らかです。（中略）その原因は、キリスト信者になった者がきりがないほど数多くの迫害を忍んでゆかねばならないからです」（EP七〇6）。「インド人が彼らの大きな罪のために、聖なる信仰に少しも関心を示さないのみならず、憎しみをさえ感じていますので、信者になるように話すのは極めて難しい状態であると見ています」（EP七一7）。ゆえにザビエルは自身の必要性について「インドには私は要らなくなるでしょう」（EP七三3）とする。またザビエルは、召命的な胸の内を次のように伝えている。

【史料二】一五四九年一月一二日付コーチン発信、ローマのイグナチオ・デ・ロヨラ神父あて　（EP七〇8）

日本についてたくさんの情報を入手したのが（主な理由で日本に行こうと思います）。日本はシナの近くにある島です。そこではすべての人が異教徒で、イスラム教徒もユダヤ人もおりません。人々は非常に知識を求め、神のことについても、その他自然現象についても新しい知識を得ることを切に望んでいるそうです。私は内心の深い喜びをもって、日本へ行くことを決心しました。このような（知識欲に燃える）日本人のあいだに私たちイエズス会員が生きているうちに霊的な成果を挙げておけば、彼らは自分たち自身の力で（イエズス会の生命を）持続してゆけるだろうと思います。

ゆえにザビエルは「日本へ行くことが私の使命である」（EP八五8）。それは「聖にして母なる教会の及ぶ範囲を広めるためです」（EP八五11）と結ぶ。右からザビエルは、日本人の外側世界に対する「進取性」に期待しながら、イエズス会による開拓伝道と同会の宣教団による司牧事業の永続を考えていることが想察される。やがて明国伝道が日程に上ると、右構想は次第に膨らみを見せたことであろう。

ついで「一年後」の日本行きの記述から、同地への渡航と布教事業が「日程化」され、諸準備がなされていたことが感得できる。

この準備段階においては、ザビエルが日本への導き手として信頼を寄せたアンジロウ（受洗してパウロ）らに対する語学教育を含め、日本に関する諸情報の収集が当然のことながら遂行されたことであろう。それらによりザビエルはこの頃日本でなすべき事業として、上洛と大学への訪問をあげている。

【史料三】一五四九年一月一二日付、コーチン発信、ポルトガルのシモン・ロドリゲス神父あて（EP七九5）

神の思し召しでこれから先、たくさんのイエズス会員がシナへ行くでしょう。そしてシナから、シナやタタールを越えて（ずっと遠くに）ある天竺の有名な大学へ行くでしょう。パウロによれば、日本人、シナ人、タタール人は天竺から聖なる教えを受けているのだそうです。日本人が信奉している信仰は、私たちがラテン語で（書かれている本が分からない）のと同様に、難解で一般の人たちには理解できない（漢字）で書かれているのだそうです。（中略）日本へ到着しましたらすぐに、日本の国王を訪れ、国王がいる町の教育の中心となっている場所を訪れます。日本の宗教のすべてを知ってから、その結果をインドだけではなく、ポルトガル、イタリア、とくにパリの諸大学へ報告します。そして同時に、大学の人たちがすべての力を学理に注ぎ、自由をも奪われ、（没頭して）いるあいだにも、異教徒が（神について）何も知らずに死んで行くという事実にまったく思い及ばないでいることに気づかせ、忠告するつもりです。

すなわち日本の宗教は天竺の教え（インド仏教）を源流としていることを伝えたあと、①「国王」rey 訪問、②「諸大学」universidades 訪問、③日本宗教の調査とヨーロッパのアカデミーへの報告などの三点を報じている。それらのうち日本国王には、聖職者を統轄する中心としての王（天皇）と、世俗的な統治権をもった一人の王（将軍）の存在を、アンジロウから聞知していたことが知られている。(8) すると来日前のザビエルは、天皇と将軍を「日本国王」と認識していたこととなろう。ザビエルは「日本国王」訪問により、王権の承認を得て布教事業に着手することを企図していたこととなるが、両国王へのアプローチについてはこの段階で何も記してはいない。

中国（明国）に対してはザビエルは、友人のペレイラと同人の持ち船に憑むところがあったことが知られる。けれども明国については、右以上の言及をしていない。周知のように明国は建国後間もなく治安上の理由で海上交通を制禁（海禁）し、外国人の入国を厳しく制限していた（後述）。明国のそうした法体制についてザビエルはよく知り得る立場にあり、(9) 布教のための第一関門である明国入りの際、障碍もしくは難題となることを感得していたことが推測される。

以上からこの段階におけるザビエルの「東洋」布教事業は、日本と中国（明国）に対する個別的・逐次的布教を構想している段階であり、両国の歴史的・文化的背景を踏まえた内的関連性をもつ包括的な布教構想には到達していないことが看取される。

さて本章では、来日前の右の段階でのザビエルの日中布教構想を第一期とし、右を踏まえたザビエルの東洋（日中両国）布教構想の展開の跡を、第二・三・四期に区分して概括を試みる。

第一期「ゴアですすめた日本渡海準備と明国への望見（一五四八）」、既述。

第二期「鹿児島で立案した日本布教策と明国入国構想（一五四九）」。アンジロウの故郷鹿児島でなした布教の諸準備。ミヤコを望見しながら、語学の習得と関連情報を収集。「勘合」関連の情報を知り得て、明国入りの活路を開くこと。あわせて日本・ゴア間の通交関係を模索した時期。

第三期「上洛による王権検証と勘合システムへの志向（一五五〇）」。不安定なミヤコの状況を感得し上洛。「日本国王」が日本布教を認可し、併せて「勘合」権を行使できる権能を保持しているか検証。上洛後、「王権機能の分散」を確認し、「勘合」実権者に接見を企図した段階。

第四期「晩年の明国渡海構想と広東省上川島への渡航（一五五二）」。いったんインドに帰還したザビエルが明国入りに決し、ポルトガルのインド政庁（ポ印）と共同して明国入りを策案。広東省上川島に上陸。単身での入国決行を企図しながら、病没に至る晩年の段階。

二　ザビエル来日時の布教構想
――第二期「鹿児島で立案した日本布教策と明国入国構想（一五四九）」――

ザビエルとその一行は、天文一八年七月二二日（一五四九年八月一五日）来日し、同二〇年一〇月一八日（一五五一年一一月一五日）ころ離日するまで、二年三カ月ほど日本に滞在した。

ザビエルがその間に想察した日本を含む明国への布教構想については、鹿児島から発信した一五四九年一一月五日付（天文一八年一一月二〇日）書簡・五通（ＥＰ九〇―九四）のほか、インド帰還時に記した書簡（ＥＰ九五・九六）などで、概要を知り得る。

うちザビエルの日本布教構想については先学による諸研究があるので、本章では松田毅一氏が概括した次の論説を挙示しておこう。

シャヴィエルの通信からその日本布教の企図を要約すると、第一に都に達して天皇に謁し、全日本で自由に布教する允許を得、天皇は支那の皇帝と友好関係にあるところから、勘合符を入手して支那の伝道に備え、第二に日本の大学を歴訪して詳報を作製し、後続する有能な同僚が宗論において日本の諸宗教を論破し、以て日本人の大改宗へ最も効果的な道を拓かしめ、第三に日本とインド間の定期航路を開き、富裕な堺にポルトガルの貿易商館を設置して布教の財政的支援たらしめんとした。(10)

右の記述からザビエルの主眼は日本における布教権の確立にあり、そのための第一課題が上洛して天皇との謁見による布教允許の獲得にあったことなどが知られる。けれども勘合には歴史的に無関係な天皇を明国皇帝との友好者と解釈しており、問題が生ずる。それらはザビエルの「日本国王」認識の問題と関わるといえる。次節でも関説する。

ついで明国に対する布教構想については、1明国入りに関する策案を提示し、2必要とされる人材養成に関する指示や、3教材の準備に着手している。管見の範囲ながら、明国への布教構想については、先学の研究に言及が少ないように思われるので、若干の史料を挙示しながら見ていこう。

1　明国入りに関する策案

【史料四】）一五四九年十一月五日付ゴア発信、イエズス会員あて　（EP九〇５６／５７）

そのうえもっと大きなシナがあり、この国へは日本国王の通行許可証を持って行けば、虐待を受けずに安全に入国できます。私たちは日本の国王が私たちの友人となり、彼からこの通行許可証をたやすく得られるだろうと、神を信頼しています。

あなたがたにお知らせしたように、日本の国王とシナの国王は親しい間柄であり、(日本国王は)シナへ行く人たちに(勘合)符を与えることができるように、親善のしるしである印章を持っています。日本からシナへは一〇日から一二日の旅程で航行できるので、たくさんの船が行きます。もしも主なる神が私たちに一〇年の余命を与えてくださるならば、(ヨーロッパから)来る人たち、そして神がこの国で真理の認識に至らしめようとして(召しいだす修道者たち)によって、この地で偉大なことが成し遂げられるのをきっと見ることができるだろうと、大きな希望をもって生活しています。

右から明国は、日本以上の大国であること。「日本国王」rey de Japan は明国皇帝と「親しい」関係にあり「印章」sello を保持していること。ゆえに「日本国王の通行証」salvoconducto del rrey を持参すれば、入国は安全であること。国王と「友人」になることができれば、通行許可証は「たやすく得られる」とする。文中の「通行許可証」とは、贅言するまでもなく「勘合」のことであろう。ゆえにザビエル一行は来日後三カ月足らずの時点で、勘合システムの情報を聞知し、明国への入国について、極めて楽観的に展望していたこととなる。すると言うまでもなく「日本国王」(親善のしるしである「印章」をもち「通行許可証」を発給する権能者)に関する実態の把握が次の課題となろう。この点は、次章で関説する。

2　人材養成に関する指示

【史料五】)一五四九年一一月五日付ゴア発信、パウロ神父あて　(EP九一―1)

さらにまた聖信学院で学んでいるインド人少年たちは幾人で、どれほど(学問に)進歩しているかなどについて、できるだけ詳しく報告してください。そして学院にいるシナ人と日本人の少年たちを特別に配慮して、よく学ばせ、教理を教え込むように大いに努力してください。主なる神の摂理によって、幾年もたたないうちにこの少年たちが霊的生活に精進し、ポルトガル語を読み、書き話せて、日本やシナへ渡航してくる神父たちの通訳になれるように、とくに配慮してください。なぜなら、今までに発見された諸地方で、この地ほど多くの霊的収穫を挙げることのできる所はありませんし、シナか日本でなければ、イエズス会は永続できないと考えているからです。そのためにシナ人たちや日本人たちをとくにお願いするのです。

右からザビエルは、学院長にインド・中国・日本の少年に神学・語学の教育を施すことを指示し、「日本やシナへ渡航してくる神父たちの通訳になれる」人材を養成するよう指示を与えたことが知られる。ザビエルの上川島行に同行したアントニオは、同上学院に学んだ中国人の一人であるが、ザビエルは彼が「シナ語を話す」ことを忘れたと伝えている（ＥＰ一三一 8）。なお聖信学院では、ザビエルを薩摩に先導したアンジロー（弥次郎）一行が帰国前の一時期を学び舎としたことが知られている。右からゴアの聖信学院には、インド・中国の少年に加え「日本人の少年」も習学の課程にあったことが知られる。

3　教理説明書の準備

【史料六】一五五二年一月二九日付コーチン発信、ローマのイグナチオ・デ・ロヨラ神父あて（ＥＰ九七20、21）

注目に値することは、シナ人と日本人とでは話し言葉が非常に違うので、会話はお互いに通じません。シナの文字を知っている日本人は（シナ人の）書いたものは理解しますが、話すことはできません。（中略）シナの漢字はいろいろな種類があって、一つひとつの文字が一つのことを意味しています。それで日本人が漢字を習う時は、シナの文字を書いてからその言葉の意味を書き添えます。（中略）

私たちは天地創造とキリストのご生涯のすべての奥義について（信仰箇条の説明書）を日本語で書きました。そののち私たちは同じ本を漢字で書きました。それはシナへ行く時にシナ語が話せるようになるまで、（この本によって）私たちの（信仰箇条を）理解してもらうためです。

右は日本からインドに帰還したザビエルが、同報告をローマに書き送った書簡の一節である。文意から日中両国間の言語について、話し言葉の相違と漢字の共通性について述べ、さらに「天地創造とキリストのご生涯のすべての奥義」に関する『信仰箇条の説明書』を、日字文と漢字文で著作したことが知られる。漢字文で『信仰箇条の説明書』を作製した目的についてザビエルは、中国語未習得段階の宣教師と教義を知らない段階にある入門者の双方に右の漢字文説明書を提供し、布教時におけるカトリック教義を「理解してもらう」ことであるとしている。また日字文の説明書は「印刷し各地に配付する」（ＥＰ九〇５８）ことを伝えていたから、漢字文説明書も将来の印刷に向けその稿本とする意思もあり得たであろう。この『信仰箇条の説明書』は現存していないことが指摘されているが、その内容について河野純徳師は『短い公教要理』と『使徒信経の説明書』を翻訳したものと指摘している。(11)

すると漢字文『信仰箇条の説明書』には、ザビエルがゴアで一五四二年に作成した『短い公教要理』（ＥＰ一四１―２９）から、使徒信経・信仰宣言・主の祈り・十戒・聖母への祈り・告白の祈りなどの祈祷文が収められたこと。また一五四八年モルッカ諸島のテルナテで作成した『使徒信経の説明書』（ＥＰ五八１―９）から、同経文に沿って天地創造以下の解説が収められていたことなどが推測される。

以上から来日当初のザビエルは、明国入りについては「勘合」システムの利用を考えているほか、入国時に不可欠といえる通訳と教理説明書について、ゴアの聖信学院に人材養成を指示していること。手元で進めていた日字文の説明書を漢字文でも編集するなど、中国への伝道を視野に収めながら日本布教を開始したことが知られる。

以上鹿児島におけるザビエルの構想は、上記の東洋布教構想の第二期（鹿児島で立案した日本布教策と明国布教構想）と言い得るが、この時期においては両国に対する布教の方策がゴア滞在時に比較してより具体性を帯びていること。日本では「国王」に謁見し、同国王が有する「勘合」権に依存して明国入りの実現を期待しており、日明両国の外交関係に展望を見出だす姿勢を示していることが看取される。

三　上洛以降の東洋布教構想の展開――「勘合」システムへの関心
――第三期「上洛による王権検証と勘合システムへの志向」――

ザビエルとその一行が来日した頃の日本は「戦国盛期」といえる極度に不安定な状況にあったが、ザビエルは滞日中精力的に活動し大きな行跡を残したことが知られている。本章ではザビエルの滞日期になされた東洋布教構想について、「勘合」システムに関するザビエル自身の思惑を主として究明することにあるが、記録により跡付けることには制約がある。前述したように一五四九年一一月五日付五通のほか、ザビエル滞日期の以降の書簡が遺存していないためである。(12)ゆえに本報告で課題とするザビエルの入明構想の展開については、史料による実証に限界があるといえるが、ザビエルのその後の諸活動から同上構想の痕跡をたどることは、何程か可能であるように思われる。

最初に勘合とその授権者について周知のことを素描すると、勘合は明国皇帝と冊封関係を結んだ海外の国王が頒布された割符のことで、明国入りする使者の真偽を証明した。明国では一三八三年（洪武一六）暹羅（シャム）などに交付された例が最初とされる。(13)日本では国王号を受冊し国王印と勘合を授与された歴代の足利「将軍」が、その権利を「日本国王」として行使した。田中健夫氏によれば、足利義満は一四〇一年（応永八）と翌〇二年明国皇帝と文書を交換し日本国王に冊封され、以降義持・義教・義政・義澄・義晴ら六人が外交文書のなかで日本国王号を使用した。日本国王と征夷大将軍とはかならずしも同一の存在（将軍即国王）ではなかったが、以降は厳密な手続きなしで、室町政権の首領が日本国王として容認されたという。するとザビエルの日本国王に関する認識は、当時の室町政権の首領である足利義輝（初名義藤、在職一五四六―六五）いうことになろう。[14] 本章では如上を前提としながら以下、ザビエルが関心を寄せた「日本国王」とザビエルのその後の動きについて、㈠ザビエルの「日本国王」認識、㈡中国・西国大名との提携に区分し、それぞれの一端を跡付けながら、勘合に付随する王権への関心を跡付けておこう。

㈠　ザビエルの「日本国王」認識

ザビエルは、訪日前から日本に到着後「すぐに日本の国王を訪れる」（ＥＰ七九５）意向を示し、「日本国王」との謁見を重視する構想を示している。訪日前のザビエルが想定した「日本国王」については、前述したように聖職者を統轄する中心としての王（天皇）と、世俗的な統治権をもった一人の王（将軍）の存在を、アンジロウから聞知していたといわれる（注⑻参照）。来日前のザビエルは、天皇と将軍を「日本国王」と認識していたこととなるが、来日後のザビエルの「日本国王」認識はどうであろうか。この点、ザビエル書簡では「日本国王」el rrey de Japan とのみ記し、同国王が誰であるか特定する記述を残していない。ザビエルが鹿児島で認識した「日本国王」は天皇か、将軍か。もう一つ明国皇帝から「受冊」した日本国王を加えると、答えはそれら三者のどれかであろう。

如上のうち、ザビエルの来日後における国王認識については、学界では天皇を「日本国王」と解する傾向が多数説のように思われる。けれども仮に「日本国王」を天皇と解する場合、天皇は勘合制度とは歴史的に無関係であり、ザビエルが想定した上記（史料四）に見られる「日本国王」像とは、ミスマッチが生ずる。

「日本国王」について筆者はザビエル書簡の事例を挙げ旧拙稿で将軍説（室町政権の首領）を提示した[15]。その後松本和也氏により、宣教師の「国王」認識に関する分析が行われ、同氏から天皇・将軍の複数説が提出された[16]。松本氏の右の主張については、ザビエル自身が帰還先のコーチンから「（日本人は）非常に好戦的な国民で、いつも戦をして、もっとも武力の強い者が支配権を握るのです。一人の国王を戴いていますけれど、一五〇年以上にわたって彼に従っていません。このために、彼らのあいだで絶えず戦っているのです」（ＥＰ九六３）と記しており、「一人の国王」hum soo rey が誰であるかが問題となろう。そこで以下に旧稿と若干重複するが、１鹿児島におけるザビエルの「日本国王」認識と、２上洛による王権の実態把握と区分して、関連する事象を見ていこう。

１　鹿児島におけるザビエルの日本国王認識

ザビエルの一五四九年一一月五日付書簡中から日本国王に言及した記事を検索すると六例（文節別には八例）あり、うち五例は日本国王を「将軍」と推断し得る内政・外交の権能に言及している。内政に関する日本国王の権能として、関東の守護大名に対する支配権などがある。「坂東は非常に大きな領地で、そこには六人の侯爵がいますが、そのうち一人が支配者で他の者は皆彼にしたがっています。そしてこの支配者は日本の国王に従っているのです」（ＥＰ九〇５４）。右の文意から坂東の支配者は、鎌倉公方（足利氏）または関東管領（執事上杉氏）と解される。その場合の「日本国王」は、鎌倉の公方または関東管領を配下におく足利将軍となる。

外交に関する「日本国王」の権能として、上掲（史料四）所載の「親善のしるしである印章」を持ち「通行許可証」を管理する「勘合」権と、国外への使節派遣がある。右のうち「親善のしるしである印章」とは、明国皇帝に提出する表文に捺す「日本国王印」のことであろう。後者の使節派遣については、大坂湾に面し畿内商業圏の結節点である和泉国・堺に、ポルトガル商館の建設を提言する記述の中で示されている。

【史料七】一五四九年一一月五日付鹿児島発信、マラッカのドン・ペドロ・ダ・シルヴァあて（EP九四6）

ミヤコから二日間の行程にあって日本の主要な港である堺に、もしも神の聖旨ならば、物質的に莫大な利益となる商館を設けましょう。なぜなら、この堺は日本でもっとも富裕な港で、そこへは日本中の銀や金の大部分が集まってきているからです。インドの壮大さや日本にない品じなを見るために、日本の国王がインドへ大使を派遣するように働きかけます。このような方法で（インド）総督と日本国王とのあいだで前述の商館を設置することを協議するようになります。

右からザビエルは、和泉国・堺に「日本中の銀や金の大部分」が集まっているとその繁栄を伝え、同地に商館を建設すること。「日本国王」にインド総督への「大使」embayxador 派遣を運動すること。同案件が実現した場合、日本とポルトガル・印度政庁間で堺商館 feitoria 設置の協議がなされるとしている。同様の趣旨はゴアに宛てた別紙（EP九三5）にも言及されており、同書には堺での有力商品のリスト添付の旨を記載している。この商品リストは失われ、同写しなども現在に伝えられることはなかったようで内容等は不明であるが、その情報源はザビエルが鹿児島で交流した薩摩の人士であろう。薩摩でザビエルが交わった人々として領主島津貴久や福昌寺の忍室和尚らを書簡から知り得るが、その交流の幅の広さから言えば「勘合」に関与した島津家の家臣や堺・上方交易を営んだ貿易商まで情報の提供者があり得たと推断することができる。

以上、ザビエルは「日本国王」が室町幕府の首領であり、関東の守護大名を配下におく鎌倉公方のほか、堺などの大都市を支配し、さらには対明関係における「勘合」権（「印章」保持・「通行許可証」管理）のほか、外国に大使を派遣する権能を備えた存在であると認識しゴアとマラッカに伝えていることが知られる。この段階でザビエルの「東洋」への布教は、日本・明国とポルトガル・インド（ポ印）の「三国」を対象としており、その図式は①

「日本—明国」（勘合交易に便乗）・②「日本—ポ印」間の交易と、「三国」間の「二辺」（日明、日・ポ印）を結ぶ線・面上に布教構想が描かれることとなり、大きな膨らみを見せていることが想察される。当然同構想上に「ポ印—明国」間を結ぶ線が考慮されたことが看取されるが、それらは晩年のペレイラ大使案に表出される【史料一一】。

2　上洛による「王権」の実態把握

ザビエルは鹿児島滞在中知り得た上掲の諸情報を伝えたあと、「ミヤコについていろいろな話を聞かされていますが、体験してから真実を確かめたいと思います」（EP九四4）と、マラッカに伝えている。ザビエルは「京都での異変」を聞知し、日本布教のための主要課題とした当初からの上洛行に、「異変」情報の確認を加えたこととなる。いうまでもなくこの確認作業は、その後の日本布教策のあり方を大きく方向づけるものとなる。

さて「いろいろな話」とは何か。ザビエル書簡からその内容を知り得ないが、当時の政情から次のよう解されることを指摘しておこう。その一つは、将軍足利義輝（義藤）の失権と没落による室町幕府政治の中断がある。すなわち将軍義輝は、戦国大名三好長慶の攻勢に対抗し得ず、一五四九年七月二一日（天文一八年六月二七日）退京。長慶と和睦し帰洛する一五五二年二月二二日（天文二一年一月二八日）まで、近江各地を拠点とした。この将軍の没落期間は、上記したザビエル滞日の全期間（一五四九年八月一五日—一五五一年一一月一五日頃）にほぼ相当するが、この政変により管領細川氏を中心とする室町幕府の伝統的な体制は否定され、幕府政治は中断を余儀なくされていた。そうした情勢が鹿児島にも伝わり、「ミヤコについていろいろな話」としてザビエルに伝えられたのであろう。するとザビエルの日本布教構想は当初から大きな障碍に直面したことが看取されるが、本来の上洛計画の実行に加え、王権の実態について「体験してから真実を確かめる」手堅い方策を選択したことが知られる。

このためザビエルは鹿児島から平戸に移り、ついで山口経由で上洛を敢行。京都の状況とその実態をつぶさに実見することとなる。その間の「日本国王」認識についてザビエルは、一五五二年一月二九日ごろシンガポール海峡で記した書簡の一節で、「私たちはミヤコに到着し、数日間滞在しました。私たちは神の教えを日本において説教する許可を願いでるために、国王とお話できるように努力しました。（しかし）国王とお話することはできませんでした。その後、人びとが国王に従っていないという事情が分かりましたので、日本で説教する許可を願うことに固執するのはあきらめました」（EP九六15）と述べている。「日本国王」の具体名はここでも明らかでないが、将軍義輝は上述のごとく近江に没落したままであり、将軍による京都奪還・復権の見通しは当分ないと判断した結果であろう。

なおこの時点でザビエルは「日本国王」に接触しようとした動きがあったことを、フロイスがその著『日本史』Historia de Japam に書き残している。フロイスは当時の「国王」名を明記していないが、前後の記述から後奈良天皇となろう。ザビエルは御所に行き謁見を願ったが、贈物を持参しなかったため実現しなかったという(17)。本章でもザビエルとその一行の御所行きを事実と見なしておきたい。ただし、上洛にあたりザビエルは、インドやマラッカから持参した総督の書状や贈物を、正服（礼服）と一緒に平戸に留め置き、京都には持参しなかったことが知られている。ザビエルにとっての天皇（朝廷）は二義的な存在であり、ザビエルは将軍を「勘合」権者として「日本国王」と認識していたから、上洛時に天皇を「国王」として正式訪問する認識は当初から希薄であったことが推測される。「日本国王」としての将軍の没落と、天皇の二義的存在はザビエルが自身の目で確認した戦国盛期の現実であったが、そのことは日本の「王権機能の衰退・分散」状態として認識されたことであろう。すると日本布教を課題とするザビエルにとっては、分散した王権の分掌者—具体的には「勘合」の実権掌握者—を確認することが次の課題となったであろう。

(二) 中国・西国大名との提携

京都で「日本国王」(将軍)没落の実態をつぶさに見たザビエルは、西下して山口の大内義隆、ついで豊後の大友義鎮を訪ねている。以下、1ザビエルと大内義隆、2ザビエルと大友義鎮の順で王権と勘合に視点をあてたザビエルの関心の跡にアプローチする。

1 ザビエルと大内義隆

ザビエルは平戸から上洛行を開始したが、往路山口で布教し大内義隆に謁見するなど一月余り(一五五〇年一一月上旬から一二月中旬)滞在している。ザビエルは平戸帰着後コスメ・デ・トーレス神父に預託しておいた贈物を持参し、山口で再度大内義隆に謁見しそれらを進呈している。関係の記録は次のようである。

【史料八】一五五二年一月二九日付コーチンよりヨーロッパのイエズス会員あて　(EP九六16)

神の聖教えを述べ伝えるためには、ミヤコは平和でないことが分かりましたので、ふたたび山口に戻り、持って来たインド総督と司教の親書と、親善のしるしとして持参した贈り物を、山口侯に捧げました。この領主は贈り物や親書を受けてたいそう喜ばれました。

右からザビエルは、インド総督(ガルシア・デ・サ)とゴア司教(ジョアン・デ・アルブケルケ)の親書および贈物を、大内義隆に献呈したことが知られている。右の贈物については「大内義隆記」に、「天竺人ノ送物様々ノ其中ニ。十二時ヲ司ルニ夜ル昼ノ長短ヲチガヘズ。響鐘ノ声ト十三ノ琴ノ糸ヒカザルニ五調子十二調子ヲ吟ズルト老眼ノアザヤカニミユル鏡ノカゲナレバ。程遠ケレドモクモリナキ鏡モ二面候ヘバ。カカル不思議ノ重宝ヲ五様送ケルトカヤ」(18)とする記事が知られており、天竺人の記名はないが、フロイス『日本史』の記述「時計・鏡・眼鏡」(19)にも一致する。日本におけるザビエルの同時代史料は殆ど残されていないが、ザビエルの献上品は特筆に値するものであり、記録として残されたのであろう。それらはまさしく日本国王に献呈されるべき品々であり、「インド総督使節」ザビエルは義隆を「王権の分掌者」と正式に認定したことが推測される。

ザビエルが義隆を「王権の分掌者」と認定した根拠は何であろうか。史料上不詳ながらその一つには、周知のように大内義隆は周防・長門など当時七カ国の守護職を兼ねる西国地方の大々名であること。[20]その二として、石見国大田郡の銀山の採掘が順調であり、同領港に「唐土・高麗ノ船」（大内義隆記）が航来するなど殷賑を極めた領国であったことが挙示できる。[21]その三は、大内義隆が勘合に必要な国王印を掌握し、遣明船に関する勘合の実権を握っていたことである。大内義隆が「国王印」を領掌[22]し、遣明船を差配したことは著名といえるが、なお遣明船に関連する文書を一例として挙げておこう。ザビエル来日の前々年に派遣された一五四七年（天文一六）船の例では、大内義隆（大宰大貳）は室町幕府から形式上「渡唐奉行」の役務を命じられている。

【史料九】天文一四年一二月二八日付文書（相良家文書）

就御渡唐奉行事、被仰付大内大宰大貳訖、令存知之、往還共以致警固被馳走之由、被仰出候也、仍執達如件

天文一四年
一二月廿八日　（飯尾）堯連
（松田）晴秀[23]

ザビエルからインド総督の書簡と贈物を受けた義隆は、大量の金銀を下賜して「返礼」しようとしたという。ザビエルはこの時金銀を固辞し「神の教えを説教する許可、信者になりたいと望む者たちが信者となる許可を与える」ことを請願して許可され、併せて「領主の名を記して街頭に布令をだす」ことと「学院のような一宇の寺院」（EP九六16）を施与されている。「説教する許可」「信者になる許可」は、ザビエルが「日本国王」に求めようとした最大の願望事項であったといえる。

ここにザビエルは、七カ国の守護大名であり「唐船奉行」として勘合を差配した大内義隆を日本国王に準ずる

事実上の「王権機能の分掌者」と認定し、儀礼と互酬の関係を通じて同領国におけるキリシタン宗門の布教と信仰の認可を得たこととなる。

以降ザビエルは山口で布教と日本宗教の観察に専念し、明国入りに関連する記録を残してはいない。けれどもザビエルにとって大内氏が所蔵した「国王印」は、海禁・明国の扉を開ける重要な「鍵」であると認識されたことであろう。右を実証する史料を管見し得ないが、「国王印」が明国入りの用具として使われている事例を挙示しておこう。一五五一年義隆は、大内家老臣の陶晴賢の反乱で横死を遂げる。その後乞われて大内家を継承した義長（大友義鎮の実弟）は、一五五六年（嘉靖三五）明国に使者を送っている。これは明国巡視胡宗憲の配下蒋洲が豊後に入り、倭寇禁止を宣諭した結果であろう。この時義長は「国王印」を捺した文書(24)を送付している。結果として明国側から対応を拒絶され所期の目的を達することができなかったが、義長は大内義隆旧蔵の国王印を継承し、成否はともかく遣明船に上記文書を携帯せしめたことが知られる。

2 ザビエルと大友義鎮

一五五一年（天文二〇）九月ポルトガル船が豊後国に入港したことを知ったザビエルは、領主大友義鎮（宗麟）の招きで同国に赴き義鎮と会見している。この間大内氏の領国では、老臣の陶晴賢が反乱を起こしたことにより、同年九月三〇日（天文二〇年九月一日）義隆は横死を遂げ、ザビエル周辺の右の状況は一変する。今回の小論では以降のザビエルがインド帰還に際し、大友義鎮の使節をゴアに帯同したことのみに注視しておこう。ザビエルは一五五一年一一月一五日（天文二〇年一〇月一八日）頃豊後沖の浜から離日しインドに帰着。翌年一月同国からヨーロッパにあてた次の書状（EP九六３８）で、豊後国主の大友義鎮の使者をゴアに帯同したことを報じている。

【史料一〇】一五五二年一月二九日付でコーチンからヨーロッパのイエズス会員（EP九六３８）

豊後の領主は（中略）ポルトガル王の偉大なことをよくご存知で、国王と親善を結ぶため、書簡を書き、友愛のしるしとして武具一揃いを持たせ、インド副王に親愛の情を捧げるために家臣を派遣されました。（この使節は）私とともに（インドへ）来て、インド副王（ドン・アルフォンソ・デ・ノロンニャ）から歓待を受け、大きな名誉を与えられました。

この一節では「武具」armas 一揃いを添えて書状をインド副王経由でポルトガル国王に送呈した記事が注目される。武具の贈呈は「権力」の象徴である。大友義鎮は一五五〇年（天文一九）に家督を継承したばかりの青年大名であったが、大内義隆横死後の後継として上記の実弟（晴英、のち義長）擁立の申し入れを受けており、東九州の雄として台頭する兆しを見せていた。また使節派遣については、大友家の意向もあり得たろうが、そもそもはザビエルが堺商館の設置問題で有力商品リストを添付して「日本国王」に大使の派遣を進言すると記し、マラッカ長官に力説していた事柄である（史料四）。ザビエルにとっては「鹿児島構想」の一端を推進したこととなるが、その理由は何であろうか。思うに外国への使節派遣は、伝統的な東洋社会では王権の機能に属する。ザビエルの日本使節構想は「日本国王」（足利将軍）の遣使帯同（史料七）から、「王権機能の分掌者」大内義隆の遣使帯同を目指したことが想察されるが、いずれも不発に終わったところから、終局大友家使節のゴア帯同を実現したことが知られる。もとより大友家は地方権力であるが、ザビエルにとっては日本布教のための橋頭堡としての意味を有する貴重な成果となった。

四　ザビエルの明国入り構想
——第四期「晩年の明国渡海構想と広東省上川島への渡航（一五五二）」——

前節ではザビエル上洛による「日本国王」の検証、山口における「勘合」沙汰権者大内義隆との接触と同領内における布教権の確保、豊後における大友義鎮との会見と同使節のインド帯同の事跡を見た。この過程でザビエルが身をもって知り得た事柄は、①漢字文化圏としての日本文化・中国文化の相似性と両国への布教事業の有望性であり、他方で②海禁明国への入国策としての「勘合」システムを追求すればする程遠ざかる戦国盛期日本の過酷な現実（王権の衰退）であったろう。その結果、ザビエルは海禁明国の障壁に対し、勘合以外のルートと方法による入国策を模索し行動を開始する。その過程については次のようである。ザビエルは、周知のように自身の晩年となる一五五二年明国布教を企図し布教事業に着手している。同年の航跡については、四月一七日ゴアを出帆。経由地のマラッカ（五月三一日から七月二三日まで滞在）から、同八月末広東の上川島着。ついで中国本土入国を切望しながら、一二月三日病没する。

右の事業については、①ポルトガル大使の明国派遣と同一行への随行策遂行、②明国への入国敢行、③シャム国（タイ）使節の北京入り随行策発案などが知られている。①ポルトガル大使の明国派遣については、以下の一節を挙げておこう。

【史料一二】一五五二年四月八日ゴア発信、ポルトガル国王ジョアン三世あて　（EP一〇九4、5）

私は、五日後にシナへ行く途中のマラッカへ向けてゴアを出帆し、そこからディエゴ・ペレイラとともにシナ国王の宮廷に参ります。ディエゴ・ペレイラが自費で購入した（四〇〇〇—五〇〇〇パルダにのぼる）高価な品を、シナ国王へ（献上する）すばらしい贈り物として持参いたします。また私は陛下からの（贈り物として）シナの国王に他の国王が決して贈ったことのない（宝）物を持って参ります。それは私たちの救い主であり、主であるイエズス・キリストの真の教えでございます。（中略）。

シナへは二人の神父（私とガゴ）と一人の修道士（フェレイラ）が参ります。ディエゴ・ペレイラは（牢獄に）捕らわれているポルトガル人たちを解放するために、さらにまた陛下とシナ国王とのあいだに平和と友好を確立するため、大使となって参ります。

右は、「捕らわれているポルトガル人たち」の事態に触発され、彼らを解放する目的で、ゴアのポルトガル政庁と共同で企画立案した明国との「修好条約」締結を目的とする使節派遣策である。この使節行には「シナに商館を設けること」（EP一二九6）が企図されており、実現すれば商館建設地の港湾都市を中心として「ポ印—明国」ルートが設定されることとなろう。明国への同外交策はインド副王 Senhor viso-rey の委任を経て開始されたが、マラッカで次期長官（海軍司令官ドン・アルヴァロ・デ・アタイデ）の強烈な反対が生じ、潰える（EP一二一3）（EP一二五4）。このためザビエルは右策を断念して上川島に向かい、②明国への入国敢行策を模索する。

【史料一二】一五五二年七月二二日付、シンガポール海峡発信、ゴアのガスパル・バルゼオ神父あて（EP一二五4）

私は人間的な援助のすべてを奪い取られ、イスラム教徒であれ、異教徒であれ、誰かが私をシナの本土へ送ってくれるであろうとの希望を持ってカントンの島へ出発します。なぜなら、ドン・アルヴァロ・デ・アタイデがディエゴ・ペレイラをシナ国王への使節として私と同伴することを命じたインド副王の命令を守ろうとせず、シナ本土へ渡航する乗船を暴力で妨げたからです。

【史料一三】一五五二年一〇月二五日付、サンチャンよりゴアのガスパル・バルゼオ神父あて（EP一三三6）

カントンの町から三〇レグア（一六八キロ）離れたサンチャンの港に私は着きました。すでに二〇〇クルサドで私を連れてゆくことを取り決めた人が、私を連れに来るのを毎日待ちわびています。（こんなに遅れるのは）シナでは国王の許しなしに外国人を連れて来ることをきびしく禁じ、過酷な罰が科されるからです。

右によりザビエルが「イスラム教徒であれ、異教徒であれ、誰かが私をシナの本土に送ってくれる」希望をもって上川島行きを決行。ある「商人」に入国への手引きを委託して待機し同商人を待ちわびたが、同人は姿を見せず、この方策も停滞したことを示している。そうした焦燥感の中で、ザビエルは新たな策案③シャム国使節の北京入り随行案を提示する。

【史料一四】一五五二年一〇月二二日付、サンチャン発信、マラッカのディエゴ・ペレイラあて（ＥＰ一三二—４１）

またもしも（私の渡航を）神がお許しにならず、このシナ商人が私のところへ来ない場合、そして私が今年中にシナへ行けない場合は、インドへ行くか、来年シナへ行くシャム王の使節といっしょに行くためにシャムへ行くか、どうしたら（よいか）私には分かりません。（中略）

今年中にシナへ行けない場合には、ディエゴ・ヴァス・デ・アラゴンがここで買ったジャンクに乗って彼といっしょにシャムへ行くかも知れません。シャムからシナ国王のところへ行く使節と行を共にするためです。（中略）私は今年シャムへ行って待ちます。

右は本土入りに難航したザビエルが様々な選択肢の中から決定した最後の策案といえるが、着手されることなく、ザビエルの死により終止することとなる。

以上①②③は、それぞれが一見バラバラに進行したごとくであるが、ザビエルの日本開教事業の過程における体験や知見——特に東洋世界における国家間通交システム——を前提としていることが推測される。すなわち上記の①は自身が日本で使節役を体験しており、②は戦乱の巷に九州から京都まで困難な道中の往還を遂行しており、③は日明間の「勘合」と同システムの認識を範例とする案出といえるであろう。

ザビエルが明国入りを企図した理由は、明国で捕らえられたポルトガル人の窮状が目前にあり、また親友ペレイラの自前による同国人救済の熱意と策案に投合するところがあったからであろう（史料一三参照）。さらには自己の年来の中国布教（明国入り）を実現する好機として感得されたこともあろう。この段階でザビエルの明国布教には、「中国から日本へ」の視角が芽生えたことが知られる。

【史料一五】一五五二年一月二九日付、コーチン発信、ローマのI・デ・ロヨラ神父あて（EP九七19）

シナはたいへん大きく平和であり、優れた法律によって（全国が）支配されている国で、たった一人の国王に完全に従っています。たいそう豊かな王国で、あらゆる種類の生活必需品が十分にあります。シナから日本へはごくわずかな日数で渡航できます。このシナ人は優れた才能を持ち、よく勉強し、とくに国家を統治する諸法律をよく（研究し）、知識欲が旺盛です。（中略）もしもここインドで今年一五五二年に私の出発を妨げる事情がなければ、シナでも日本でも主なる神への大きな奉仕を成し遂げることができるように、私はシナへ行きたいと思っています。シナ人が神の教えを受け入れるようになったと日本人が知れば、（シナから渡来した）宗旨を信じている日本人は、（シナの教えよりも優れた神の教えがあることを理解して）自分たちの信仰をすぐさま捨てるに至るでしょう。イエズスの御名の会の働きによって、シナ人も日本人も偶像崇拝をやめて、神であり、すべての人々の救い主であるイエズス・キリストを崇めるようになるだろうと大きな希望を抱いております。

右から、明国の優れた政治・法体制への言及とともに、中国宗教（儒道・仏教）の影響が色濃い日本宗教の特質を指摘していることが知られる。他の書簡でザビエルは、「これらの宗旨はシナから来たもので、その書物はシナの文字で書かれています」（EP九六41）と、中日両国が漢字文化圏であることも指摘しており、東洋布教への事業戦略として、中国教化による日本伝道促進の可能性をも想察したことが知られる（EP九六51）。

おわりに

ザビエルは日本に限らず、中国を含め東アジア全体に関心を寄せていた。中国への関心と言及は一五四六年五月一〇日付書簡（EP五五」15、16）でのことで、上記日本人アンジロウ等と会談（EP五九15）する以前の段階であった。来日前のザビエルは「日本開教→中国宣教」の順で、東洋布教を構想し実行に移したこととなる。

本章ではザビエルの日本における布教構想を見ていく上で、重要な情報源といえる一五四九年一一月五日（天文一八年一〇月一六日）付鹿児島発信の五通の書簡に注目し、文中に垣間見える中国布教構想を摘記した。右書簡によればザビエルは、「日本国王」が差配する「勘合」システムの存在を知り、明国入りの着想を得ているほか、通訳などの人材養成、漢字文の教理書を編集し将来の明国入りに期待を表明している。

ついで京都での異変を知り、「日本国王」権の実情を確認する上洛を敢行。足利将軍家の退京を確かめたあと、勘合の実質差配者である山口の大内義隆に謁見し布教を認める許可状などを取得している。さらに豊後の大友義鎮を訪問した後インド帰還を決め、大友氏の使節を帯同している。この報告では、ザビエルの如上の過程に、明国入りの有力手段となる「勘合」システムの利用が模索されており、ザビエルは「勘合」に関わる王権・国王印・通行証・国王使節などに関心を高めていることなどを報告した。

ザビエルの東洋布教構想は、来日前に構想したイエズス会の宣教団による日本・中国への逐次渡航と王権の承認下における日本・中国布教策（「個別逐次」布教方式）に始まったこと。ついで来日以降の日明間の勘合を含む歴史的・外交的経緯を認識し、最初は海禁明国への入国策について勘合システム利用の線で模索したほか、「三国通交関係（ポ印・日本・明国）」づくりに関心を高め、最終的には中日両国の歴史や文化の内的連関に注視する中国・

日本布教策に到達したことなどが想察される。

すなわちザビエルは日本における伝道活動を通じて、日本の宗教を含む学術の体系や価値基準が、中国を淵源とする漢字文化圏に共通するものであり、中国への日本人の意識のなかに「慕華」の価値観が根強いことを看取したと見られ、「中国教化→日本伝道」の布教構想を望見したことが推察される。それらの究明は、今後の課題としておこう。

ザビエルは晩年に海禁体制下の明国入りを決め、日本での体験や知見を踏まえて、ポルトガル大使の起用策、シャム国使節の北京入り随行策を案出したほか、上川島上陸を決行したが、その実現を見ることなく病没し、後継者にその遺業を託すこととなる。

（1） Georguis Schurhammer S. J. Epistolae S.Francisci Xaverii. vol. I, II. Monumenta Historica Soc. Iesu. 68. 69. Romae. 1944–45.（以下本章では、EPと略称）。
（2） Georg Schurhammer S. J. Francis Xavier vol. I–IV. 同書は数カ国で翻訳・出版がなされているが、本章では M. Joseph Costelloe 師がローマイエズス会歴史研究所 The Jesuit Historical Institute で出版された英文 Francis Xavier His Life, His Times. volume I–IV のうち、第Ⅳの Japan（1549–1552）、一九八二年版を参照。
（3） ザビエルに関する研究は日本でも数多い。中田易直ほか編『近世日本対外関係文献目録』刀水書房、一九九九年の人名編「ザビエル」、洋文献「Schurhammer」の項ほか。
（4） 河野純徳訳『聖フランシスコ・ザビエル全書簡』平凡社、一九八五年。ほかアルーペ、井上郁二訳『聖フランシスコ・ザビエル書簡抄』岩波文庫二冊、一九四九年。東京大学史料編纂所訳『日本關係海外史料イエズス会日本書翰集』原文編（一九九〇年以降）、訳文編（一九九一年以降）、東京大学など。

（5）ザビエル渡来四五〇周年記念行事委員会編『「東洋の使徒」ザビエル』二冊、信山社、一九九九年。
（6）結城了悟「ザビエルと日本」『「東洋の使徒」ザビエルⅠ』前掲書四九頁。
（7）岸野久「日本人とキリスト教」『「東洋の使徒」ザビエルⅠ』前掲書八六頁。
（8）岸野久「来日前、ザビエルに提供された日本情報」『キリシタン研究第二十一輯』吉川弘文館、一九八一年。同「フランシスコ・ザビエルのシナ情報と布教構想」同右第二十二輯。
（9）一五四九年一月二五日付ポルトガルのシモン・ロドリゲス神父あて書簡では、マラッカから到着した船により「シナ各地の港ではポルトガル人に反対して決起している」旨の情報を転達している（ＥＰ七六2）。
（10）松田毅一『近世初期日本関係南蛮史料の研究』風間書房、一九八一年、五四五頁。
（11）河野純徳訳『聖フランシスコ・ザビエル全書簡』前掲書七九頁。なおザビエルが編集した教理書については、H・チースリク「サヴィエルの教理説明―初代キリシタンの宣教に関する一考察とその資料」『キリシタン研究第十五輯』吉川弘文館、一九七四年がある。
（12）一五四九年一一月五日付書簡五通（ＥＰ九〇から九四）の後、一五五一年一二月二四日ごろシンガポール海峡からマラッカにあてた書簡（ＥＰ９５）が知られている。その間ザビエルは、たとえば一五五〇年平戸入港のポルトガル船に書簡を託したことが推断されるが現在未詳。
（13）佐久間重男『日明関係史の研究』吉川弘文館、一九九二年ほか。
（14）田中健夫「足利将軍と日本国王号」『日本前近代の国家と対外関係』吉川弘文館、一九八七年、三二頁。
（15）拙稿「ザビエルの日本開教をめぐって」『研究キリシタン学第2号』一九九九年（のち『織豊政権とキリシタン』岩田書院、二〇〇一年収録）。
（16）松本和也「イエズス会宣教師の権力者認識と国家意識」『日本歴史第六五五号』二〇〇二年。
（17）フロイスはザビエルが会見を試みた国王を「皇、全日本の最高の国王」Vo, rey universal de todo Japão と記している。Historia de Japam I. p. 36, Biblioteca Nacional de Lisboa. J. Wicki. 1976. 日本国王を天皇と解釈

する通説は、ザビエルが上洛し「国王とお話する努力をした」とする記録と、フロイスの上記の御所訪問記事に依拠している。天皇・朝廷は京都で機能していたから、通説のとおり天皇を「日本国王」と措定すると、最初から儀礼面での用意を欠いたザビエルの上洛行が那辺にあったか解明の要があろう。

(18) 「大内義隆記」『群書類従第二十一輯』群書類従完成会、一九六〇年、四一一頁。

(19) L. Frois, Historia de Japam. Ibid. 39.

(20) 大内義隆は、同義興（周防長門豊前安芸石見山城の守護。大永六年薨）の子。義興の死後大永六年（一五二六）家督相続。七カ国の守護職（周防・長門・豊前・筑前・石見・安芸・備後）を兼任。官途の面では「亀童丸・左京大夫（中略）天文一六年兵部卿・大貳侍従如元、同一七年叙従二位。同二〇年九月二日於長州大寧寺自殺、四五。僕従陶氏等謀反云々。法名殊天。号隆福寺」（「大内系図」『続群書類従第七輯下』続群書類従完成会、一九七三年三版三刷、四二六頁）。

(21) 佐伯徳哉「石見銀の東アジア流失をめぐる戦国期西国地域権力・社会」『石見銀山研究論文篇』思文閣出版』二〇〇二年など。

(22) 福尾猛市郎『大内義隆』吉川弘文館、一九六五年四版、一七〇頁。

(23) 相良家文書（『日明勘合貿易史料』湯谷稔編、国書刊行会、一九八三年、五四四頁）。

(24) 『明史』列伝第二百十外国三日本・嘉靖三五年の条「而咨乃用国王印」（中華書局第二七冊八三五五頁）。なお鄭梁生『明日関係史の研究』雄山閣、一九八五年、一九六頁。

一七世紀の南アラビア情勢とインド洋西海域

――ザイド派イマームのハドラマウト遠征を事例として――

栗山保之

はじめに

九世紀末以降、イエメン北部の山岳・高原地域を支配していたザイド派イマーム勢力は一〇四五／一六三六年に、多年にわたる軍事活動を展開した結果、九四五／一五三八―九年以来イエメンに駐留していたオスマン朝勢力を撤退させることに成功した。これによって、それまでオスマン朝勢力が優勢を占めていたイエメン北部のティハーマ Tihāma（紅海沿岸の平原部）およびイエメン南部全域では、オスマン朝にかわって在地の有力者たちが割拠し、イエメン全域は一時的に混沌とした情況に陥った。しかし、ザイド派イマーム勢力は、イエメン北部山岳・高原地域に居住する諸部族から構成されたザイド派イマームを中核として、イエメン軍事力によって、イエメン南部全域に割拠する在地有力者たちの台頭をつぎつぎと鎮圧し、一七世紀中葉にはイエメン全域をほぼその支配下におさめることとなった(1)。

かつてザイド派イマーム勢力は、イエメン北部の山岳・高原地域にのみ政治的、宗教的影響力を行使していた。それは、イエメン南部全域や北部の紅海沿岸地域にズィヤード朝やアイユーブ朝、あるいはラスール朝といったスンナ派諸王朝が絶えず隆盛・繁栄していたために、紅海やアラビア海沿岸地域への勢力拡大が阻まれていたからである。しかし、オスマン朝勢力をイエメンから撤収させたことによって、南北イエメンの平原・沿岸地域に政治権力の不在情況が生じ、その結果、一七世紀においてザイド派イマーム勢力は、それまでの閉鎖的な空間領域としての山岳・高原地域から、紅海やアラビア海といった海洋を媒体としてインド洋海域世界と直接的に接続することができる平原・沿岸地域へと、その勢力を拡張することに成功したのであった。

一七世紀の南アラビア情勢に関する従前の研究において、イマーム＝ムタワッキル・アラー・アッラー・イスマーイール al-Imām al-Mutawakkil 'alā Allāh Ismā'īl b. al-Qāsim（在位一〇五四―一〇八七／一六四四―一六七六年）によるハドラマウト遠征は、オスマン朝勢力の撤退とザイド派イマーム勢力の隆盛過程に関する政治史の一環として描写されるか[2]、あるいは隣国のオマーン・ヤアーリバ朝の活発化する海洋活動との関連で研究されてきた[3]。このため、先行研究はハドラマウト遠征の推移を仔細に述べている点できわめて参考になるものの、その一方でこの遠征が、一七世紀の南アラビア情勢の変容にどのように関わっていたのかという点については、いまだに十分検討されていないように思われる。

筆者は、オスマン朝勢力撤退後に生じた一七世紀の南アラビア情勢の変容を、単に南アラビアという限定された一地域に生じた現象として捉えるだけでなく、紅海・アラビア海・ペルシャ湾から構成されたインド洋西海域における国際的な交流関係の諸相の観点から検討すべきであると考えている。なぜならば、一七世紀中葉においては、イエメンのザイド派イマーム＝ムタワッキルが、インドのムガル朝やイランのサファヴィー朝さらにはエチオピアのキリスト教国といったインド洋西海域世界の諸王朝・勢力との活発な交流関係を構築し、展開していたからである。

そこで本稿では、ザイド派イマーム勢力が挙行したハドラマウト遠征に関してその概略を述べ、続いてこの遠征がザイド派イマーム勢力にとってどのような意味があったのか検討した後、南アラビアにおけるザイド派イマーム勢力の政治的・軍事的影響力の伸張とインド洋西海域との関係について考えてみたい。

一 ハドラマウト遠征

イマーム＝ムタワッキルの即位八年目にあたる、一〇六四／一六五四年のハドラマウトの情勢について、イエメンの歴史家イブン・アルワズィール Ibn al-Wazīr（一一四七／一七三五年没）の年代記『菓子皿と糖蜜や蜂蜜の大杯（*Ṭabaq al-Ḥalwā wa Ṣiḥāf al-Mann wa al-Salwā*）』には、つぎのように記されている。

その年、ハドラマウト Ḥaḍramawt、シフル al-Shiḥr、ズファール Ẓufār の支配者バドル・ブン・ウマル・アルカシーリー Badr b. ʻUmar al-Kathīrī は、イマームの名を［金曜礼拝において］宣誓した。しかしながら、彼の甥であるバドル・ブン・アブド・アッラー Badr b. ʻAbd Allāh b. ʻUmar や彼の王朝の長老たち（kubrāʼ dawlati-hi）が彼を拘束し、彼から権力を取り去り、鉄［製の拘束具］を彼に括りつけて、非難と脅迫を彼にし続け、そうして彼の甥を彼の地位につけて、彼の下位においた。さて、イマームのもとに彼らの行為が伝わると、彼らに対する出兵を計画し、同時に彼らへ書簡を送った。(4)

イエメンの東方に位置するハドラマウトは、ナツメヤシ栽培とラクダ・羊・ヤギなどの飼育および沿岸漁業を主要産業とする広大な乾燥地域であり、アラビア海に面していることから海上交通の要衝として栄えていた。また、ズファールはハドラマウトのさらに東方に広がる地域で、焚香料の一種である乳香の特産地として、古くからよく知られていた。(5) 一六世紀初頭のハドラマウトの歴史家シャンバル Aḥmad b. ʻAbd Allāh Shanbal（九二〇／一五一四年没）の『シャンバルの歴史（*Taʼrīkh al-Shanbal*）』によると、カシール家（Āl Kathīr）は一四世紀初頭頃には、このハドラマウトのイーナート ʿĪnāt に居住していたことが確認でき、(6) さらに一四世紀後半になるとハドラマウトやズファールの各都市・港に同家の支配を及ぼすほど強大な家系に急成長したが、その一方で同家はそれぞれの統治領域の継承や支配を巡って内訌状態に陥ることも少なくなかった。(7) 冒頭に引用した史料はまさに、そうしたカシール家内の一連の騒動を述べたものである。当時、ハドラマウトやズファールを統治していたバドル・ブン・ウマルがイマーム＝ムタワッキルへの忠誠を宣誓したことに対して、甥のバドル・ブン・アブド・アッラーが叛旗を翻した。これに対して、バドル・ブン・ウマル拘束の報告をうけたイマーム＝ムタワッキルは彼の解放と復位を図り、ハドラマウトへの派兵準備と並行して、彼の解放を命じる書簡を送付した。この結果、バドル・ブン・アブド・アッラーはほどなくバドル・ブン・ウマルを解放したが、解放に至ったより直接的な理由は、別にあった。『菓子皿と糖蜜や蜂蜜の大杯』には、つぎのようにある。

ハドラマウトのスルタン［＝バドル・ブン・アブド・アッラー］のもとにこの大勝と大征服［に関する知らせ］が届いたとき、彼は彼の父方のおじを拘束の鎖から解放するとともに、服従と宣誓と軍［の撤退］に同意することをイマーム［＝ムタワッキル］に知らせた。そこで、イマームはアミール＝ジャウフィー al-Amīr Ṣāliḥ b. al-Ḥusayn al-Jawfī を彼のもとへ派遣した。さて、アミールがそこに到着して本来の情況にしたがって秩序を現出すると彼は帰朝し、それらの諸地方は良くなり、ズファールの統治はバドル・ブン・ウマルのものとなった。(8)

上記にみえる大勝と大征服とは、一〇六五／一六五五年に生じた、南部イエメン高原地帯を拠点とする有力部族ヤーフィイ Yāfiʿī に対するザイド派勢力の軍事侵攻の成功のことであり、バドル・ブン・アブド・アッラーはこのザイド派イマーム軍の大勝の知らせをうけ、ハドラマウトへの派兵が遠からず実施されると確信し、イマーム＝ムタワッキルによる解放命令に応じたに違いない。いずれにせよ、イマーム＝ムタワッキルへの服従を表明したバドル・ブン・アブド・アッラーは、彼の使節を迎え入れると、ズファールをバドル・ブン・ウマルに割譲したのであった(9)。

ハドラマウトおよびズファールをそれぞれ統括するカシール家を服属させることになったイマーム＝ムタワッキルは一〇六七年ラビーI月／一六五六年一二月、バドル・ブン・アブド・アッラーに宛てた一〇箇条の約定（ʻahd）を携えた法官のハイミー al-Qāḍī Sharaf al-Dīn al-Ḥasan b. Aḥmad al-Ḥaymī を特使としてハドラマウトへ派遣した(10)。この約定の写しが収録されている、ジャルムーズィー al-Jarmūzī（一一〇〇／一六八九年没）の『イマーム＝ムタワッキル伝（*Sīrat al-Mutawakkil ʻalā Allāh Ismāʻīl b. al-Qāsim al-Manṣūr*）』によれば、その内容はイマーム＝ムタワッキルに忠誠を誓い、彼の代理であるハイミーが司法・行政・財政に関わることを命じるものであった(11)。こうして、一〇六七／一六五六年にバドル・ブン・アブド・アッラーは、ハドラマウトの中心都市セイウーン Saywūn の大モスクにおいて居並ぶ民衆の眼前でこの約定を読み上げ、ハドラマウト、ズファールがイマーム＝ムタワッキルの支配下に完全に組み込まれたことを公式に宣言したのであった(12)。

ところが、このイマーム＝ムタワッキルへの服属の宣言からわずか一年後、ハドラマウト情勢に再び異変が生じた。バドル・ブン・アブド・アッラーからの貢納品と共にハイミーが帰朝した(13)、翌一〇六八年ズー・アルヒッジャ月／一六五八年八月の出来事として、イエメンの著名な歴史家ヤフヤー・ブン・アルフサイン Yaḥyā b. al-Ḥusayn（一一〇〇／一六八八年没）の年代記『一一世紀におけるサナア日誌（*Yawmīyāt Ṣanʻāʼ fī al-Qarn al-Ḥādī ʻAshar*）』には、以下のように記されている。

> ズー・アルヒッジャ月に、つぎの知らせが［イマームの御前に］届いた。すなわち、ハドラマウトとシフルのスルタンの兄弟ジャアファル・ブン・アブド・アッラー・アルカシーリー Jaʻfar b. ʻAbd Allāh b. ʻUmar al-Kathīrī が、軍と彼の部族に属する集団をともなって、ハドラマウトからズファールへ向かい、そ

の地の支配者との抗争を求めた。そうして、その戦いでバドル・ブン・ウマルの息子の一人を殺害し、バドル・ブン・ウマルを彼（ジャアファル）の側から追い出すと、ズファールとその周辺の地を統治した。このことは、彼の兄でハドラマウトの支配者（バドル・ブン・アブド・アッラー）の中傷と関与によると伝えられている(14)。

この事件が発生する前年に、バドル・ブン・アブド・アッラーがイマーム＝ムタワッキルへ宛てた書簡によって、バドル・ブン・ウマルによるズファールの不法占拠とその収入の不法独占を上訴していたことから判断すると(15)、ジャアファルによるこの蜂起は、バドル・ブン・ウマルによるズファールの支配を認めないバドル・ブン・アブド・アッラーが、バドル・ブン・ウマルへの攻撃とズファールの獲得をジャアファルに唆したことによって生じたと考えられる。しかしながら、ズファールから十分に利益を得ることができないと知ったジャアファルは、一〇六八／一六五八年にイエメンへ急行し、イマームとの会見において自身とその兄弟バドル・ブン・アブド・アッラーがいずれも叛意のないことを宣誓し、ズファールの処理に関してイマームの調停を願い出た後、ハドラマウトへ帰郷した(16)。

一方、バドル・ブン・ウマルは、帰還したジャアファルがバドル・ブン・アブド・アッラーとともに自らの処遇について何らかを共謀していると疑い、イマーム＝ムタワッキルに支援を要請するため、息子を密かに海路でイエメンへ送った(17)。

同じ頃ジャアファルは、表向きにはインドまたはオマーン方面へ赴くと見せかけ、秘密裏にならず者たち（awbāsh）を集めてズファールへ侵攻し、バドル・ブン・ウマルの息子を殺害して再びズファールを掌握した。ジャアファルの追撃を逃れたバドル・ブン・ウマルは、マフラ al-Mahra 経由で海路、アデン ʻAdan へ向かった(18)。アデンに到着したバドル・ブン・ウマルはサアダ Ṣaʻda 近郊のフサイン al-Ḥuṣayn に滞留するイマーム＝ムタワッキルのもとへ赴いた。『菓子皿と糖蜜や蜂蜜の大杯』によれば、バドル・ブン・ウマルとイマーム＝ムタワッキルとの会見（一〇六九／一六五九年）は、

この年ラビー・アッサーニー月に、スルタン＝バドル・ブン・ウマルは、彼の甥によって生じた背信行為（ghadr）とズファールの征服についての不満を述べに、イマームのもとに参内した。このこと（ズファールの征服）は、これらの地方においてイマームに宣誓をしたことによるのである。さてさて、イマームは大いに悲嘆し、このバドルに公平な取り扱いを約束した。[19]

とあり、この会見の後、イマーム＝ムタワッキルはついに、「シフル、ハドラマウト、ズファールを征服するために」、甥のサフィ・アルイスラーム al-Ṣafī al-Islām Aḥmad b. al-Ḥasan を遠征軍司令官に任命し、ハドラマウト遠征を命じたのであった。[20]

遠征軍は一〇六九年シャッワール月一八日／一六五九年七月九日、ギラース al-Ghirās[21] を出発すると、イエメンの東部砂漠地帯にあるマーリブ Ma'rib へ進み、そこから南進してバイハーン Bayḥān を通過し、アデン湾のアフワル Aḥwar[22] から東に向かってハドラマウトまで海岸道を進軍して、一〇七〇年シャーバーン月七日／一六六〇年四月一八日、ハドラマウトの中心的な大都市の一つシバーム al-Shibām に入城したのであった。[23]

シバームにおいてサフィ・アルイスラームは、バドル・ブン・アブド・アッラーをはじめとするカシール家の者たちが降伏して安全保障（amān）を求めているとの連絡をうけたものの、さらに進軍しカシール家の本拠地セイウーンを落として遠征軍を駐屯させた。同年シャーバーン月二〇日／五月一日、セイウーン駐留中のサフィ・アルイスラームのもとを訪れたバドル・ブン・アブド・アッラーは、イマーム＝ムタワッキルへの謁見のためにに自身をイエメンへ送るよう求め、サフィ・アルイスラームはこれを許可した。[24] イエメンに赴いたバドル・ブン・アブド・アッラーはラマダーン月二八日／六月七日にイマーム＝ムタワッキルに拝謁した後、ハドラマウトへ帰

郷した[25]。こうして、バドル・ブン・ウマルと対立していたバドル・ブン・アブド・アッラーがイマーム＝ムタワッキルに全面的に降伏することにより、ハドラマウト全域は再び、イマームの支配下におかれることとなった[26]。ところが同じ頃ズファールでは、事態は新しい局面を迎えようとしていた。『菓子皿と糖蜜や蜂蜜の大杯』によれば、いまだにズファールで抵抗していたジャアファルに関して、一〇七〇／一六六〇年にイエメンへ以下のような情報が届いた。

つぎのような知らせが届いた。すなわち、ズファールの支配者（ジャアファル・ブン・アブド・アッラー）がヌゥマーンの人びと（Ahl al-Nu'mān）に属する人びとを呼び寄せたが、彼らの宗派というのはハワーリジュ派の人びと（Ahl al-Khawārij）の宗派であり、それゆえ彼らは預言者の一族（Ahl al-Bayt）を嫌い、同様にシフルの人びとの罪深さも嫌っている。それゆえ彼らはすでに述べたこのジャアファル［・ブン・アブド・アッラー］にズファールを征服させたのであった[27]。

ヌゥマーンの人びととは当時、オマーンを支配していたヤアーリバ朝 Ya'rubids（一〇二四―一一六四／一六一五―一七四九年）のことであり[28]、ジャアファルはザイド派軍に抵抗するためにヤアーリバ朝からの軍事支援を得て、ズファール掌握に成功したのであった。ここに至って、ハドラマウトおよびズファールの支配をめぐるカシール家の内訌は、ザイド派イマーム勢力だけでなく、隣国オマーンのヤアーリバ朝による軍事介入をも引き起こし、南アラビア情勢はますます混迷の度合いを深めることとなった。

さらに、このような南アラビア情勢の急変は、単に南アラビアだけにとどまらず、その影響はイランあるいはインドへも波及していたことがうかがえる。『イマーム＝ムタワッキル伝』には、以下のように記されている。

神によって守護されたるサナアに滞在する或る人物が、私（著者ジャルムーズィー）につぎのことを伝えた。すなわち、このジャアファルについていえば、彼が悪意をもってそこ（ズファール）を支配し、彼はすでに述べたように彼ら（ズファールの人びと）の財産を強奪していたとき、インドのスルタン（Sulṭān al-Hind）またはイランのスルタン（Sulṭān Fāris）からオマーンの支配者に対して「さてさて、あなたはこれ（ジャアファル）を攻撃せよ、さもなければわれわれは［あなたと］戦争状態となるだろう」と記してある書簡が送られたのであった。(29)

インドまたはイランの支配者の名前は残念ながら明示されていない。しかし、一〇七〇／一六六〇年という年代から判断すると、ムガル朝 Mughals（九三二―一二七四／一五二六―一八五八年）の皇帝アウラングゼーブ Awrangzīb b. Shāh Jahān I（一〇二七―一一一八／一六一八―一七〇七年）か、あるいはサファヴィー朝 Safawids（九〇七―一一四八／一五〇一―一七三六年）の王シャー・アッバース二世 Shāh 'Abbās II（在位一〇五二―七七／一六四二―六六年）のどちらかだと思われる。イランまたはインドによるこの介入は明らかに、当時活発になりつつあったスルターン・ブン・サイフ一世の海洋活動と関係していると考えられるが、(30)いずれにせよ、イランないしインドの支配者から脅迫ともとれる書簡を受領したオマーンは自国への攻撃を恐れ、ハドラマウトに駐留中のサフィ・アルイスラームに対してズファールからの撤退とイマーム＝ムタワッキルへの恭順を言明する書簡を送付した。(31)

この結果、もはやオマーン側からの軍事的な協力の継続が絶望的となったジャアファルは一〇七一年ラマダーン月末／一六六一年五月初旬、イマーム＝ムタワッキルへの謁見と安全保障を求め、彼のおじバドル・ブン・ウマルにイマームへの仲介を要請して、同年イマームのもとに出頭したのであった。(32)

こうして、一〇六四／一六五四年に始まったカシール家の内訌は、ザイド派イマーム勢力によるハドラマウトへの軍事遠征とオマーン・ヤアーリバ朝の侵攻へと発展したが、一〇七一／一六六一年のジャアファルの敗北と、彼らに対するイマーム＝ムタワッキルの支配の確立によって、一応の終息をみたのであった。[33]

二　ハドラマウト遠征の真意

前節にて検討したように、イマーム＝ムタワッキルによるハドラマウト遠征と、その後のヤアーリバ朝との軍事衝突の発端は、ハドラマウト地方およびズファール地方を領有していた有力家系カシール家の内訌を鎮圧して彼らを支配下におくことにあった。しかしながら、南アラビアの南西部に位置するイエメンからハドラマウト、ズファール両地方まで軍を進攻させるほどの大規模な遠征が、ただ単に、一地方の有力家系の内紛を鎮め、彼らを支配下におくためだけに挙行されたとみなすのは、あまりにも短絡的ではないだろうか。換言すれば、イマーム＝ムタワッキルがこのハドラマウト、ズファール両地方をどのように捉えていたのかを分析しなければ、遠征の真の目的を明らかにすることはできないと思われるのである。そこで本節では、この一連の軍事遠征を実施したイマーム＝ムタワッキルの真の目的がどこにあったのかを検討することによって、遠征の真意を考えてみたい。

イマーム＝ムタワッキルがイエメンの東方に位置するハドラマウトやズファールをどのようにみなしていたのかを考える手掛かりとして、つぎの『菓子皿と糖蜜や蜂蜜の大杯』の記述をみてみたい。

一〇六四／一六五四年に、ハドラマウト、シフル、ズファールの支配者であるバドル・ブン・ウマル・アルカシーリーは、イマーム［＝ムタワッキルの名］に宣誓した……（後略）……。[34]

この記事において注目すべき点は、バドル・ブン・ウマル・アルカシーリーが支配していたハドラマウト、シフル、ズファールのうち、ハドラマウトとズファールがいずれも地域名であるのに対して、シフルがハドラマウト領域内に位置する港町の名前であるという点である。つまり、単に支配領域を地理的に示すだけならば、ハドラマウトに内包されるシフルをわざわざ明記する必要はなく、このことから、イマーム＝ムタワッキルはシフルに何か特別な意味を見出していたと想像されるのである。(35)

現在のシフルは、アデンの東方五四〇キロほどに位置する、アラビア海沿岸の小さな漁港の一つで、寂れた港町である。(36) しかし、歴史的には著名な港町であり、イブン・ハビーブ Ibn Ḥabīb によればシフルはかつて、アデンやサナアとならぶ南アラビアの定期市（sūq）として、すでにジャーヒリーヤ時代から知られていた。(37) 一〇世紀のアラブの地理学者イスタフリー al-Iṣṭakhrī が、「ここ（シフル）から乳香（lubān）が諸地方へと輸出される」と記しているように、シフルは乳香の特産地でもあった。(38) また、一三世紀の地理学者ヤークート Yāqūt は、龍涎香（ʻambar）の極上品はシフルで採集されるものであると述べている。(39) これらの焚香料のほかにも、アデンやオマーン、さらにそこから他のアラブ世界へと輸出された干し魚の名産地として、あるいは優良な乗用ラクダの育成地としても、広く知られていた。(40)

六七八／一二七九年に挙行された、ラスール朝 Rasūlids（六二六―八五八／一二二八―一四五四年）の第二代スルタン＝ムザッファル al-Malik al-Muẓaffar Shams al-Dīn Yūsuf（在位六四七―九四／一二五〇―九五年）によるズファール遠征以降、ハドラマウトやズファールに対する同王朝の影響力が増大し、シフルはインド洋貿易の統制上、重要な交易港の一つに数えられることになった。(41) 一五世紀初頭に編纂されたフサイニー al-Ḥasan b. ʻAlī al-Ḥusaynī の『書記官たちのための必携要覧（*Kitāb Mulakhkhaṣ al-Fiṭan wa al-Albāb wa Mishbāḥ al-Hudā li'l-Kuttāb*）』は、シフルで取り扱われていた課税対象品目として、龍涎香、樟脳（kāfūr）、真珠（luʼluʼ）、インド人踊り子の女奴隷（raqqāṣāt hunūd）、野生の麝香猫（waḥsh zabād）などを挙げており、さまざまな交易品がインド洋海域の各地からシフルへもたらされていたことが分かる。(42)

イマーム＝ムタワッキルによるハドラマウト遠征が挙行された、この一七世紀においても、シフルはインド洋海域の諸地域との交流関係を維持していた。すでに別稿において述べたように、一六〜一七世紀のシフルは、ハドラマウトに在住する人びとの移動・移住活動の窓口として機能していた。一七世紀に著されたシッリー al-Shillī（一〇九三／一六八二年没）の『アラウィー家の高貴なるサイイドたちの功績に関する水の豊かな水場（*al-Mashraʻ al-Rawī fī Manāqib al-Sādat al-Kirām ʻĀl Abī ʻAlawī*）』[43]には、シフルからメッカ、メディナの両聖地、あるいはザビード Zabīd を中心とする紅海沿岸の平原地域や、アデン、タイッズ Taʻizz などのイエメン諸都市、ザイラゥ Zaylaʻ、ムガディシュー Mughadishū、モンバサ Manbasā などの東アフリカ海岸地域、さらには東南アジアのスマトラ島のアチェ Āshī といったインド洋海域世界の各地へと渡海する、ハドラマウトの人びとの活発な移動・移住活動が記されている。[44]

　また、一七世紀のシフルはラスール朝時代のそれと同様に、インド洋海域において産出されるさまざまな物産が取引される国際的な交易港として、大いに繁栄していた。オランダ東インド会社（Verenigde Oostindische Compagnie）の貿易商人ファン・デン・ブルック Pieter van den Broecke が著した『航海日誌（*Journael van de voiagien gedoen [sic] naer Capbo Verde-Angola-Oost-Indië*（*1608–1640*））』には、モカ、アデンなど彼が実際に訪れた南アラビアの港に関する記述が散見し、シフルについても具体的な描写を見出すことができる。彼はシフルの様子を、つぎのように記している。

　よく知られた交易センターのシフル（Cihiri）[45]は、幸福のアラビア（Arabia Felickx）に位置しております。……（中略）……それ（シフル）は、乾燥した土地に位置するひとつの湾にある海浜に沿っています。［湾内の］深さは八尋（vadem）あり、海の深さは停泊するのに適していて、［船は、］そこに停泊します。[46]……（中略）……この町（シフル）の収入の大部分は、そこに居住する外国人たちや、さまざまな地方からやって来る者たちが執り行う活発な交易からです。これらの人びとの中で、バニヤンたち（Baniannen）が主要な地位を占めていて、彼らはずる賢いのです。一般的にわれわれは、ここ（シフル）において、二・三・四月にインドの海岸からの船、すなわちゴア（Ghuwā）[47]、カンバーヤ（Kanbāya）[48]、スラト（Sūrāt）[49]、ディウ（Diu）、ダマーン（Damān）、ナグナ（Naggena）、フールミヤーニー（Promiens）、ジュージャ（Jūja）から来航する船を見ることができます。この船は、亜麻布や多くの腰布（dhotia）、木綿製の衣服（kannekin）、平織りの白木綿布（bafta）を積載しています。くわえてターバンやインディゴ織り（annil）も［積載しています］。しかしながら、この［インディゴ織りの］良品は少ないのです。というのも、それらの多くはカイロに輸出されるからです。キシンやシフルの住民たちは、多くの船（gelbi's）をコモル諸島（Juzur al-Qumar）やマダガスカル（Madaghashqar）、マリンディ（Malindi）の海岸へ送り、この帰りに以下の物産を持ち帰るのです。すなわち、米やキビ（millio）や黒人奴隷（swarten）や龍涎香であります。また（シフルの）向かい側の海岸、すなわちザイラゥと呼ばれている海岸からは、去勢された雄牛（ossen）、幅広の尻尾のついた若羊、鶏、そしてその他の似たような美味な動物からなる多くの家畜類がもたらされます[50]。

以上の記述は、一七世紀のシフルが、インド西岸や東アフリカ沿岸の多くの港と密接な交流関係をもち、それらの港からもたらされた多種多様な商品・物産がさまざまな地域の商人たちによって活発に取引される、インド洋海域の国際交易港の一つであったことを明白に物語っている。

国際交易港としてのこのようなシフルにおいて、商業活動に従事していた商人たちのうちで最も多数を占めていたのが、バニヤン商人たちであった。インド西岸のグジャラート地方出身のヒンドゥー、ジャイナ教徒商人の総称であるバニヤン商人たちは当時、インド洋海域世界において広域的な商業・交易活動を展開し[51]、彼らの商業活動はイエメンやハドラマウトにおいても数多く見出すことができた。たとえば、シフル東方の港キシン Qishin には五〇～六〇人ものバニヤン商人が常に滞留し[52]、イエメン紅海岸の国際交易港モカ al-Mukhāではグジャラート、カンバーヤ出身のおよそ三〇〇〇人ものバニヤンたちが交易や手工業を営んでいたという。[53] また、北部イエメン山岳・高原地帯に位置するイエメン最大の都市で、ザイド派勢力の政治的、経済的重要拠点でもあったサナア Ṣanʿāʾ にも、多数のバニヤン商人たちが居住していた。[54] 一七世紀のシフルについてもこれらのイエメンの諸都市と同様であり、『イマーム＝ムタワッキル伝』によると、三〇〇人ほどのバニヤン商人たちがシフルに居留して、活発な商業活動をしていたことが明記されている。[55]

これらのバニヤン商人やその他の外国人商人たちが来航・居留し、商業活動に従事していたイエメンの諸港において、イマーム＝ムタワッキルは、商人たちが取り扱う交易品目に対して税を課していた。たとえば、モカについていえば、『一一世紀におけるサナア日誌』には「この年（一〇七三／一六六二―三年）に、モカ港（bandar al-Mukhā）の収益（maḥṣūl）において大幅な減少が生じた。というのもフランクの活動によるからである」[56] という記述があり、モカの税がイマーム＝ムタワッキルの収入源の一つになっていたことがうかがえる。シフルに関しても、一〇八〇／一六六九―七〇年に同港において得られた収益をイマーム＝ムタワッキルのもとへ搬送する隊商が襲撃されたという記録が、『一一世紀におけるサナア日誌』に残されている。[57]

さらに、イマーム＝ムタワッキル統治下のシフルの税収入については、『イマーム＝ムタワッキル伝』にきわめて貴重な記事が見出すことができる。ハドラマウトに駐留していた特使ハイミーよりイマーム＝ムタワッキルに送付された一〇六七年ラマダーン月一五日／一六五七年六月二七日付の書簡の写しには、つぎのようにある。

あなた様（イマーム＝ムタワッキル）のために定められました、神によって守護されたるシフル港の収益である、インド人［商人］の税（rasm）およびバニヤン［商人］への賦課は、三ヶ月で、二〇〇キルシュ qirsh と三〇〇ハルフ ḥarf と一五ディルハムであるといわれております。そして［それゆえ］まさに、あなた様にあてられる、一〇六七年におけるインドの船団（al-mawsim al-hindī）、およびバニヤン［商人］に対して決められた荷［の税］というのは、すなわちそれは、八五〇キルシュであります。[58]

イマーム＝ムタワッキルの租税制度に関してはいまだに不明な点が多く、また上記のシフルの税収入がイマーム＝ムタワッキルのすべての租税収入の中でどれほど重要性を持っていたのかは判然としない。しかしながら、それまでイエメン内陸部のみ支配していたザイド派イマーム勢力にとって、イエメンの主要港から得られる税収入が、新たな税源として期待されていたことは十分に推測できるだろう。いずれにせよ、先に確認したシルフに居留するバニヤン商人の規模から考えると、シフルに来航する外国人商人たちに課せられた関税をはじめとする諸税が相当な額にのぼっていたであろうことは、想像に難くない。一七世紀のシフルがインド洋海域の国際交易港の一つであり、それゆえにイマーム＝ムタワッキルがシフルを税収入を得られる魅力的な港とみなし、大いに関心を寄せていたことは明らかであろう。

すでに前節において確認したように、遠征軍のハドラマウト派兵は一〇六九／一六五九年のことであったが、イマーム＝ムタワッキルの政治的影響力が実質的にハドラマウトへ及ぶようになっていたのは、バドル・ブン・ウマル・アルカシーリーがイマームに対して宣誓を表明した一〇六四／一六五四年からであった。さらに、イマーム＝ムタワッキルの特使ハイミーを派遣した一〇六七／一六五七年からはシフルの税収入をイマームが直接的に確保することができるようになっていた。このような情況下において、ハドラマウト、ズファール両地方で生じたカシール家の内訌がシフルの経営に悪影響を与え、税収入の減少・途絶へと繋がることを懸念したイマーム＝ムタワッキルが、遠征軍の派遣を決定したのは、きわめて自然な成り行きであったと考えられる。

イマーム＝ムタワッキルがハドラマウト遠征を挙行した真意とはまさに、一七世紀のインド洋海域の国際交易港であるシフルを掌握し経営することによって得られる税収入を安定的に確保するという経済的な価値にあったのであり[59]、ハドラマウト、ズファールの有力家系カシーリー家の内訌の解決とその支配は、あくまでもシフルを獲得・経営するための軍事的侵攻の口実にすぎなかったと結論づけることができよう。

三　ザイド派イマーム勢力とインド洋西海域

シフルを直接的に掌握する主たる目的が、シフルから得られる税収入の獲得にあったことは、先にも述べたとおりである。だが、筆者はこのことにくわえて、シフルの支配およびその統治を、変動する南アラビア情勢下においてザイド派イマーム勢力が、紅海およびアラビア海というインド洋西海域に、イマーム＝ムタワッキルの影響力を伸張させるための一方途としても捉えるべきではないかと考えている。

本章の冒頭においてすでに述べたように、一〇四五／一六三六年にオスマン朝勢力がイエメンから撤退したのを契機として、ザイド派イマーム勢力は九世紀末期以来、北部イエメン内陸の山岳・高原部に止まっていた支配領域を、紅海・アラビア海沿岸地域へと急速に拡大し、ルハイヤ al-Luḥayya、ホデイダ al-Ḥudayda、モカ、アデンといったイエメンの主要な港をつぎつぎと手中に収めていった。

こうした情況下において、イマーム＝ムタワッキルは、インド洋西海域における海上交通の拠点として、イエメンの港の掌握と維持に努めていた。たとえば、『一一世紀におけるサナア日誌』には、つぎのようにある。

この（一〇八五）年のサファル月（一六七四年五月）に、イマームはハドラマウトの海岸のシフル港へウスマーン 'Uthmān b. Zayd を三〇〇の兵とともに派遣した。彼（イマーム）は彼に、かつてアデンの海岸でオマーンの人びとが為したことのゆえに、シフル港を彼らオマーンの人びとから守るように命じた。(60)

オマーンの人びとが為したこととは、ヤアーリバ朝による海洋活動が活発化し、イエメン沿岸海域に頻繁に出没するようになっていた一〇七九／一六六八年に、アデンやモカの海岸（sawāḥil 'Adan wa al-Mukhā'）、すなわち紅海およびアデン湾近海で生じたオマーンの人びとによる「海賊」活動を指している。[61] この結果、モカに来航する外国船の数が減少して、この年のイエメン全土では飢饉に見舞われることになったという。それゆえ、オマーンの人びとによるこうした「海賊」行為によって、シフルの税収入の減少やインド洋海域の諸地域との交易関係が減退・途絶することを懸念したイマーム＝ムタワッキルは、シフルに派兵し港としての機能の維持とその防衛を図ったと考えられる。このような措置は、他のイエメンの主要な港においても実施されており、たとえば、一〇八五／一六七四年にアデン港を防衛するために、ザイド派の軍が派遣されている。[62] こうした諸事例から、イマーム＝ムタワッキルが海外との交易活動の重要な窓口であるイエメンの主要な港の機能保全と防備に努めていたとみなすことができよう。

イマーム＝ムタワッキルはまた、港に来航する船の管理や統制にも意を払っていた。『イマーム＝ムタワッキル伝』には、以下のようにある。

スルタン＝ジャアファルについて言えば、彼はすでに述べたように彼のおじに対する裏切り行為をした後に、ズファールにいた。……（中略）……その後、彼（ジャファル）はこの（ズファールの）港[63]を訪れるさまざまな人びとを略取し、彼らの財産を強奪した。ところで、彼が略奪した人びとの中にコング Kanj 出身の人びとがいて、彼らはイマーム派（一二イマーム派）であった。それゆえ、彼は彼らを投獄したときに、彼らの財産を奪い、その財産を封印したのであった。そして彼はその財産をそれ以外のものとともに数艘の船（marākib）に積載して、ジュッダ港（Bandar Judda）へと送りだした。そうして数艘の船は、イエメンのティハーマの港に属するホデイダ港（Bandar al-Ḥudayda）に至るまで航行したが、その当時のホデイダ港の総督はサイード Sa'īd b. 'Abd Allāh al-Majzabīであった。さて、彼（ホデイダ総督）の部下（a'wān）の一人が［積荷の］羊を発見したので、彼はこのことを彼（ホデイダ総督）に報告した。そこで彼はそれを調べ、それがすなわちスルタン＝ジャアファルの所有であることを明らかにした。そこで、彼（ホデイダ総督）は船および乗船していた人びとを差し押さえ、イマームに［本件を］書き送った。その結果、イマームは彼にそれらをイマームのもとに送付するように命じた(64)。

この記事は、ザイド派イマーム勢力のハドラマウト遠征軍と対峙していたカシール家のジャアファルが、ズファールに寄港していたコング出身の人びとの財産を強制的に没収し、それを紅海のジュッダ港へ送ろうとしていたことを述べたものである。史料中にみえるホデイダ総督の部下について詳しいことは分からないものの、ジャアファルの船団が積載した積荷を調査・報告していることから考えると、おそらく臨検や関税の徴収などの港湾業務に携わる港湾行政の係官であったと推測される。こうした、臨検によってジャアファルの船団を差し押さえたという上記の事実により、イマーム＝ムタワッキルは、諸地方からイエメンの諸港に来航する船の船籍・積荷・乗員・乗客などを厳しく検査することによって、船を管理しようとしていたことが分かる。

海外交易の窓口としての機能をもつイエメンの港を掌握し、来航する船を管理下においたということは、換言すれば、それはイマーム＝ムタワッキルが海上交通の拠点としての港をとおして、インド洋西海域への影響力を高めることを意味していた。たとえば、『一一世紀におけるサナア日誌』所収の一〇五一／一六四一年の出来事には、つぎのようにある。

この年に、あるいはその前後の年に、クルズムの海（Bahr al-Qulzum）—それはすなわちイエメンの海（Baḥr al-Yaman）のことであるが—においてフランクの側から悪事（fasād）が生じた。そこで、ルハイヤ総督のサイード al-Naqīb Saʿīd al-Majzabī は彼らフランクたちに対して派兵し、その結果、彼らを拘束した。そして彼らをイマームのもとへ送致した。当時イマームはシャハーラ Shahāra のふもとのワーディー・アクル Wādī Aqr に滞在していた。イマームは彼らフランクたちの心をイスラームに向けた。彼らの人数は七〇人であったが、彼らはイスラーム教徒になった。そこでイマームは彼らに割礼を命じたが、その後、彼らは散り散りになってしまった[65]。

紅海の洋上において生じた悪事とはおそらく「海賊」行為に類する、西欧勢力の諸活動の一つであったと思われる。これと同様の事例として、『一一世紀におけるサナア日誌』の一〇六三／一六五三年の箇条に、巡礼経験者やサナア商人たちを乗せた平底船が紅海のクンフザ al-Qunfudha 沖を航行中にフランクに襲撃され、その知らせを受けたルハイヤとモカの両総督がフランクを拘束しモカ港へ連行したという記録もある[66]。このような、紅海を航行する船をザイド派イマーム勢力が取り締まっていたことを伝えるこれらの事例は、同勢力がイエメン沖を航行する船の動向を注視し、海賊船や不審船を哨戒していたことを如実に示しているといえよう。

紅海だけでなくアラビア海においても、イマーム＝ムタワッキルの影響力の伸長が認められる事例として、『一一世紀におけるサナア日誌』には、つぎのようにある。

> この日々において、忌々しいフランクたちの集団がマフラ地方に属するソコトラ島（Jazīrat Suqṭrā）に入った。……（中略）……その後、彼らは［マフラ地方の］キシンと呼ばれる場所に住み着いた。イマームはすでにザイド・ブン・ハリール・アルハムダーニー Zayd b. Khalīl al-Hamdānī を派兵し、マフラ地方の海岸からフランクを追い出すことを意図していた[67]。

アラビア海の沖合に浮かぶソコトラ島に関して、一五世紀末における紅海・インド洋の著名なパイロットであったイブン・マージド Ibn Mājid はその著書『海洋の学問と基礎に関する有益の書（*Kitāb al-Fawā'id fī Uṣūl ʻIlm al-Baḥr wa'l-Qawā'id*）』において、彼の父マージド Mājid b. Muḥammad b. ʻAmr と共にソコトラ島の近海を航行したことがあるアリー・アルフッビー ʻAlī al-Ḥubbī という人物から聞いた話として、以下のように記している。

カーリム al-Kārim やトルコの王朝（Dawlat al-Turk）、およびガッサーン家の王朝（Dawlat Banī Ghassān）の初期には、彼ら（航海する人びと）は、［海を］往来することにおいてにソコトラ島を北にして離れたものだった。［しかしながら］今は、往来することにおいてその島を［南にして］離れている。インドから到来するときに、それ（ソコトラ島）は彼ら（航海する人びと）にとって、シフルの山（Jabal al-Shihr）あるいはそれに連なるところと疑われたものだった。そこで、彼らは彼らの古い航海術書（rahmānjāt）に記録したものだった。曰く「山を見つけ、その山の半分が［海］水［面］からまさに半分出たときに、測鉛（buld）を投げ込め。もしそれが［海底に］着けば、すなわちそれ（山）はソコトラ島であり、またもし着かなければ、それはシフルの地かその周辺地域である」と。[72](68)(69)(70)(71)

このように、前近代のアラビア海の航海において、南アラビアとインドとを往還する船にとってソコトラ島は、その船位や航路を測定、または決定するうえで、きわめて重要な航海指標の一つであった。そのため、先に挙げた史料にみえるように、フランクにソコトラ島を占拠されることは、同島の近海を航行する船の安全を脅かし、イエメンの港に来航するインド船の減少を招く事態に陥りかねないことから、イマーム＝ムタワッキルがその排除に乗り出したのであった。

インド洋西海域における、こうしたイマーム＝ムタワッキルの影響力の伸長は、イエメンに来航する商人たちの動向からもうかがうことができる。『一一世紀におけるサナア日誌』は、つぎのように伝えている。

神聖なるカアダ月一〇日に、ある一人の商人および彼以外の名士たちが、イマームの御前に到着し、そしてその商人は、「さてさてオマーン人であるスルターン・ブン・サイフ・アルヤアルビーが彼の［支配する］地から海へ二〇艘もの大型船（barsha）を送り出しましたが、彼の望みはすなわち、イエメンへ向かってインドから出発したバニヤン［商人］を襲撃することであります」と伝えたが、彼ら（イマームの御前を訪れた者たち）

こそ、まさにそこ（インド）から出発した者たちの最初であった。そしてその商人はイマームに「彼（スルターン・ブン・サイフ）の意図とは、彼が海上に［船を］送り出した後にイエメンの海岸を破壊することです」と述べた[73]。

イマーム＝ムタワッキルがインド洋西海域に対して強い影響力を持っていると紅海やアラビア海を往来する海上商人たちがみなしていたからこそ、上記にみえるように、オマーンの情況を上訴することによって、オマーンの「海賊」活動の阻止と海上交通の安全を、イマーム＝ムタワッキルに要請したのだと考えられる。

以上の検討により、ハドラマウト遠征によるシフルの掌握とは、イエメンの主要な港の直接支配と来航する船の管理をとおして、イマーム＝ムタワッキルが紅海やアラビア海といったインド洋西海域に対してその影響力を高めることにつながるものであったとみなすことができるだろう。

むすび

本章では、ザイド派イマーム＝ムタワッキルによるハドラマウト遠征を事例として、一七世紀の南アラビア情勢とインド洋西海域について検討を試みた。イマームが挙行したこの遠征は、ハドラマウト、ズファールの有力家系カシール家の内訌鎮圧と同家に対する支配の確立を目的としただけではなく、むしろその真意はハドラマウトの国際交易港シフルを掌握し直接的に経営することによって、同港から得られる税収入の確保を求めたものであった。また、紅海やアラビア海のルハイヤ、モカ、アデンなどのイエメンの主要な港を支配し、これらの港に来航する船を厳しく管理していたイマームは、このハドラマウト遠征とシフルの掌握によって、紅海やアラビア海からなるインド洋西海域に対する影響力のさらなる高まりを実現しようとしたのであった。

すでに本章の冒頭で述べたように、イマーム＝ムタワッキルは、エチオピアのキリスト教国、インドのムガル朝、そしてイランのサファヴィー朝といったインド洋海域の諸王朝との外交関係を構築し、活発に展開していた。イマーム＝ムタワッキルの治世は、イエメン北部の山岳・高原地域の統治といったそれまでの閉鎖的な政権運営から、紅海・アラビア海沿岸部地域の支配の確立をつうじてインド洋西海域への影響力の拡張を志向する新たな開放的な政権運営へと、大きく転換する時期でもあった。

ポルトガル、オランダ、イギリスなどの西洋諸勢力がインド洋海域に出現し、これらの諸勢力が強大な武力によって急速に海域支配を強めてゆくなかで、一七世紀のザイド派イマーム勢力は、インド洋西海域における国際交流・交易ネットワークへの直接的な参入を求めて、同海域への関心を次第に高めていったのである。

（1）オスマン朝の撤退およびザイド派イマーム勢力の隆盛に関しては、つぎの研究を参照。Sayyid Muṣṭafā Sālim, *al-Fatḥ al-ʻUthmānī al-Awwal li-l-Yaman*, al-Qāhira, 1978.

（2）Serjeant, R. B. "The Post-Medieval History and Modern History of Ṣanʻāʼ and the Yemen, ca. 953–1382/1515-1962", *Ṣanʻāʼ An Arabian Islamic City*, ed. Serjeant, R. B. & Ronald Lewcock, London, 1983, pp. 67–107.

（3）Serjeant, R. B., "Omani Naval Activities off the Southern Arabian Coast in the Late 11th/17 Century, From Yemeni Chronicles", *Journal of Oman Studies*,VI, 1983, pp. 77–89.

（4）Ibn al-Wazīr, *Ṭabaq al-Ḥalwā wa Ṣiḥāf al-Mann wa al-Salwā*, ed.Muḥammad ʻAbd al-Raḥīm Jāzim, Ṣanʻāʼ, 1985, p. 135. なお、引用史料中の大カッコ［　］は達意のために筆者が補ったものであり、カッコ（　）は同意語を示す。以下同様。

（5）ハドラマウト、ズファールの自然地理・環境については、家島彦一「南アラビア・ハドラマウトの人びとの移住・植民活動」『海が創る文明　インド洋海域世界の歴史』朝日新聞社、一九九三年、三四五―三七七頁を参照。

（6）Aḥmad b. ʻAbd Allāh Shanbal, *Ta'rīkh al-Shanbal*, ed. ʻAbd Allāh Muḥammad al-Ḥibshī, n.p., 1994, p. 85.

（7）Serjeant, op .cit., p. 78.

（8）Ibn al-Wazīr, *op .cit.*, pp.139–40.

（9）バドル・ブン・アブド・アッラーのイマームへの服属の表明は、彼がイマームにむけて送った二人の使節の携えた書簡により伝えられたが、この書簡の内容は、サージェントによる英訳がある。Serjeant, *op. cit.*, pp. 78–79.

（10）Ibn al-Wazīr, *op. cit.*, p. 147. この時、特使としてハドラマウトに派遣されたハイミーは、この時期のザイド派イマーム勢力の外交特使として大いに活躍していた人物であり、彼はすでにエチオピアのキリスト教国の王ファシラダス Fasiladas のもとへ派遣されたことがある。このエチオピアへの紀行に関して、ハイミー自身による報告が著されており、以下のように、写本の写真版と英訳が刊行されている。Donzel, E. J. Van, *A Yemenite Embassy to Etiopia 1647–1649: al-Ḥaymī's Sīrat al-Ḥabasha*, Stuttgart, 1986.

（11）al-Jarmūzī, *Sīrat al-Mutawakkil ʻalā Allāh Ismāʻīl b. al-Qāsim b. al-Manṣūr*, Vatican Library, MS, no. 971, ff. 57r–58r. なお、サージェントは、南アラビアやインド洋海域に出現したポルトガル勢力に関する研究において、このイマーム＝ムタワッキルの伝記を用いているが、それは本稿で用いたバチカン写本とは違い、彼がイエメンのムカッラー al-Mukallā で入手した別写本である。しかし、このムカッラー写本は本稿で用いたバチカン写本のコピーであるとしている。なお、筆者はムカッラー写本未見。Serjeant, R. B., *The Portuguese off the South Arabian Coast　Ḥaḍramī Chronicles*, 1974, Lebanon, p. 113.

（12）al-Jarmūzī, *op. cit.*, f. 58v–r.

（13）Ibn al-Wazīr, *op. cit.*, p. 149.

(14) Yaḥyā b. al-Ḥusayn, *Yawmīyāt Ṣanʻāʼ fī al-Qarn al-Ḥādī ʻAshar*, ed. ʻAbd Allāh Muḥammad al-Ḥibshī, Abu Dhabi, 1996, p. 103.

(15) al-Jarmūzī, *op. cit.*, ff. 59r–61v.

(16) *Ibid.*, f. 68v.

(17) *Ibid.*, f. 68v–r. しかし、イエメンへ送られたこの息子のその後の行方は記されていない。

(18) *Ibid.*, f. 68v–r.

(19) Ibn al-Wazīr, *op. cit.*, pp. 157–158.

(20) *Ibid.*, p.158.

(21) ギラースは、サナアから北東に一八キロほどのところに位置する町。現在は、遺跡である。Ibrāhīm Aḥmad al-Mawḥafī, *Muʻjam al-Buldān al-Qabāʼil al-Yamanīya*, Ṣanʻāʼ, 1988 ,p. 480.

(22) 『イマーム＝ムタワッキル伝』には、海に沿っている港（bandar）とある。al-Jarmūzī, *op.cit.*, f. 73v. 近年、フランスによる発掘調査が実施され、アフワルから古くは一三世紀の中国製陶磁器片や、ラスール朝期およびオスマン朝支配期に製造されたと思われるイエメン製陶器片などが出土している。Claire Hardy-Guilbert & Axelle Rougeulle, "al-Shihr and the Southern Coast of the Yemen: Preliminary Notes on the French Archaeological Expedition, 1995", *Proceedings of the Seminar for Arabian Studies*, 27, 1997, p. 133.

(23) 遠征軍の進行経路上については、Ibn al-Wazīr, *op.cit.*, p.159 を参照。なお、行軍に非常に多くの時間を費やしたのは、進軍経路において多くの在地部族や反乱勢力との抗争を経たからであった。

(24) al-Jarmūzī, *op.cit.*, f. 79v.

(25) Ibn al-Wazīr, *op.cit.*, p. 164.

(26) この時、シフルを統治していたカシール家のターリブ・ブン・アブド・アッラーは、バドル・ブン・アブド・アッラーの降伏により、自身に遠征軍の攻撃が向けられることを懸念して、ザイド派勢力のアデン総督にイマームへの服従とイエメンでの居住を願い出ている。al-Jarmūzī, *op.cit.*, f. 79r.

(27) Ibn al-Wazīr, *op.cit.*, p. 168; al-Jarmūzī, *op.cit.*, f. 83r; Yaḥyā b. al-Ḥusayn, *op. cit.*, pp. 110–111.

(28) Serjeant, Omani Naval., p. 88, n. 20.

(29) al-Jarmūzī, *op.cit.*, f. 83r.

(30) ヤアーリバ朝の海洋活動に関しては、福田安志「ヤアーリバ朝における通商活動とイマーム」『オリエント』第三四巻第二号、一九九一年、七四–九二頁参照。

(31) al-Jarmūzī, *op. cit.*, f. 83r.

(32) Ibn al-Wazīr, *op.cit.*, pp. 173, 177; Yaḥyā b. al-Ḥusayn, *op.cit.*, p. 114.

(33) ヤアーリバ朝との軍事的な衝突はこの後もしばらく継続するものの、この問題に関しては、いずれ別稿にて論じてみたい。

(34) Ibn al-Wazīr, *op. cit.*, p. 135.

(35) 同様の併記の事例は他にもある。*Ibid.*, p. 158.

(36) 今日のシフルの人口は三五〇〇〇人ほどであるが、フランスによる考古学調査によって、近年、文献史料の記述を裏づける発掘が実施され、シフルが一〇〇〇年（八世紀から一八世紀）にわたって、ハドラマウトの主要な交易港であったことが明らかになりつつある。Claire Hardy-Guilbert & Axelle Rougeulle, op. cit., pp. 135–138; Claire Hardy-Guilbert, "Archaeological Resarch at al-Shiḥr, the Islamic Port of Ḥaḍramawt, Yemen (1996–1999)", *Proceedings of the Seminar for Arabian Studies*, 31, 2001, pp. 69–79.

(37) Muḥammad b. Ḥabīb al-Baghdādī, *Kitāb al-Muḥabbir*, ed. AbūSaʻīd Ḥasan, Beirut, n. d., p. 266.

(38) al-Iṣṭakhrī, *Kitāb Masālik al-Mamālik (B.G.A. I)*, ed. M. J. de Goeje, Leiden, 1967, p. 25.

(39) Yāqūt al-Ḥamawī, *Muʻjam al-Buldān Jacut's Geographisches Wörterbuch*, ed. F. Wüstenfeld, 6 vols., Leipzig, 1866–73, s. v. SHIHR.

（40） al-Muqaddasī, *Aḥsan al-Taqāsīm fī Maʻrifat al-Aqālīm (B.G.A.3)*, ed. M. J. de Goeje, 1967, p.87; al-Iṣṭakhrī *op.cit.*, p. 25.

（41） ムザッファルの遠征とその影響に関しては、以下の論文に詳しい。家島彦一「国家・港・海域世界―イエメン・ラスール朝スルタン・ムザッファルによるズファール遠征の事例から―」『アジア・アフリカ言語文化研究』第四六・四七合併号、一九九四年、三八三―四〇七頁。

（42） al-Ḥasan b. ʻAlī al-Ḥusaynī, *Kitāb Mulakhkhaṣ al-Fiṭan wa al-Albāb wa Mishbāḥ al-Hudā li'l-Kuttāb*, Ambrosiana Library, MS. NFH. no. 130, f. 17v.

（43） al-Shillī *al-Mashraʻ al-Rawī fī Manāqib al-Sādāt al-Kirām Āl Abī ʻAlawī*, 2 vols., Cairo, 1901–20.

（44） 拙稿「一六～一七世紀のハドラマウトの人びとの移動・移住活動」『西南アジア研究』第六一号、二〇〇四年、四七―六六頁。

（45） Cihiri とは、オランダ語史料の中で用いられている表記。アラビア語では al-Shiḥr と表記する。

（46） Broecke, P. van den, *Journael van de voiagien gedoen [sic] naer Capbo Verde-Angola-Oost-Indië (1608–1640)*, MS Leiden, Rijks Universiteitsbibliotheek, section Westerse Handschriften, no. BPL952. ff. 26v–27v. この日誌にみえる南アラビアに関する記述は、以下のアラビア語訳があり、筆者はこのアラビア語訳を用いた。以下同様。*al-Yaman fī Awāʼil al-Qarn al-Sābiʻ ʻAshar (Early Seventeenth-Century Yemen)*, ed.Brouwer, C. G. & Kaplanian, A., Amsterdam, 1989, p. 54.

（47） Naggena とは、Naghnah のこと。
Beckingham, C.F., "Dutch Travellers in Arabia in the Seventeenth Century", *Journal of the Royal Asiatic Society*, April and October 1951, p. 80.

（48） Promiens とは、一六世紀のスライマーン・アルマフリーの航海術書には fūrmiyānī とあり、現在のミアニ Mian のこと。Beckingham, C. F., op. cit., p. 80; Ferrand, G., *Instructions nautiques dans et routiers arabes et portugais des XVe et XVIe siecles*, ed., 3 vols., Paris, 1921–28, vol. 2,f. 31r. なお、イブラーヒーム・ホーリーによるスライマーン・アルマフリーの校訂本では fūrmiyānī を fūrmiyān と校訂している。Sulaymān al-Mahrī, al-*'Umdat al-Mahrīya fī Ḍabṭ al-'Ulūm al-Baḥrīya*, ed. Ibrāhīm al-Khūrī, Dimashq, 1970, p. 82.

(49) Juja とは、今日のゴガ Gogha。Ferrand, G., *op.cit.*, vol. 1, f. 60v.

(50) Broecke, P. van den, *op.cit.*, ff. 26a–27a; Brouwer, C. G. & Kaplanian, A., *op. cit.*, pp. 56–57.

(51) バニヤン商人をはじめとするインド商人の諸活動の概要については、長島　弘「インド洋とインド商人」『岩波講座　世界歴史　一四』岩波書店、二〇〇〇年、一四一―六五頁を参照されたい。

(52) Broecke, P. van den, *op.cit.*, f. 28v–r; Brouwer, C. G. & Kaplanian, A., *op. cit.*, p. 64.

(53) Broecke, P. van den, *op.cit.*, ff. 41v–42r ; Brouwer, C. G. & Kaplanian, A., *op. cit.*, p. 85. なお、モカのバニヤンのうち、大多数は手工業者であり、商人は少数であったと伝えられている。

(54) Ibn al-Wazīr, *op. cit.*, p.143 ; Yaḥyā b. al-Ḥusayn, *op. cit.*, p. 147 ; Brouwer, C. G. & Kaplanian, A., *op. cit.*, p. 85.

(55) al-Jarmūzī, *op.cit.*, f. 83v には、「これは大きな諸港に属するシフルの海岸である。さて、法学者のムハンマド・ブン・アリー Muḥammad b. 'Alī とともにシフルに入った者が私に言った。すなわち、彼はその海岸には、五〇〇艘以上の漁猟用小型船（zawāriq allatī li-l-ṣayd）が係留してあり、またそこには……（中略）……バニヤン Bāniyān がいて、彼らはすなわちブラーフマ Burāhuma であるけれども、[その総数は] 三〇〇人ほどの商人たちであった」とある。

(56) Yaḥyā b. al-Ḥusayn, *op.cit.*, p. 120.

(57) *Ibid.*, p. 187.

(58) al-Jarmūzī, *op. cit.*, f. 62v. キルシュおよびハルフについては、Serjeant, *The Portuguese*, pp. 145–6 を参

照のこと。ちなみにイマーム＝ムタワッキルは、イエメンに居留する全てのバニヤン商人に人頭税（jizya）として、一人一キルシュを課している。al-Jarmūzī, *po. cit.*, f. 44v.

（59）シフルの経営を重要視していた傍証の一つとして、遠征後にシフルの総督に任じられた人物は、かつてアデン総督を務めていた Amīr al-Dīn al-ʻAlfī という人物であり、港湾運営の経験を有する人物であったことがあげられる。Yaḥyā b. al-Ḥusayn, *op.cit.*, pp. 67, 129.

（60）Yaḥyā b. al-Ḥusayn, *op.cit.*, p. 237.

（61）*Ibid.*, p. 178.

（62）*Ibid.*, p. 246.

（63）ズファールの港は具体的に記述されていないが、おそらくライスート Raysūt やミルバート Mirbāṭ であると思われる。

（64）al-Jarmūzī, *op.cit.*, f. 79r.

（65）Yaḥyā b. al-Ḥusayn, *op.cit.*, p. 51.

（66）*Ibid.*, pp. 84–5.

（67）*Ibid.*, p. 205.

（68）カーリムはカーリミー商人のこと、トルコの王朝に関しては、サージェントはアイユーブ朝とみなしているが、ティベッツはマムルーク朝としている。ガッサーン家の王朝とはラスール朝のことであるが、イブン・マージドは Banū Ghaṣṣān と誤記している。しかし、ハズラジー al-Khazrajī などのラスール朝時代の歴史家による年代記には Banū Ghassān とある。al-Khazrajī, *Kitāb al-ʻUqūd al-Luʼluʼīya fī Taʼrīkh al-Dawlat al-Rasūlīya*, ed. Muḥammad b. ʻAlī al-Akwaʻ, 2 vols., Ṣanʻāʼ, 1983, vol. 1, p. 27 ; Serjeant, R. B., “The Coastal Population of Socotra”, *Socotra : Island of Tranquility*, ed. Brian Doe, London, 1992 ,p. 143 ; Tibbetts, G. R., *Arab Navigation in the Indian Ocean Before the Coming the Portuguese*, London, 1981, p. 238, n. 59.

(69) イブラーヒーム・ホーリーは、この部分を追記したことを明示せずに、「南にして（yamīnan）」と書きくわえているが、フェランによるパリ所蔵本の写真版にはこの語はない。しかし、文意から判断すると必要であると筆者は考え、訳にくわえた。

Ibn Mājid, *Kitāb al-Fawā'id fī Uṣūl 'Ilm al-Baḥr wa'l-Qawā'id*, ed. Ibāhīm Khūrī, Dimashq, 1971, p. 335 : Ferrand, G., *op.cit.*, vol. 1, f. 77v. なお、ティベッツは「テキストにおいてここは誤りないし脱落しているに違いない。おそらく、イブン・マージドの時代にイエメンからインドへ向かうとき、ソコトラはある一方の側にして去られ、インドから帰ってくるときにソコトラはもう一方の側にして去られた」としており、ソコトラの北側ないし南側のどちらかのみが航路であったとみなしているようである。Tibbetts, *op. cit.*, p. 238, n. 60.

(70) Tibbetts, *op.cit.*, p. 527.

(71) 測鉛とは、鉛製のおもりに測深マークのある索をつけた、水深を測定するための用具で、この測鉛を利用して、船位を概測する。日本航海学会編『基本航海用語集』海文堂、一九九三年、八三頁。

(72) Ferrand, G., *op. cit.*, vol. 1, f. 76r.

(73) Yaḥyā b. al-Ḥusayn, *op. cit.*, p. 231.

ナスル朝外交使節のマムルーク朝への来朝

松田俊道

はじめに

アンダルスにおける最後のイスラーム政権であるナスル朝は、一五世紀にレコンキスタの波に飲み込まれようとしていた。アンダルスにおけるイスラーム政権は、すでにイスラーム暦の七世紀はじめ以来衰退に向かっていたが、ナスル朝はこのような時期に政権を樹立し、イベリア半島のキリスト教政権と対立しなければならなかった。カステリャとアラゴンが統合されるとナスル朝に対する脅威は一段と強まった。さらに、内紛により王朝は二分し、一四八九年には、統合されたスペイン王国の軍隊がナスル朝の中心部近くまで進軍していた(1)。

このような状況の中で、ナスル朝はマムルーク朝のスルターンに援軍およびその他の援助を求めて外交使節団をカイロに派遣するようになった。その最初の使節団は一四四〇年に無事カイロに到着し、スルターン・ジャクマクに謁見した。

この外交使節団の動向に関しては、使節団の一員が書き残した記録が写本の形で残っており、使節の目的、そのルート、マムルーク朝の対応などが記されている。マムルーク朝時代における外交使節の一員が書き残した記録はきわめて稀なものと思われるので、本章ではこの記録のうち、カイロにおいて使節団がスルターンに謁見するまでと、その後使節団はメッカ巡礼に赴くのであるが、メッカにおけるナスル朝の王とマムルーク朝スルターンに対するドゥアー（祈願）の部分を訳出して紹介してみたい。ついで、使節団の活動の跡を辿るとともに、マムルーク朝政権がどのようにこの使節を受け入れたか、またこれがその当時のマムルーク朝の外交政策とどのように関わるのかを検討してみたい。

この史料は、現在マドリードの国立図書館に写本として保存されている。残念ながら写本は完全なものではなく、冒頭部分と最後の部分が欠損している。この写本に関しては、アフワーニー 'Abd al-'Azīz al-Ahwānī がテキストを紹介しているが、筆者はこれを翻訳して紹介してみたい(2)。

一　外交使節の随行記

この外交使節は、八四四年（一四四〇年）、アンダルスの港から出帆したものと思われる。写本の冒頭部分が欠落しているので詳細は不明である。

［ロードスへ］

……風が強く波も高かった。船の中にいたムスリムたちはすべて、戦闘の時そこにいたアンダルス人以外は船内に降りていたと彼らは言っている。かくのごとく我々は恐ろしい時を過ごした。もし海が我々の間を分けなかったら事態はより恐ろしいものになっていただろう。戦闘はおよそ六人の死者と多数の負傷者をもたらした。船団は強風と高波で離れ離れになった。その夜は最悪の状態で悲惨をきわめ翌朝まで一行が集まらなかった。そういうわけで、ムスリムたちを襲ったものが止んだ。そこで彼らはある港に向かった。ジュマーダー・アルウーラ一月一五日水曜日（一四四〇年一〇月一二日水曜日）の夜のことであった。我々はそこに二日間滞在し、一八日土曜日の朝そこから出発した。それは彼らにとっては最も虚しい時間であったが、彼らは必要な木材を集めにロードスの街まで出かけ、修理を終えてのことであった。我々はジュマーダー・アルウーラー月二〇日月曜日（一四四〇年一〇月一七日）の朝にロードス島に到着し、港に入り表面が盛り上がった大きな岩に船を係留した。しかし、船は壊れそうになるまで揺れた。もし神がそのようにお定めになれば我々は沈むか捕虜になっていたことであろう。だが神は寛大であられた。

[ロードス]

ロードス、この大きな島はトルコ人の領土に面している。およそ一六マイルの距離である。ロードスには岸辺に大きな街があり、そこにはキリスト教徒の修道所があり、街の住民が訪れたり、最も遠くの村々からも人々が訪れていた。聞くところによると、キリスト教徒の村々において多くのワクフ財が寄進され、そこからは毎年およそ金貨一四万枚の収益があった。このためそこには豊富な財宝や物資があった。

またエジプトの王であったムカウキスは、アムル・ブン・アルアースがエジプトに入り彼の手からエジプトを奪ったとき、彼は海路ロードスに渡りそこを占領した。そして彼は自分の財宝を運んでいた。それゆえその財宝や貨幣が彼に従った者や彼の子孫に残されたという話が思い出される。

この時はムスリムたちにとって損害が大きかった。というのはおよそ一六艘の征服のためのジャフヌ jafn がそこに向かったが、全てが海賊の餌食になった。夏ではなくほとんど冬であったが彼らの攻撃は緩むことはなかった。海賊のすべてはキリスト教徒であり、この島に近づく者は彼らに備品を与えていた。彼らは彼らの捕虜を売り、シリアの地などでムスリムの貨幣を得ていた。そこには二一〇〇人以上のムスリムの捕虜がいたが、もし我々がそこにいたら我々は捕虜を解放したかった。しかしそれをすることができなかった。というのはその国の支配者はそのことを聞いたとき、捕虜に我々の前に現れることを禁じたからである。彼の目的はカイロの支配者に贈物として捕虜をもたらすことであった。彼は我々が聞いたようにカイロの支配者を強く恐れ彼と休戦条約を結んだ。

我々のロードスへの到着の直前に、カイロの支配者は大小一六艘の船に人や物資を装備してロードスに向かった。彼らがそこに到着したとき、ロードスの支配者は彼らに対して配下の者たちを乗せた二四艘のジャフヌを準備していた。その中に二艘の大船があった。彼らはお互いに激しい戦いを始めた。どちら側も類まれなほどよく持ちこたえたが、ムスリムが打ち負かされ彼らの船の大部分が陸側のものとなり、二艘のみが残った。二艘に乗り組んでいた者は壮絶な死を遂げた。乗り組んでいた者はそこから逃れる機会を失っていた。彼らの王の子も死亡していた。死亡した者のなかには我々が知らされていたようにおよそ五百人のムスリムの捕虜が含まれていた。負傷者のなかからも死んでいく者がいた。我々は毎夜そこにいた。彼らの風習として、もし誰かが死んだときには、死者のために鐘を鳴らしそのことを皆に知らせていた。我々は朝な夕なにそれを聞いていた。艦隊のそこからの退却は我々がそこに到着する一〇日前のことであった。このため我々のうち一人もその国から下船を要求されなかったが、我々は彼らの国の警備の手薄なところに上陸した。捕虜たちがしばしば我々のもとを訪れ我々に彼らの様子を知らせた。それによると、彼らの軍隊は多くとも百人を超えないらしい。そして彼らとともにこの戦いのなかにいた何人かの捕虜は、彼らがある一艘の船に彼らが敵に対して使う矢を七キンタール集めていたことを我々に知らせていた。

この街は最もよく城塞化され近づきがたいものであった。その城塞の壁には木でできた風車が何台か設置してあり、どの風車の下にも粉が挽けるような粉引きが付いていて規則正しく整然と動いていた。

〔ロードスからアレクサンドリアへ〕

キリスト教徒たちは彼らの船の修理を終え、壊れたものを回復し、彼らの売買を終えると船の専門家たちを解放し、カイロに帰した。その際、彼らのうちの一人を案内人として雇い入れた。我々はジュマーダー・アルアーヒラ月一二日火曜日（一四四〇年一一月八日火曜日）の朝ロードス島を出帆した。我々のロードス島での滞在は二二日間であった。しかし、出帆した日の正午には風が向かい風になった。そこで我々は島のある場所に止まり、そこに一二日間滞在して風の助けを待った。そして同月二五日日曜日（一一月二一日）の朝そこから出帆した。二日が過ぎ、風がまた向かい風になった。そこで我々はベニス人が支配しているクレタ島に渡った。そこのある場所に四日間滞在し、日曜日の夜ラジャブ月の新月を確認した。その月の二日（一一月二七日）に我々は出帆した。

ラジャブ月四日水曜日（一四四〇年一一月二九日）の朝、我々はエジプトのナイルの河口であるラシードに上陸した。そこからアレクサンドリア入りを目指した。しかし風を得なかったので、陸地からおよそ一五マイル離れたところに停泊した。我々はナイルの水の甘さを味わった。その時はナイルの氾濫期だったので、我々はそこがラシードの土地であることを知ったのである。我々はそこでその夜を明かした。木曜日の朝になると風が激しく吹き、波が大きくなったので彼らは船出を望んだ。しかし、彼らは錨を下ろし、停泊の標として置いておいた所のブイ sikka を上げることができなかった。彼らは船を探した。するとその回りに取り付けていた壊れたブイのロープの付いた覆いが見つかった。彼らの顔に激しい恐怖が広がった。というのも覆いが壊れているということは、特に高波と強風で船が沈没した恐れがあるからである。しかし彼らは船の乗組員の一人を求めて海に繰り出した。すると神のお導きで多大な苦労の後に乗組員を見出したのである。

［アレクサンドリアにて］

ラジャブ月の木曜日（一一月三〇日）の夜、我々はアレクサンドリアの街に到着した。神のご加護で平和裏に到着した。翌日の金曜日の朝に、我々は、トルコ人アミールであるアレクサンドリア総督アスンブガー・アッタッヤーリー Ansbughā al-Ṭayyārī に面会を求めた。(3) 彼は、我々が今まで見たこともないような見事な馬で、完璧な服装で我々のもとに現れた。この国では鞍頭が純銀で作られ、製造工程で金のコーティングや華麗な装飾が施されるようだ。騎乗する場所には錦織の布が置かれていた。また馬の背尾部は、金色に輝く絹でその端が際立っている覆いで覆われている。彼らは、我々が下船したとき、その馬のなかから我々が乗る馬を我々に差し出した。我々は上記のアレクサンドリア総督に挨拶をした。彼らは彼をアミールたちの王 malik al-umarā' と呼んでいた。

我々の来訪により、我々が彼のもとに現れ彼に挨拶をしたとき、歓迎の宴が催され、彼らの伝統に従って、招待者や使節に飲み物が振舞われた。気分を爽快にするバラ水に砂糖が入った飲み物が透明なガラスの器に満たされて運ばれた。招待者も我々もそれを飲んだ。それから我々に食事が振舞われ歓迎の宴が催された。我々がそこを去ると金曜の礼拝の時が来た。土曜日、我々は船から荷物を降ろした。総督の保護下で快適な状態で八日間を過ごした。その間、カイロへの旅の準備が整うまで、昼も夜もあらゆる種類の食事が届けられたが、今まで見たこともない菓子類や飲み物が含まれていた。

我々は荷物を運ぶためのラクダを何頭か雇い入れた。また、道中の食料を賄うための使用人一人の同行をアミールに依頼した。我々はラジャブ月一三日木曜日（一二月八日木曜日）の朝、ラシードに向けて出発した。我々は金曜日の午後そこに到着し、ナイルでの旅の準備を終えるまで二日間滞在した。ここからはナイルを船で南下するため、船を雇い入れ、また荷物をできるだけ節約した。我々はラジャブ月一六日日曜日（一二月一一日）の朝、フーワ Fāwa (4) に向けて出発し、一八日月曜日（一二月一三日）の夜にフーワの街に到着した。火曜日までそこに滞在し、その日の夜カイロに向けて出発した。

[カイロにて]

二二日金曜日(一二月一七日)朝に、カイロのブーラークに到着した。すぐに我々のことを知らせるための使者を派遣した。我々の到着の翌日の土曜日、我々のもとにミフマンダール mihmandār が馬に乗った何人かの従者とともに現れた。彼は外交使節や賓客の受け入れの責任者であった。我々は街——神がその守護者であられる——に入った。カルア(城塞)の近くにあるハーッジュ・ダーウィド・アルマグレビーの館に入った。その日はスルターンに見えることができなかった。

次の月曜日(一二月二〇日)は、ミフマンダールに導かれスルターンに謁見する日であった。我々はカルアに登って行った。我々がその門に到着すると、我々は外国からやって来る者の習慣に従って剣を帯びていたのであるが、そこで剣を外すことを求められた。我々が城のところに来ると、我々に協議がもちかけられたが、ディーワーンの長官たちや役人たちが座っている偉大な城の中に入った。我々はしばらくの間そこに止まった。それから再び協議がもちかけられ、我々の中から四人だけが入ることを許され、残りは禁じられた。我々の主席はアブー・カーシム al-Ḥājj Abū al-Qāsim であった。私がそれに続き、彼の里親が私の後に続き、彼の息子のアブー・アルファドル Abū al-Faḍl が続いた。我々の先頭には文書入れる筒があった。そして偉大なるイーワーンへと入った。そこにはスルターンとその護衛がすでに座っていた(5)。

その日スルターンのもとにはトルコ人のアミールたちと多くのハルカ騎士たちがいた。我々は彼らの所有物の豪華さとその状態の華麗さ、彼らの光り輝く衣装と豪華なターバンに目を奪われた。我々はイーワーンの一方にしばらくの間止まった。それから我々は促されスルターンに挨拶をした。我々は頭に大きく白布を抱き、右手に鋼鉄の短剣を帯びた見事な外見のシャイフを見た。彼の背後に列席しているトルコ人のマムルークの先頭の者はやはり手に鋼鉄の短剣と盾を持っていて信徒の長の護衛 Qayyim Amīr al-Muʾminīn と呼ばれていた。彼の名はトルコ語でジャクマクで、al-Malik al-Ẓāhir のラカブを名乗っていた。数多くのアミールや騎士たちが彼を取り巻いていた。

　我々の長は筒を開けそこから文書を取り出した。すると、書記——その時はカーディー・カマール・アッディーン al-Qāḍī Kamāl al-Dīn Abū ʿAbd Allāh Muḥammad al-Bārizī al-Ḥalabī(6) であった——が、彼からそれを受け取った。それから直ぐに言葉を発した。我らが長は彼に言った。「我らが主よ、これはアンダルスの支配者からの手紙であり、近隣の異教徒から受ける困難を訴えている。彼はあなたに援軍と援助を求めている」と。すると彼は我々の方を向いて言った。「私は、神が望むならばオスマン朝にあなた方の援助をお願いするつもりだ」。すると我々の長は彼に言った。「我らが主スルターン様、あなたは諸王の王、スルターンたちのスルターン、両聖地の守護者であられます。我々が遥々やって来たのはあなたがよもや我々に失望をお与えになりますまいと思ったからです」。すると彼は言った。「あなた方の国は遠い彼方にある。我らはあなた方のために軍隊を準備することはできない」。すると長は言った。「われらがスルターン様、我々の元への軍隊の準備ができないならば、資金と物資で我々に援助を願いたい」。スルターンは答えた。「よろしい。神がお望みならば私はあなた方に資金と物資で援助しましょう」。我々は挨拶をして去った。我々の上陸が命ぜられ、毎日二ディーナールが割り当てられた。

　それから、我々はスルターンの息子のシャムス・アッディーン Shams al-Dīn Abū ʿAbd Allāh Muḥammad のもとに行き、彼に挨拶をした。そして彼に特別の手紙を手渡した。すると彼は我々の訪問を歓迎し、彼の父が割り当てたものとは別にディーナールの増額を命じた。それから我々はそこを辞した。

　その数日後、上記四人に灰色のリスの毛皮が裏打ちされた聖なる服が贈られた。そこで私は感謝の意を込めて詩を送った。

（略）(7)

我々は持参してきたアンダルスの品々を彼に差し出した。マラガの陶器、グラナダの水差し、絹の服などである。彼に謁見したとき、私はそれを携えていた。彼はそれに感謝し、しばしばそれを眺めた。それからかれは配下のマムルークたちや召使、家族の者に分け与えた。

［ヒジャージュ］

巡礼月には、人々はヒジャーズに入る準備をする。巡礼長官は、マフミルを運ぶ輿を見るために集まった人々を監督する。巡礼の慣行として、人々はこの輿やそれ以外のものに飾り付けをする。それは黄金色の絹の覆いの端を華やかにしたものであったり、色の付いた覆いであったりする。また、ラクダの足首を金や銀の飾りで飾り、その額に銀の鎖帷子でできた頭飾りを付ける。このため、大いなる華麗さや、人々の心を幸せにして喜ばせる豪華さが見受けられる。

我々のカイロからメッカへの旅は三七日間であった。

（略）

それから我々は、尊敬の念をもって尊んでいるお方に対して、我々が彼のもとに仕えているということに関心が向けられた衣類を着て有益なドゥアー（祈願）を行った。そのお方とは、我らが主、ガーリブ・ビッラーヒ al-Sulṭān al-Ghālib bi-Allāh、神のための戦士、リバートとジハードの徳をもち、最果ての地のムスリムの領土の保護者、神は彼にとって最良の援助者であられる。この監視者のバラカが使い果たされないことを。

それから、公正の覆いで我々に保護をもたらすお方に対してドゥアーを行った。我々はそのお方の慈善と強大な力が我々を包むこの場所に到着した。そのお方とは、神聖なるスルターン al-Imām al-ʿādil al-Sulṭān al-ḥāfil 、二つの王国の主、両聖地の奉仕者、我らが主スルターン・ザーヒル maulā-nā al-Sulṭān al-Malik al-Mulk al-Ẓāhir であられる。神がその地位をお助けになりますように。彼のジハードの御旗と彼の旗に勝利を。

二　マムルーク朝の対応

アンダルスのグラナダに首都をおくナスル朝は、スルターン・ジャクマクの時代以降マムルーク朝との間で書簡を取り交わし、援軍と援助を求めるようになった。その最初の使節が上記のものであった。その最初に、この外交使節の行程を辿ってみよう。すでに記したように写本の冒頭部分が欠損しているので、彼らがいつ何処から出発したのかはわからない。また記述の内容から判断すると、彼ら自身の船ではなくキリスト教徒の船であることがわかる(8)。

この使節は、ロードスに到着する直前に行われたマムルーク朝のスルターン・ジャクマクの第一回ロードス遠征を見聞することになってしまった。前節の［ロードス］における戦闘の記述はそのことを記したものである。後述するマムルーク朝の年代記の記述による遠征隊の出征の日付とこの随行記による遠征隊の戦闘を伝える日付との間にはわずかなずれがあるのであるが、この随行記の記述は戦闘の生々しい様子を伝えている。

さて、グラナダからの外交使節はアレクサンドリア経由でマムルーク朝の首都カイロに八四四年ラジャブ月二二日金曜日（一四四〇年一二月一七日土曜日）に到着し、カイロのナイル川の港ブーラークで下船し、スルターンに謁見を賜った。マムルーク朝に来朝した外交使節は一般的にマムルーク朝によってどのように受け入れられていたのであろうか。カルカシャンディーは諸王国の王からエジプトに派遣された公式の外交使節の受け入れ方法に

関して具体的に以下のように記している。(9)

習慣として以下のことが行われる。もしある王からの使者が王朝の領土の境界に到着した時には、その地域の総督はスルターンにその知らせを書き送り彼の到着を知らせた。それから彼をスルターンのもとに送る許可を求めた。するとスルターンの命令発せられるが、もし承認されれば使節は現れる。もしその送り主の地位が高いものであれば、たとえばハーンのような東方の諸王であれば、ナーイブや侍従長のような何人かのアミールの高官が出迎えに出る。スルターンの宮殿の球技を行う広場で彼を留める。またこれは使者の地位が高い場合である。そうではない場合は、ミフマンダールが彼に接見し、ウスターダールがスルターンに許可を求めた。その後、使者をその地位に従って迎賓館またはそれ以外の場所に宿泊させた。それから謁見の日まで待たせた後、スルターンはイーワーン（広間）に座し、武官・文官の政府高官が出席する。それから使節とその従者たちが出席する。すると使者は床にキスをし、ダワーダールは書簡を受け取り、使者は顔を拭く。すぐにスルターンのもとに進みそして下がる。それから使者がカーティブ・ッシッリ（秘書）のもとに進むと、スルターンに彼のことが読み上げられ、それに関する命令が下される。

以上の記述と上記の随行員の記録を比較してみよう。この記述から、この外交使節はおおむねマルーク朝の外交使節の受け入れの慣行に従って受け入れが行われていたことがわかる。使節がアレクサンドリアに上陸した後、アレクサンドリア総督に接見し、およそ一〇日間アレクサンドリアに滞在しているが、この間にカイロとの間で使節の通過許可を求める交信が行われたものと思われる。カイロに到着した一行を出迎えたのはミフマンダールであった。

ミフマンダールは、カルカシャンディーによると、「スルターンのもとを訪れる外交使節やアラブの来訪者の面会を執り行う役職」である。(10)したがって、この一行はマムルーク朝政権からは比較的ランクの低いものと位置づけられていたことがわかる。

ところでこの使節の来朝はどれだけ切迫していたのであろうか。スルターンとの問答においては緊迫した様子で、窮状を訴えていることが窺えるのであるが、そうでもないようにも思える。というのも、一行はその後メッカ巡礼に赴いているのである。この写本の後半はメッカ巡礼の記述である。一行がカイロに到着しスルターンに謁見をし終えたのがラジャブ月二五日（一二月二〇日）のことである。するとその年の巡礼に参加するためにおよそ五カ月無為にカイロに滞在したことになる。偶々巡礼を思い立って参加したのか、あるいは最初からカイロでの目的を果たした後巡礼に参加するまでが計画されていたのかはわからない。しかし訳出したように、巡礼においてナスル朝の王とマムルーク朝のスルターンにドゥアーを行っているところから、外交使節はメッカ巡礼という最高の場所において事の成就を祈願して使節の目的が達成されたとも考えられる。

さて、マムルーク朝は、この外交使節に対してどのように対応したのであろうか。この使節に関してマムルーク朝時代の歴史家はどのように記しているのであろうか。マクリーズィーは以下のように記している(11)。

ラジャブ月二四日月曜日（一二月一九日）、アンダルスのグラナダ王・ガーリブ・ビッラーヒ・アブドゥッラーヒ・ブン・ムハンマド al-Ghālib bi-Allāh ʻAbd Allāh b. Muḥammad b. al-Amīr Amīr Abūal-Juyūsh Naṣr b. Amīr al-Muslimīn Abūal-Ḥujjāj b. Abūal-Walīd Ismāʻīl b. Naṣr の書簡が届いた。その内容は、グラナダ王国のムスリムはコルドバやセビリヤでキリスト教徒による攻撃を受けている。それゆえ援軍を求めるというものである。

イブン・アルサイラフィー(12)、サハーウィー(13)もほぼ同様の内容を記している。したがって、上記の外交使節の随行記などをからも、スルターンが外交儀礼どおりにこの使節を迎え入れ歓待したことはわかったのであるが、具体的にどのようにこれに対処したのかははっきりとはわからない。

イブン・イヤースは以下のように記している[14]。

この月（八四四年ラジャブ月）、グラナダ王国の支配者・ガーリブ・ビッラーヒ・アブー・アブドゥッラーヒ・ムハンマドの外交使節が到着した。書簡の内容は、王のところに現れるフランクと戦うためにスルターンに援軍を求めるというものである。そこでスルターンは彼のために武器や銃、それ以外のものを準備した。

この記述によれば、スルターンは武器などの援助物資を送る準備をしたものと思われる。しかし、それが実際に送られたかどうかはわからない。

また、この使節がもたらしたナスル朝の書簡に対する返書の写しと思われるものが残されている。残念ながら、書簡の前後は失われ部分的にしか残されていない。したがって、書簡の真意が明確にはわからない。この書簡の残された部分の内容はほとんどグラナダの王を讃える言葉が長文で記されている。その一部を紹介すると、

この世の戦士のアミール閣下、唯一の統合者、アブー・アブドゥッラーヒ、イスラームとイスラーム教徒たちの、現世と宗教の保護者、統一者の模範、聖戦と戦士の勝利者、参加者の剣、正しき諸王、ムスリムのアミール、ムハンマド・ブン・ナスル・ルハザルジー[15]。

というような言葉で埋め尽くされている。このことから、スルターン・ジャクマクが外交儀礼として返書を送ったことはわかったが、援軍や物資は送る余裕がなかったようにも思われる。

三　スルターン・ジャクマクの外交政策

ジャクマクはこの時期、一四四〇年、四三年、四四年と三度ロードス遠征を行った。そこはスルターン・バールスバーイによるキプロス征服後においては、十字軍勢力にとって東地中海における最後の砦であったからであ

る。この遠征は結果的には十字軍勢力のロードス防衛の成功により失敗に終わった。その結果、ジャクマクの治世には十字軍運動の激しさが増した。

マクリーズィーおよびイブン・タグリービルディーは一四四〇年の遠征を以下のように記している[16]。

（ジュマーダー・アルウーラー月）二一日火曜日（一四四〇年一〇月一八日）、遠征隊が到着した。そのことを伝える情報によれば、遠征隊はブーラークの岸辺からダミエッタに向かってナイルを下り、そこから海に乗り出しキプロスに向かった。キプロスの王は遠征隊に駐留を認めた。彼らはアラーヤー al-ʻĀlāyā（アナトリアの南海岸沿いの Alanya）に進んだ。するとそこの支配者は彼らに戦士を載せた二艘のガレー船 ghrāb を与えた。遠征隊はロードスに向かった。ロードスの民はすでに彼らとの戦いの準備をしていた。両者の間での戦闘はその日中続いた。戦いに正義はなかった。一二人のマムルークが死亡し、多くが負傷した。また、多くのフランクが死亡し負傷した。戦闘が終わると、ムスリムたちはロードスの村々に出かけ、殺戮、捕縛、略奪を行った。彼らはダミエッタに帰還し、ナイルを船でカイロに向かった。アミールたちの顔は輝いていたが、ロードスの民を支配することはできなかった。

この遠征の理由は、ロードスを拠点にしたフランクによる海賊行為およびムスリム商船の捕縛に手を焼いたスルターンが行ったものである。しかし、激しい戦闘が行われたもののロードスを制圧するには至らなかった。

第二回目の遠征は、一四四三年に行われたが、Castellorizo を占領したのみで終わり、冬の到来とともにダミエッタに帰還している。第三回遠征は、一四四四年に行われた。この遠征隊は大規模に組織され、指揮官は官房長官 Īnāl al-ʻAlāʼī で、一、〇〇〇人以上のスルターンのマムルークが参加した。さらに、シリア軍も加わり、大砲なども備えた重装備であった。四〇日間の包囲攻撃であったが遠征隊は結局ロードスを征服することができず、カイロに帰還した[17]。

以上のように、この時期スルターン・ジャクマクは、地中海の東側での様々な問題に対処するのが手一杯で、イスラーム世界の最果てのイベリア半島に援軍を送り、イスラーム世界を防衛する余裕はなかったものと思われる。

ナスル朝はその後もマムルーク朝に外交使節を派遣してきた。第二回目の使節は、一四五一年に、商人のアブー・アブドゥッラーフ Abū ʻAbd Allāh Muḥammad al-Baniyūlī がナスル朝の王の書簡を携えアレクサンドリアに向かったものである。この目的のため、ムスリムのサダカによりアレクサンドリアまで一艘の船が雇われたが、その旅費は往復で一三、五〇〇ディーナールであった。(18) しかし、この使節の来朝に関してはマムルーク朝側の記録にそのことを伝える記述が見当たらないので、実際にマムルーク朝に到着したのかどうかは不明である。

この後もナスル朝は同様の目的で外交使節をマムルーク朝に派遣した。崩壊直前のナスル朝の王は一四八七年に使節を派遣し、マムルーク朝スルターン・カーイト・バーイに援軍を求めているが、エジプトから援軍が派遣されることはなかった。

結びにかえて

ナスル朝はアンダルスにおける最後のイスラーム政権として輝きを放ち、周囲のキリスト教政権からの圧迫に対して孤軍奮闘した。この外交使節の一員が書き残した随行記からは使節がムスリムの捕虜の解放のために努力している様子、また援軍要請のやり取りにも爽やかさが感じられる。マムルーク朝もこの時期衰退期に入っていたのであるが、イスラーム世界の盟主であることの自覚、そしてナスル朝からもイスラーム世界の盟主であることを頼りにイスラーム世界を守るために共に戦って欲しい旨の要請があったことに対して、マムルーク朝は援軍を送ることはできなかったのであるが、おそらくそれに応えたかったものと思われる。

（1） Muḥammad ʻAbd Allāh ʻInān, *Miṣr al-Islāmīya wa-Taʼrīkh al-Khiaṭaṭ al-Miṣrīya*, al-Qāhira, 1969, pp. 196–97.

（2） ʻAbd al-ʻAzīz al-Ahwānī, Sifāra Siyāsīya min Garnāṭa ilā al-Qāhira fī al-Qarn al-Tāsiʻ al-Hijrī (Sanat 844), *Mijallat Kullīyat al-Ādāb Jāmiʻat al-Qāhira*, 1954, vol. 16–1, 1954, pp. 95–121.
この写本は、La Biblioteca Nacional de Madrid に所蔵されており、写本番号一八六〇二（二一×一六センチメートル、紙）である。

（3） 原文では、サンブガー・アッタッヤーリーとあるが、各種伝記によれば、アサンブガーであり、その正式名は Asanbughā b. ʻAbd Allāh al-Nāṣrī al-Ṭayyārī である。ナースィル・ファラジュの配下で小ダワーダールになり、アシュラフの治世に一〇人長、次いでバリード長官、ジェッダ監督官に就任する。一時タラーブルスに左遷されるが、カイロで第二侍従、四〇人長に就任する。第二ダワーダール就任の後、ジャクマクの配下に入り、護衛長官 raʼs naubat al-nuwab に就任した。八五七年ラビーウ第一月六日死去。
al-Sakhawi, *al-Ḍawʼ Lāmiʻ li-Ahl al-Qarn al-Tāsiʻ*, vol. 2, p. 311. Ibn Taghrībirdī, *al-Manhal al-Ṣāfī wal-Mustawfī baʻda al-Wāfī*, vol. 2, Cairo, pp. 437–40. Ibn Taghrībirdī, *al-Nujūm al-Zāhira fī Mulūk Miṣr wal-Qāhira*, vol. 16, Cairo, 1972, p. 162.
上記の伝記にはアレクサンドリア総督就任の記述が見受けられないが、マクリーズィーによれば、84三年ジュマーダー第一月二〇日、アサンブガーに官服を与えアレクサンドリア総督に任命したと記されている。al-Maqrīzī, *Kitāb al-Sulūk li-Maʻrifat Duwal al-Mulūk*, vol. 4–3, Cairo, 1973, p. 1174.

（4） 原文では Fāwa とあるが、Yāqūt によると Fūwa とあり、ラシードに近いナイルの岸辺の町である。Yāqūt, *Muʻjam al-Buldān*, vol. 4, Bayrūt, 1979, p. 280.

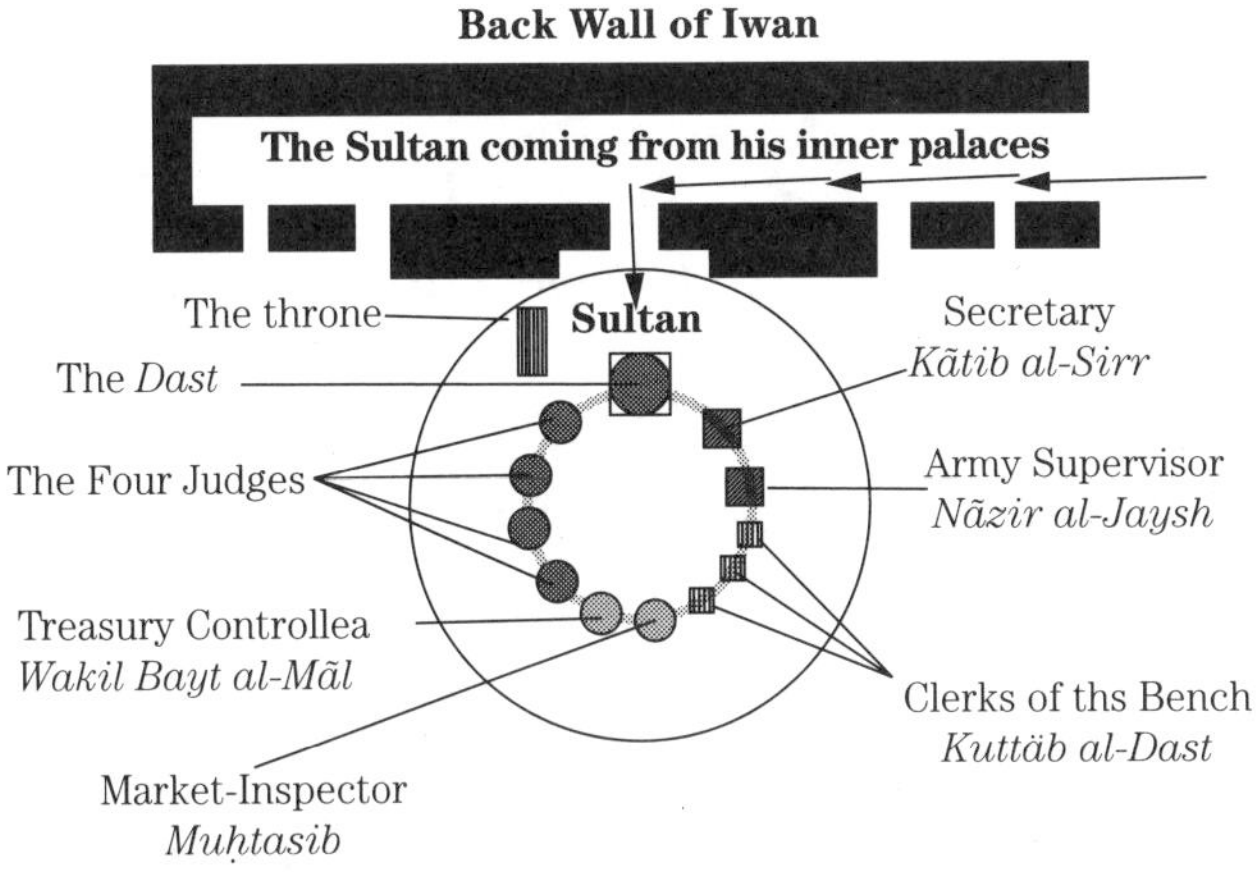

The circle forming around the sultan on the *dãr al-'adl*

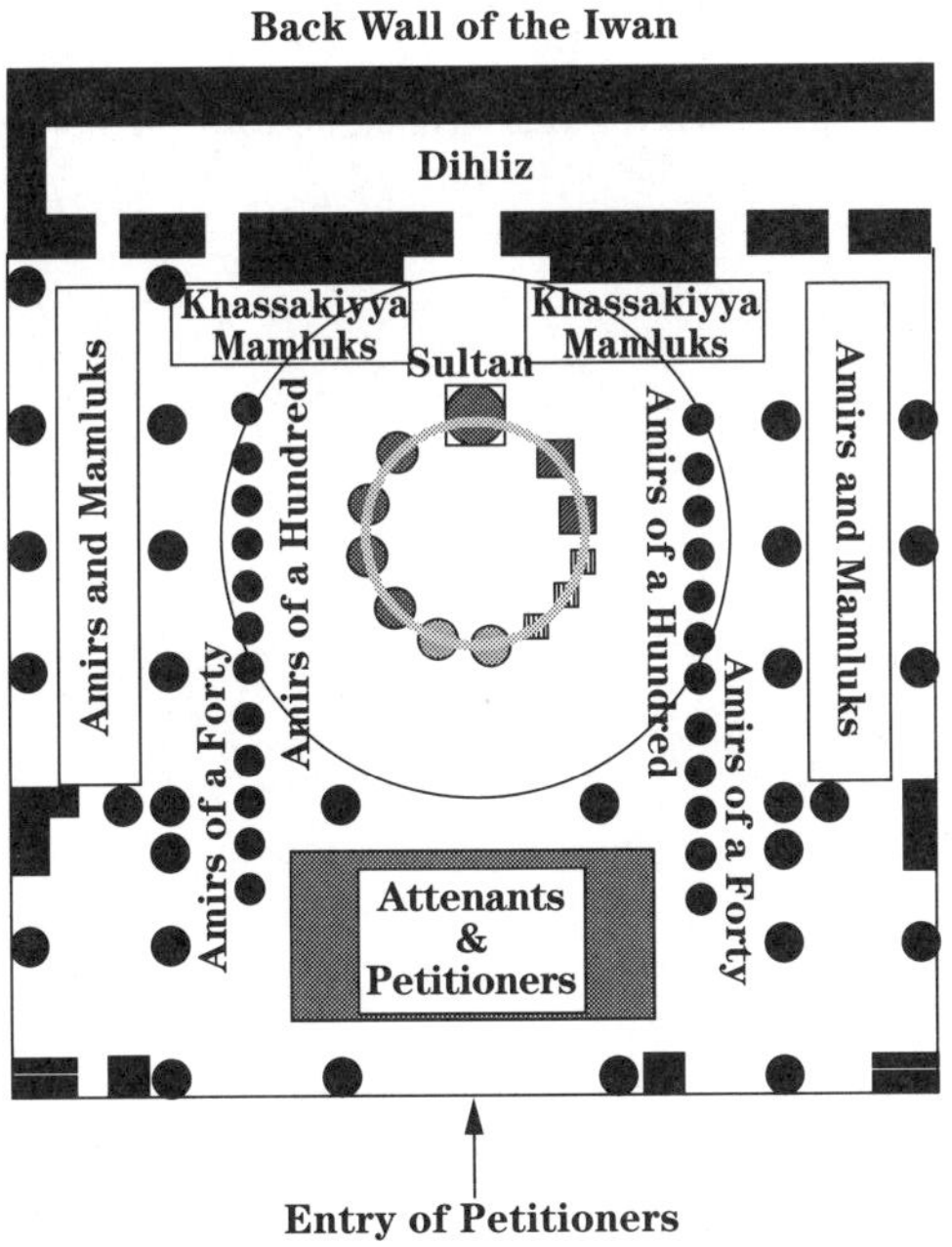

Plan of the Great Iwan with the seating layout of the *dãr al-'adl* superimposed on it.

（5） このイーワーンはガスルターンに外交使節と謁見するときにも使われるが、通常はマザーリム法廷が開廷されるときに使用される。添付した図はマザーリム法廷の構成図であるが、図の玉座は、大理石製でミンバルに似ていて外交使節の謁見のときだけ使用される。
Nasser O. Rabbat, The IdeologicalSignificance of the Dār al-Adl in the Medieval Islamic Orient, *IJMES* 27, 1995, pp. 3–28.

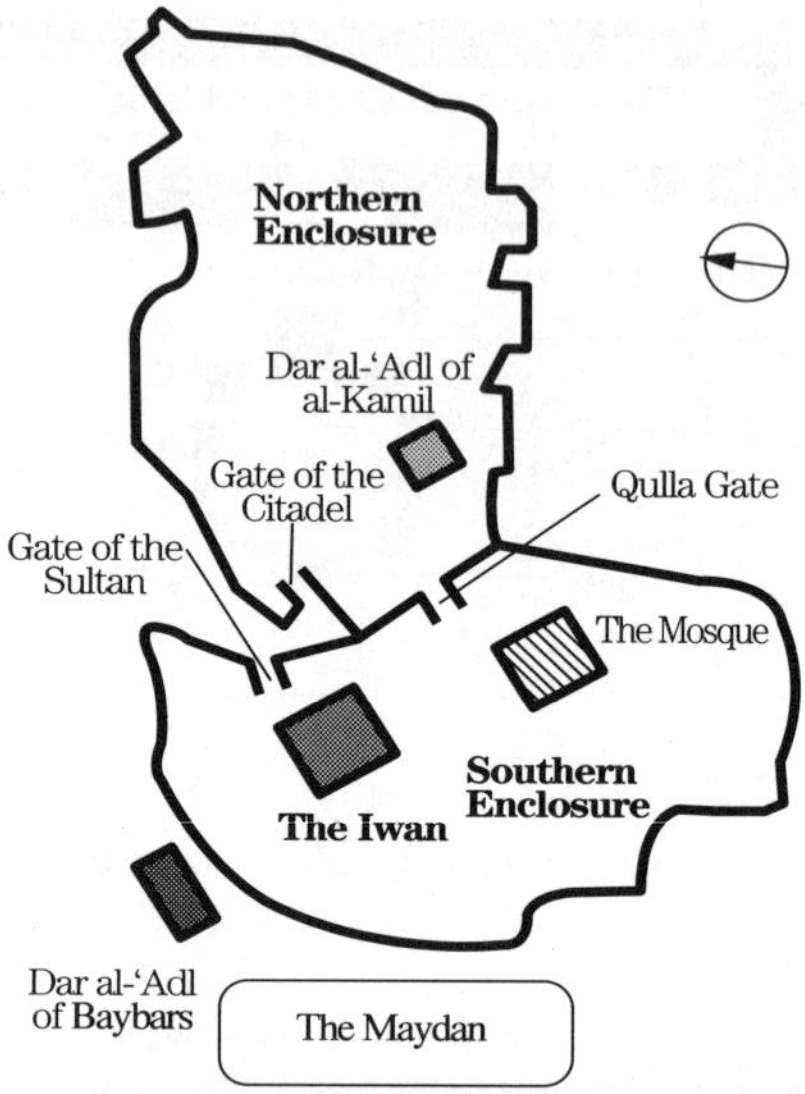

The location of the three *dur al-‘adl* in Cairo.

Nasser O. Rabbat, *The citadel of Cairo: A New Interpretation of Royal Mamluk Architecture*, Leiden, 1995, pp. 252–56.

（6）カマール・アッディーンは、八四二年ラビーウ第一月二〇日、ダマスクスの大カーディー職に就いていたが、秘書に就任を求められスルターンのもとに出頭している。al-Maqrīzī, *al-Sulūk*, vol. 4–3, p. 1084.

（7）詩の部分は省略した。

（8）al-Ahwānīはこの船はベニスの船ではないかと推測している。

（9）al-Qalqashandī, *Ṣubḥ al-A‘shā fī Ṣinā‘at al-Inshā’*, vol. 4, Cairo, 1963. pp. 58–59.

'Alī Ibrāhīm Ḥasan によれば一〇人長クラスのマムルークがミフマンダールの職に選ばれていた。'Alī Ibrāhīm Ḥasan, *Ta'rīkh al-Mamārīk al-Baḥrīya*, Cairo, 1967, pp. 228–29.

（10） 註（9）参照。

（11） al-Maqrīzī, *al-Sulūk*, vol. 4–3, p. 1219.

（12） al-Khaṭīb al-Jawharī 'Alī b. Dāwūd Ibn al-Ṣayrafī, *Nuzhat al-Nufūs wal-Abdān fī Tawārīkh al-Zamān*, vol.4, Cairo, 1994, p. 208.

（13） al-Sakhāwī, *al-Ḍaw' al-Lāmi' li-Ahl al-Qarn al-Tāsi'*, Vol.5, Cairo, 1353–55AH., pp. 67–68.

（14） Ibn Iyās, *Badā'i' al-Zuhūr fī Waqā'i' al-Duhūr*, vol. 2. Cairo, 1984, p. 227.

（15） *Majmū'at Rasā' il Mutabādala bayna Salāṭīn al-Mamālīk wa-Salāṭīn wa-Umarā' al-'Ālam al-Islāmī fī al-Qarn al-Tāsi' al-Hijrī*, パリ国立図書館所蔵、写本番号アラビア語四四四〇、六〇―六一頁。Aḥmad Darrāj, *al-Mamālīk wal-Firanj*, al-Qāhira, 1961, pp. 178–80.

（16） al-Maqrīzī, *al-Sulūk*, vol. 4–3, p. 1210.
Ibn Taghrībirdī, *al-Nujūm al-zāhira fī akhbār Miṣr wal-Qāhira*, vol.15, Cairo, 1971, p. 343.
このロードス遠征は、C. E. Bosworth によれば、一五艘のガレー船で行われ、指揮官は Amīr Taghrībirmish al-Zardkāsh および厩舎長官 Sayf al-Din Yūnus al-Muḥamad であった。
C. E. Bosworth, Arab Attacks on Rhodes in the Pre-Ottoman Period, JRAS, Series 3, 6–2, 1996, pp. 157–164.
この随行記によれば、ボズワースの言う一五艘のガレー船ではなく、一六艘であった。

（17） イブン・タグリービルディーは、この第三回の遠征に関しては四頁にわたる詳細な記述を残している。Ibn Taghrībirdī, *al-Nujūm al-Zāhira*, vol. 15, pp. 360–63.

（18） 上記四四四〇番写本、pp. 58–59. Aḥmad Darrāj, *al-Mamālīk wal-Firanj*, pp. 72–73.

（本稿は、二〇〇三年度中央大学特定課題研究、研究課題「地中海世界における中世アラビア語古文書研究」の成果の一部である。）

ナスル朝外交使節の旅程

あとがき

本叢書は、中央大学人文科学研究所の研究チーム「アジアにおける国家と社会」の研究成果である。この研究チームのメンバーは、一九九四年四月に発足した研究チーム「アジアにおける法と国家の比較史的研究」のメンバーを核として二〇〇〇年四月に発足した。

研究チーム「アジアにおける法と国家の比較史的研究」は、二〇〇〇年三月に、研究成果『中央大学人文科学研究所研究叢書二三　アジア史における法と国家』を刊行した。この一九九四年四月に発足した研究チームの研究課題については、『中央大学人文科学研究所研究叢書二三』の「あとがき」で、

近年アジア各地域史研究において、従来ともすれば「近代国民国家」概念に引きずられる傾向があった。このため種々なる「国家」の伝統的「法」が、今日、各国独自の法文化を形成している点に注目し、アジア全体を視野に入れた比較史的研究を目指したい。

旨（要約引用）を述べているが、その際の関心は、どちらかと言えば国家論、制度史に比重が置かれた。

二〇〇〇年四月に発足した研究チーム「アジアにおける国家と社会」は、先に発足した「アジアにおける法と国家の比較史的究」で共有した研究成果を基に、アジア各地の地域史研究において、残された研究課題であった「国家」と「社会」との有機的関わりを幅広く取り上げることにした。

研究チーム「アジアにおける国家と社会」に関係したメンバーは、池田雄一・石井正敏・川越泰博・清水紘一・新免康・妹尾達彦・武山真行・松田俊道各研究員、飯島和俊・医王秀行・板垣明・岩崎力・大島誠二・菊池英夫・熊谷哲也・栗山保之・山崎利男各客員研究員、森本淳準客員研究員で、池田が代表を務めた。

本叢書には、研究メンバーの内、一一名の寄稿を得たが、新免康研究員が、清水由里子（本学大学院文学研究科後期課程）・鈴木健太郎（本学大学院総合政策研究科後期課程）両氏と共同研究に当たられた「ムハンマド・エミン・ボグラ著『東トルキスタン史』について―解題と部分訳―」は、割愛せざるを得なかった。新免研究員、清水・鈴木両氏の研究は、わが国では未だ訳出されていない東トルコ語文献の研究で、含まれる部分訳は、東トルキスタン（中国領中央アジア）史研究上、本邦初訳の貴重な史料として学界に貢献すること多大であると期待されたが、人文科学研究所の出版委員会では、研究メンバー以外の研究者との共同研究は研究所叢書に収録できないとの方針で、本叢書に新免研究員と清水・鈴木両氏とによる研究成果は収録することができなかった。

アジア全域を視野に入れた総合的な研究においては、言語の問題も含め関係する分野は多岐に亘る。このため教育研究機関に敷設される中央大学人文科学研究所の研究体制が、今後より効果的に運用されることを願うこと一入である。

収録した一〇編は、時代的には新石器時代から近代におよび、地域としては日本、中国から西アジア、イベリア半島におよぶ。ただ課題が宏大であるだけに、総合研究としての纏まりとなるとなお今後を期す必要がある。また依拠する史料においても、なお流動性を有する場合が含まれる。このため本書は、研究成果の途中経過報告としての位置付けにならざるを得ないが、研究チーム、個々の研究メンバーにとっては、本書において新たな出発点を確認したいと願っている。

池田雄一

執筆者紹介（執筆順）

池《いけ》田《だ》雄《ゆう》一《いち》　中央大学文学部教授
大《おお》島《しま》誠《せい》二《じ》　中央大学附属高等学校教諭・中央大学文学部兼任講師
飯《いい》島《じま》和《かず》俊《とし》　中央大学文学部兼任講師
森《もり》本《もと》　淳《じゅん》　中央大学人文科学研究所準研究員
板《いた》垣《がき》　明《あきら》　中央大学文学部兼任講師
妹《せ》尾《お》達《たつ》彦《ひこ》　中央大学文学部教授
川《かわ》越《ごえ》泰《やす》博《ひろ》　中央大学文学部教授
清《し》水《みず》紘《ひろ》一《かず》　中央大学文学部教授
栗《くり》山《やま》保《やす》之《ゆき》　東洋大学文学部兼任講師
松《まつ》田《だ》俊《とし》道《みち》　中央大学文学部教授

アジア史における社会と国家

中央大学人文科学研究所研究叢書　37

2005年3月31日　第1刷発行

編　　者　中央大学人文科学研究所
発 行 者　中 央 大 学 出 版 部
代表者　辰　川　弘　敬

〒192-0393 東京都八王子市東中野742-1
発行所　中 央 大 学 出 版 部
電話 0426(74)2351　FAX 0426(74)2354
http://www2.chuo-u.ac.jp/up/

ニシキ印刷(株)・三栄社製本

ISBN4-8057-4209-7

36　現代中国文化の軌跡

A５版　344頁
定価　3,990円

文学や語学といった単一の領域にとどまらず，時間的にも領域的にも相互に隣接する複数の視点から，変貌著しい現代中国文化の混沌とした諸相を捉える．

定価は消費税５％を含みます。

29　ツァロートの道

——ユダヤ歴史・文化研究——

A 5 版　496 頁
定価　5,985 円

18 世紀ユダヤ解放令以降，ユダヤ人社会は西欧への同化と伝統の保持の間で動揺する．その葛藤の諸相を思想や歴史，文学や芸術の中に追究する．

30　埋もれた風景たちの発見

——ヴィクトリア朝の文芸と文化——

A 5 版　660 頁
定価　7,665 円

ヴィクトリア朝の時代に大きな役割と影響力をもちながら，その後顧みられることの少くなった文学作品と芸術思潮を掘り起こし，新たな照明を当てる．

31　近代作家論

A 5 版　432 頁
定価　4,935 円

鷗外・茂吉・『荒地』等，近代日本文学を代表する作家や詩人，文学集団といった多彩な対象を懇到に検討，その実相に迫る．

32　ハプスブルク帝国のビーダーマイヤー

A 5 版　448 頁
定価　5,250 円

ハプスブルク神話の核であるビーダーマイヤー文化を多方面からあぶり出し，そこに生きたウィーン市民の日常生活を通して，彼らのしたたかな生き様に迫る．

33　芸術のイノヴェーション

モード，アイロニー，パロディ

A 5 版　528 頁
定価　6,090 円

技術革新が芸術におよぼす影響を，産業革命時代から現代まで，文学，絵画，音楽など，さまざまな角度から研究・追究している．

34　剣と愛と

——中世ロマニアの文学——

A 5 版　288 頁
定価　3,255 円

12 世紀，南仏に叙情詩，十字軍から叙事詩，ケルトの森からロマンスが誕生．ヨーロッパ文学の揺籃期をロマニアという視点から再構築する．

35　民国後期中国国民党政権の研究

A 5 版　656 頁
定価　7,350 円

中華民国期（1928–49 年）に中国を統治した国民党政権の支配構造，統治理念，国民統合，地域社会の対応，そして対外関係・辺疆問題を実証的に解明する．

22　ウィーン　その知られざる諸相　　A５版　424頁
—もうひつのオーストリア—　　定価　5,040円

二十世紀全般に亙るウィーン文化に，文学，哲学，民俗音楽，映画，歴史など多彩な面から新たな光を照射し，世紀末ウィーンと全く異質の文化世界を開示する．

23　アジア史における法と国家　　A５版　444頁
定価　5,355円

中国・朝鮮・チベット・インド・イスラム等アジア各地域における古代から近代に至る政治・法律・軍事などの諸制度を多角的に分析し，「国家」システムを検証解明した共同研究の成果．

24　イデオロギーとアメリカン・テクスト　　A５版　320頁
定価　3,885円

アメリカン・イデオロギーないしその方法を剔抉，検証，批判することによって，多様なアメリカン・テクストに新しい読みを与える試み．

25　ケルト復興　　A５版　576頁
定価　6,930円

19世紀後半から20世紀前半にかけての「ケルト復興」に社会史的観点と文学史的観点の双方からメスを入れ，その複雑多様な実相と歴史的な意味を考察する．

26　近代劇の変貌　　A５版　424頁
—「モダン」から「ポストモダン」へ—　　定価　4,935円

ポストモダンの演劇とは？　その関心と表現法は？　英米，ドイツ，ロシア，中国の近代劇の成立を論じた論者たちが，再度，近代劇以降の演劇状況を鋭く論じる．

27　喪失と覚醒　　A５版　480頁
—19世紀後半から20世紀への英文学—　　定価　5,565円

伝統的価値の喪失を真摯に受けとめ，新たな価値の創造に目覚めた，文学活動の軌跡を探る．

28　民族問題とアイデンティティ　　A５版　348頁
定価　4,410円

冷戦の終結，ソ連社会主義体制の解体後に，再び歴史の表舞台に登場した民族問題を，歴史・理論・現象等さまざまな側面から考察する．

15　現代ヨーロッパ文学の動向　中心と周縁

A５版　396頁
定価　4,200円

際立って変貌しようとする20世紀末ヨーロッパ文学は，中心と周縁という視座を据えることで，特色が鮮明に浮かび上がってくる．

16　ケルト　生と死の変容

A５版　368頁
定価　3,885円

ケルトの死生観を，アイルランド古代／中世の航海・冒険譚や修道院文化，またウェールズの『マビノーギ』などから浮かび上がらせる．

17　ヴィジョンと現実　十九世紀英国の詩と批評

A５版　688頁
定価　7,140円

ロマン派詩人たちによって創出された生のヴィジョンはヴィクトリア時代の文化の中で多様な変貌を遂げる．英国19世紀文学精神の全体像に迫る試み．

18　英国ルネサンスの演劇と文化

A５版　466頁
定価　5,250円

演劇を中心とする英国ルネサンスの豊饒な文化を，当時の思想・宗教・政治・市民生活その他の諸相において多角的に捉えた論文集．

19　ツェラーン研究の現在

A５版　448頁
定価　4,935円

20世紀ヨーロッパを代表する詩人の一人パウル・ツェラーンの詩の，最新の研究成果に基づいた注釈の試み，研究史，研究・書簡紹介，年譜を含む．

20　近代ヨーロッパ芸術思潮

A５版　320頁
定価　3,990円

価値の転換の荒波にさらされた近代ヨーロッパの社会現象を文化・芸術面から読み解き，その内的構造を様々なカテゴリーへのアプローチを通して，多面的に解明．

21　民国前期中国と東アジアの変動

A５版　600頁
定価　6,930円

近代国家形成への様々な模索が展開された中華民国前期(1912～28)を，日・中・台・韓の専門家が，未発掘の資料を駆使し検討した国際共同研究の成果．

中央大学人文科学研究所研究叢書

1　五・四運動史像の再検討　A５版　564頁　（品切）

2　希望と幻滅の軌跡　A５版　434頁　定価　3,500円
——反ファシズム文化運動——

様ざまな軌跡を描き，歴史の壁に刻み込まれた抵抗運動の中から新たな抵抗と創造の可能性を探る．

3　英国十八世紀の詩人と文化　A５版　368頁　（品切）

4　イギリス・ルネサンスの諸相　A５版　514頁　（品切）
——演劇・文化・思想の展開——

5　民衆文化の構成と展開　A５版　434頁　定価　3,670円
——遠野物語から民衆的イベントへ——

全国にわたって民衆社会のイベントを分析し，その源流を辿って遠野に至る．巻末に子息が語る柳田國男像を紹介．

6　二〇世紀後半のヨーロッパ文学　A５版　478頁　定価　3,990円
第二次大戦直後から80年代に至る現代ヨーロッパ文学の個別作家と作品を論考しつつ，その全体像を探り今後の動向をも展望する．

7　近代日本文学論　——大正から昭和へ——　A５版　360頁　定価　2,940円
時代の潮流の中でわが国の文学はいかに変容したか，詩歌論・作品論・作家論の視点から近代文学の実相に迫る．